R & L

WILL TREMPER

Große Klappe

MEINE FILMJAHRE

RÜTTEN & LOENING
BERLIN

ISBN 3-352-00546-X

1. Auflage 1998

Umschlaggestaltung Stephan Rosenthal
Typographie Peter Friederici
Druck und Binden Clausen & Bosse, Leck
Printed in Germany

Für meine Keule Harald Leipnitz

INHALT

MEIN ERSTER FILM:
FLUCHT NACH BERLIN

Das Bild, um das mich alle Italiener beneideten. Denn der Busen von Rosemarie Keil machte als Plakatwerbung jeden Autofahrer verrückt. Ich lud Röschen ein, in meinem ersten Film das begehrte Ziel aller Ostzonen-Flüchtlinge an Bord einer ChrisCraft auf der Havel zu sein. Sie flog ein, hielt ihre Attraktion vor die Kamera und verschwand wieder, ohne zu wissen, was sie da gespielt hatte. That's business.

STUN IST NUTS UND NUTS HEISST MESCHUGGE

Entscheidende Ereignisse kündigen sich selten an. Wer weiß, ob ich vorher nicht zum Friseur gelaufen wäre, die Pediküre oder gleich einen neuen Anzug bestellt hätte. Entscheidende Ereignisse treten ein, während du völlig versunken in Hamburg an einer neuen »Sternchen«-Folge für den *Stern* schreibst und dir jede Störung verbeten hast. Und da traut sich meine Frau Karin, einfach hereinzukommen um mir mitzuteilen: »Ein alter Freund aus New York hat sich zu Kaffee und Kuchen angesagt. Glaubst du, daß du rechtzeitig fertig wirst?«

Ich verfluche und beschimpfe sie, denn sie weiß, daß es jede Minute klingeln kann, und der Redaktionsbote steht schon zum zweiten Mal vor der Tür, aber ich war im Frühsommer 1960 mit meinen 31 Jahren längst ein alter Eheknochen, Karin war ja bereits meine dritte Frau, und ich wußte, was Zusammenleben bedeutete: Nicht nur das Geld, wie die Ehegegner höhnen, war »nur noch die Hälfte wert«, auch die Zeit halbierte sich. Aber ich schaffte es wieder einmal, den *Stern* nicht mit leeren Seiten erscheinen zu lassen und konnte die Bekanntschaft mit Karins »Freund aus New York« machen.

Michael Schwabacher war ein großgewachsener, gutaussehender Schweizer Jude mit traurigen dunklen Augen, der jetzt in Zürich amerikanische Firmen repräsentierte. Keine fünf Minuten nach seiner Ankunft stellte sich heraus, daß ich es war, der ihn interessierte, nicht seine New Yorker »Bekanntschaft«. Der Mensch war ein Filmfan, genauer gesagt: ein Fan von Filmsternchen. Er konnte gar nicht aufhören, über die tollen Geschichten zu reden, die er dauernd im *Stern* las, wollte wissen, was nächste Woche in meiner Serie »Deutschland, deine Sternchen« stehen würde, und wurde direkt feierlich, als ich ihm sogar schon das Manuskript von übernächster Woche in die Hand drücken konnte. »Haben Sie denn keine Angst«, fragte er erschauernd, »daß Sie mal verklagt werden könnten?« Aber ja, und wie! Wir wurden ja auch dauernd verklagt, doch der Verlag hatte gute Rechtsanwälte.

So gab ein Wort das andere, und ich fing schon an, mich zu langweilen, da fielen die schicksalhaften Sätze: »Sie schreiben immer so, als ob Sie besser wüßten, wie man einen Film dreht!«

»Klar weiß ich das ...«

»Warum tun Sie es dann nicht?«

»Weil ich das Geld nicht habe! Ist doch ganz einfach ...«

»Wieviel würde so ein Film denn kosten?«

»Na, mit einer halben Million müßten Sie schon rechnen!« Eine halbe Million, das waren damals hunderttausend Dollar. 100 000 $ gleich 417 000 DM.

»Und wenn ich Ihnen das Geld gebe?« sagte Michael Schwabacher.

Ach ja? Ich habe gelacht. Ich habe ihn nicht ernst genommen, den Schwabacher, aber das Geld kam, und zwar von einer Unexcelled Chemical Corporation in New York, was mich später dem Verdacht aussetzte, der amerikanische Geheimdienst CIA stecke dahinter. Aber das war Blödsinn, denn als Schwabacher ging, wußte er noch nicht, was ich drehen würde – auch ich hatte noch keine Ahnung, nahm das Angebot doch nicht ernst. Entscheidende Ereignisse kündigen sich eben nicht an. Oder werden nicht ernst genommen.

Erst vierzehn Tage später, in Berlin, als die erste Rate eingetroffen war, beschloß ich, meinen eigenen Roman *Flucht nach Berlin* zu verfilmen, der immer noch im *Stern*, neben all dem anderen, lief. Das Geld schien tatsächlich zu kommen, und ich war wild entschlossen, einen Kassenschlager zu drehen. Aber was? Doch nicht noch einmal eine Halbstarkengeschichte! Doch kein Lustspielchen, wie mein Freund Geza von Cziffra sie am laufenden Band fertigte! Doch kein Kriminalfilm oder eine der üblichen Spionagegeschichten, wie die Amerikaner sie mit Vorliebe in Berlin herunterkurbelten!

An dem Abend, an dem ich mich entschied, saß ich an der Bar des Park-Hotels Zellermayer in Berlin, und der Mann hinter dem Tresen erzählte, daß er schon 1951 aus der DDR entkommen sei und kürzlich mal wieder »in der alten Heimat« war – die halbe Straße wäre nach Westen »gemacht«, sagte er, er habe kaum noch jemand »Altes« getroffen. Schließlich sangen wir aus voller Kehle zusammen »Das sind die Sänger von Finsterwalde, die leben und sterben für den Gesang!«, denn aus Finsterwalde kam der Barkeeper.

Mit Michael Schwabacher aus Zürich im Schilf der Pfaueninsel, an einem der ersten Drehtage unseres Films Flucht nach Berlin. *Der Bursche hat mir meine erste Regie ermöglicht, wofür ich ihm ewig dankbar sein werde. Aber später haben wir uns verkracht, und er hat nie wieder einen Film finanziert.*

Und während ich, halb besoffen, mit ihm grölte, spürte ich auf einmal: *Das* ist es! Ich mache einen Film aus meinem Roman! Ich habe Millionen potentieller Zuschauer, all die Flüchtlinge aus der DDR, die heute bei uns leben!

Fluchtartig verließ ich die Bar, sprang in den Fahrstuhl und rief aus meinem Zimmer Christian Doermer in München an: »Ich habe eine tolle Rolle für dich! Wann kannst du hier sein?« Für die Rolle des fanatischen jungen FDJ-Sekretärs Claus Baade kam nur ein Typ wie Christian in Frage; eigensinnig bis störrisch, ein Grübler und doch einer mit Temperament.

Auch die anderen Helden meiner Geschichte hatte ich im Handumdrehen beisammen. Für den Widersacher Doermers, den Bauern Güden, lachte ich mir einen noch immer nicht akzentfrei deutsch sprechenden Bulgaren namens Narciss Sokatscheff an, der wie ein Bussard auf dem Hühnerhof in der Hamburger Damenwelt wütete. Soka, wie ich ihn rief, oder Sofaschreck, wie ihn andere nannten, war ein gelernter Schauspieler und

Poet, einst ein hübscher Junge, den Gründgens sich, während des Krieges, von einem Gastspiel des Preußischen Staatstheaters in Sofia mitgebracht hatte, ein Charakterkopf jetzt. Er lebte bei einer Dame in Hamburg – Soka lebte immer bei irgendwelchen Damen –, was ihn nicht hinderte, nachmittags in seinem besten Outfit auf dem Jungfernstieg zu flanieren, auf ihn zukommende Schönheiten mit Schlafzimmerblick zu taxieren, ihnen in den Weg zu treten und sie, wie Klaus Kinski, mit seiner heiseren Stimme zu fragen: »Wollen wir ficken?« Die Ohrfeigen, die er sich einhandelte, möchte ich nicht zählen, aber genau wie Kinski behauptete der Sofaschreck, jede Dritte lasse sich zumindest auf ein Gespräch ein, na ja. Als »Bauer Güden« machte Soka – mit der Synchronstimme von Horst Niendorf – jedenfalls eine fabelhafte Figur.

Die weibliche Hauptrolle lief mir am ersten Tag schon, an der Seite meines Freundes Alexander Kerst in der Halle des Parkhotels über den Weg: Das war die unglaublich weibliche Sächsin Susanne Kraetzsch aus Leipzig, gerade geflohen und frisch mit Alex verheiratet. Sie übernahm den Part der Schweizer Journalistin, die den Bauer Güden auf einem Autobahn-Rastplatz trifft, in ihrem kleinen weißen Alfa Romeo mitnimmt und sich ebenfalls plötzlich von der Vopo gejagt sieht. Natürlich sprach Susanne ein lupenreines Hochdeutsch, aber der Name Kraetzsch! Ihren neuen Namen Kerst wollte sie nicht als Künstlernamen mißbrauchen, also nannte ich sie Korda, und als Susanne Korda ist sie später, nach der Scheidung, relativ bekannt geworden. Ihre gefühlvolle Altstimme, dazu das ungemein ausdrucksstarke, höchst filmogene Gesicht prädestinierten sie zum Star, doch da waren die Männer ... Bei ihrer Ehe mit Alex verhedderte sie sich noch in dem schwierigen Beruf, der ja ständig Trennungen verlangt, aber schon im nächsten Mann, Hannes Messemer, fand sie ihren Meister. Der rigorose Hannes verbot ihr einfach die Schauspielerei und benutzte sie, nach Vorvätersitte, schlicht als Weib für alle Lebenslagen, was am Ende auf Krankenschwester hinauslief. Ach, meine gute Susanne! Sie war perfekt in der Rolle, es gab mit ihr nicht die geringsten Probleme – bis auf diese eine Szene auf der Autobahn, als sie ihren Wagen stehenlassen und hinter Güden/Soka her einen Abhang hinunterrennen mußte. Da trieb sie mich zur Verzweiflung, als sie geziert – ach, affektiert muß ich schon sagen – wie ein dummes Mannequin im Laufen die Arme und Beine kokett nach allen Seiten schmiß.

»Stop!« rief ich. »Was treibst denn du da, Susanne? So läuft doch kein

Links sind Susanne Korda und Christian Doermer nebeneinander zu sehen, obwohl sie im fertigen Film nur einmal, am Ende, zusammentreffen.
Darunter Susanne auf ihrem seltsamen Abfahrtslauf, den steilen Hang hinunter, auf der Flucht vor der Volkspolizei.

Mensch! Bitte noch einmal zurück!« Ich dürfte sie an diesem sonnigen Tag auf der stillen Autobahn zwischen Hersfeld und Eisenach schier zum Wahnsinn getrieben haben, denn der Hang war steil, und jedesmal, wenn ich die Aufnahme abbrach, mußte sie auf Händen und Füßen zurückkraxeln und von neuem loslaufen. Bis ich merkte, daß sie ihren Körper nicht in der Gewalt hatte, daß ihre ganze feminine Psyche da mitlief, eine Eigenheit, die bestimmte Frauen sich offenbar im frühesten Kindesalter schon angewöhnen, die ihnen kaum noch auszutreiben ist. Das hat mir damals zu denken gegeben und lange danach noch, denn in den folgenden Monaten im Schneideraum fing mein Blut jedesmal wieder an zu kochen, wenn ich Susanne diesen Hang hinabrennen sah, ein halbes Dutzend mal mindestens. Ich habe mich durch Schnitte einigermaßen gerettet, aber ihr Lauf sieht immer noch gräßlich affektiert aus. Seitdem beobachte ich zwangsläufig, wie Frauen rennen und weiß, was ich von ihnen zu halten habe. Es gibt nämlich auch Frauen, die ungeniert laufen können, wie ein Mann. Doch als solcher weiß ich die »Gezierten« zu schätzen.

Als ob ich mich jahrelang darauf vorbereitet hätte, stellte ich in wenigen Stunden die ganze Produktion zusammen, holte mir Heinz Karchow, den Aufnahmeleiter der *Halbstarken*, als Produktionsleiter (und wußte schon am zweiten Drehtag, warum er, mit über fünfzig Jahren, immer noch Aufnahmeleiter war) und Günter Haase, den Wisbar-Kameramann aus *Haie und Kleine Fische*, den ich 1946 schon als Schwenker von Robert Baberske bei *Herzkönig* kennengelernt hatte (auch dies erwies sich bald als Fehlgriff). Zwölf Stunden nach der nächtlichen Idee stellten sich Susanne Korda und Narciss Sokatscheff auf der Terrasse des Parkhotels nebeneinander und fragten, was sie in der ersten Szene anzuziehen hätten, dann traf Christian Doermer ein und bekam ein blaues FDJ-Hemd verpaßt (mein weißhaariger Produktionsleiter hätte gleich zwei kaufen sollen, dann hätten wir, als es naß wurde, nicht warten müssen, bis es gewaschen und wieder getrocknet war, um weiterdrehen zu können). Sechsunddreißig Stunden nach der Idee rief ich zum ersten Mal »Mir nach!« und fuhr einer kleinen Wagenkolonne voraus nach Wannsee.

Ich hatte noch kein Drehbuch, aber meinen Roman im Kopf, und beschlossen, mit dem Ende der Geschichte anzufangen, der Flucht des FDJ-Funktionärs Baade durch einen dichten Schilfgürtel ans Wasser der Havel; ich fand ihn auf der Westseite der Pfaueninsel, in der Bucht des sogenann-

Wir drehten das Ende des Films zuerst: Der Bauer Güden (Sokatscheff) und die Schweizer Journalistin (Susanne Korda) treffen im hohen Schilf der Pfaueninsel auf schießwütige Vopos – vorerst stehe ich, als Regisseur, in ihrem Blickfeld.

ten Parschen-Kessels, der dem Schauplatz meines Romans, der Sacrower Lanke, genau gegenüberliegt. Was der Atmosphäre guttat: Während wir im Schilf der Pfaueninsel die Verfolgung eines Flüchtlings durch die Vopos mit ihren zähnefletschenden Schäferhunden drehten, hörten wir Schüsse und sahen durchs Fernrohr, wie auf der einen Kilometer entfernten Sacrower Seite Vopos mit ihren zähnefletschenden Schäferhunden jemanden durch das Schilf jagten. Aber unser Film-Schäferhund war kohlrabenschwarz und sah gefährlicher aus als der echte »drü'm«.

Doch vorerst drehten wir mal mit der 35mm-Arriflex und einer kurzen Brennweite aus der Hand, stunden- und tagelang Christian Doermer, durchs Schilf hastend. Das wurden auf Anhieb so tolle Bilder, daß ich mir die ersten Muster, anstatt sie in der Kopieranstalt Geyer in Neukölln zu besichtigen, an den Kurfürstendamm bringen ließ. Ich mietete das Marmorhaus, das damals noch keine Sechserschachtelei, sondern ein einziges großes Kino war, lud tausend Freunde und Bekannte ein und sah mir nachts auf der richtigen großen Leinwand das Ergebnis an. Überwältigend! ... Seitdem weiß ich, warum alle möglichen jungen Leute Filme drehen wollen – ein Erfolgserlebnis jagt das andere. Es ist wie mit der Fotografie: Du drückst auf den Knopf und hältst ein wunderbares Bild in der Hand. Das hast *du* gemacht??? Wer es gemacht hat, ist in Wirklichkeit natürlich die Firma Kodak oder Agfa mit ihrem hochempfindlichen Film, ist die Leica, die Nikon oder Arriflex, allesamt Wunderwerke der Technik.

Hinterher haben wir noch lange beisammengesessen und uns die Köpfe heißgeredet. Alles sah so herrlich einfach aus – und war es auch, wie mir schien. Mein erfahrener alter Produktionsleiter hatte die unterschiedlichsten Regisseure bei der Arbeit gesehen, aber noch keinen wie mich. »Du hast doch nur Drehbücher geschrieben!« wunderte er sich. »Woher willst du wissen, wie man Filme inszeniert?« Ich gab ihm die Antwort, an die ich auch heute noch glaube: »Ich war im Kino. Wenn du dir Filme anguckst, siehst du doch, wie es gemacht wird! Und wenn du selber die Story intus hast und den Schauspielern sagen kannst, wie du es haben willst – also, was brauchst du noch dazu?« Er blieb mißtrauisch, mein guter alter Heinz Karchow. Regisseure waren für ihn Halbgötter, die Szenen erstellen, Schauspieler zu Höchstleistungen treiben und aus dem Nichts heraus neue Welten zaubern konnten. Glaubte er wirklich, daß die Großen der Branche, wie Käutner, Liebeneiner, Staudte ihre Begabung auf einer Filmhochschule gefunden hätten? »Filme inszenieren«, tönte ich, »erfordert nichts weiter als ein Gefühl für Bilder, die Umsetzung einer Geschichte, den Rhythmus der Handlung im Griff behalten!« Er verstand nur, daß er zum ersten Mal eine Produktion leitete, die aus zehn Männern und einer Frau bestand, und das gefiel ihm nicht.

Die eine Frau, das Scriptgirl natürlich, gefiel auch mir nicht. Sie war, wie alle von Karchow engagierten Stabmitglieder, »alter Filmhase« und vermißte das Drehbuch. Sie meckerte ständig, weil sie nur einen weißen Karton sah, auf dem ich mir skurrile Notizen machte, »richtige Drehbuchseiten« aber erst frühmorgens, auf dem Weg an die Havel, zu lesen bekam. Mich störte am meisten an ihr, daß sie nach Schweiß roch. Und eines Morgens, so am fünften oder sechsten Tag, rief ich Hede Zentner in München an, die Frau meines alten Mentors Dr. Kurt Zentner vom *Tagesspiegel*, der zwischenzeitlich Chefredakteur der *Münchner Illustrierten* gewesen war, vor mir auch eine Zeitlang beim *Stern* und dann für den alten Burda in Offenburg drei Bildbände produziert hatte: *Die ersten 50 Jahre des Zwanzigsten Jahrhunderts*. Den Zentners hielt ich die Treue, wir hatten uns nie aus den Augen verloren, sie waren meine Ersatzfamilie. »Was macht mein Liebling, die kleine Celia?« fragte ich ihre Mutter. »Kann sie morgen früh in Berlin sein und mein Scriptgirl spielen?« Schon am Nachmittag traf ein ausgewachsenes, süßes Mädchen von 18 Jahren ein, das nicht nach Schweiß roch. Nun war ich nicht mehr der einzige Laie in meiner Filmtruppe.

Michael Schwabacher besuchte uns im Schilf der Pfaueninsel und sah noch ängstlicher aus. Er hatte für die Produktion des Films eine eigene Firma gegründet und ihr den Namen STUN-Film gegeben. Was sollte das heißen? »Na«, sagte er unbehaglich, »eigentlich wollte ich sie NUTS-Company nennen, aber dann habe ich den Namen einfach umgedreht ...« NUTS ist englisch und heißt nichts weiter als »verrückt«, auf jiddisch auch »meschugge«, STUN aber hieß gar nichts.

Alte Filmhasen

Karchow hatte einen jungen Aufnahmeleiter gefunden, Joe Sell, der flink und unbekümmert war. Der hatte wenig Zeit, herumzustehen und zu debattieren. Auch mein Regieassistent Bob Ausböck, ein kräftiger Bayer, scherte sich wenig um die Tatsache, daß er für einen Regisseur tätig war, der noch nie einen Film gedreht hatte. Er stapfte geduldig hinter mir her durch den Morast des Schilfwaldes und bemühte sich, die Balance zu halten, ein Trinker. In München war er gewohnt, zwei Flaschen Augustinerbräu vor dem Frühstück zu trinken, doch das Berliner Bier ist viel alkoholhaltiger und setzte ihm solange zu, bis er hinter den Unterschied kam – und dann hatte er sich an sein Schultheiß gewöhnt, ein Totalausfall. Marian Babiuch, der Maskenbildner, hatte wenig zu tun bei all den Laiendarstellern, die ich ihm anschleppte, ein Profi, der sich zurückhielt und, wenn es sein mußte, auch den beiden Beleuchtern und Bühnenarbeitern, die Karchow bei Brauners CCC-Film ausgeliehen hatte, unter die Arme griff. Dann gab es da noch den Standfotografen Hermann Molkenbuhr, ebenfalls ein Stiller, mit dem ich mich über seinen Großvater, einen berühmten alten Sozialdemokraten, unterhalten konnte. »Molke« verschwand im Laufe der langen Drehzeit ein bißchen in der Versenkung, denn im Parkhotel hatte ich den *Life*-Fotografen Sandford H. Roth kennengelernt, einer der Großen seiner Zunft, der seinen Auftrag *Berlin unter dem Chruschtschow-Ultimatum* schießen ließ und sich dafür dem Mikrokosmos einer kleinen Filmproduktion zum Thema Berlin anschloß und die fabelhaftesten Bilder von uns machte. Seine Mitwirkung hob die Stimmung des kleinen Stabes mehr als die Doppelseite, die gleich nach Beginn unserer Dreharbeiten in der *BZ* erschienen war.

Nach wenigen Tagen schon kam es – was mir in der Erinnerung jetzt unausbleiblich erscheint – zu den ersten Spannungen mit Günter Haase, dem Kameramann. Ich wußte genau, was ich wollte, und dirigierte ihn nach jeder Einstellung so schnell zum Ort der nächsten, ohne das übliche Nachdenken und Konsultieren des Kameramannes, daß sich Frust bei ihm einstellte. »So, und jetzt zu der Biegung hier am Waldrand, die Fahrradszene – mir nach!« Und schon ergriffen alle ihren Kram und stürmten dem Regisseur hinterher, bis auf Haase und seinen Assistenten Gerhard Bonin. »Hör zu!« rief Günter. »Ich habe achtzehn Jahre UFA hinter mir, ich versteh' was von dem Geschäft – die nächste Einstellung drehen wir von da drüben!« Ich mußte ihm lautstark klarmachen, wer bei diesem Film das Sagen hätte und daß er sich seine UFA irgendwohin stecken könnte. Ich gebe zu, daß ich in meinem Enthusiasmus die Psychologie gröblich vernachlässigte, ich hätte ihm mindestens erklären sollen, warum ich die nächste Szene so und nicht anders drehen wollte. Die täglichen Spannungen eskalierten um den dreißigsten Drehtag herum schließlich in Handgreiflichkeiten.

»Nein!« rief Haase. »Die Kamera wird da drüben eingegraben! Ich gehe sonst über den Goldenen Schnitt! Ich habe immer noch einen Ruf zu verlieren!«

Die Sache mit dem Goldenen Schnitt, die verlangt, daß jede Einstellung nur von einer Seite der Bildachse gedreht werden darf, war mir nicht nur geläufig, ich kannte auch die Ausnahmen von der Regel. Was mein Kameramann jedoch schon gar nicht zulassen zu können glaubte. Als ich ihn einfach ignorierte, sogar seinen Assistenten in die Aufforderung »Alles hört auf mein Kommando« einschloß, rief Günter Haase zur Rebellion auf: »Wir sind schließlich alle Profis – wollt ihr euch von dem Verrückten blamieren lassen?« Ich hatte ihm für diesen Fall Prügel angedroht, obwohl der Kerl

Kameramann Günter Haase, der durchaus seine Meriten hatte. Doch leider rief er meinen Stab zur Rebellion gegen mich auf, und ich mußte ihn mit Gewalt aus der Truppe entfernen. Was dem Endergebnis sicher nicht guttat.

zwei Köpfe größer und einen Meter breiter war als ich, und er hatte für diesen Fall – »unter Zeugen!« – wissen lassen, daß er sich »sofort hinlegen und auf einer Bahre ins Krankenhaus tragen lassen« wollte, und wegen Körperverletzung anzeigen würde er mich außerdem: »Da kannst du Gift drauf nehmen!« Als es dann soweit war, ich meine Brille abnahm und mich auf die Zehenspitzen stellte, um sein Kinn zu treffen, vergaß er vor Überraschung, sich hinzulegen.

Auf diese Weise verließ uns Günter Haase also, und das tat dem Film natürlich nicht gut, denn weitere vierzig Drehtage standen uns noch bevor. Zum Glück war ihm sein Assistent Gerhard Bonin nicht gefolgt, so daß wenigstens einer da war, der den Rohfilm in die Kassetten einlegen und die Schärfe ziehen konnte. Mit der richtigen Belichtung hatte Bonin so seine Probleme, und ich übrigens auch, denn die Belichtung eines Fotos ist etwas anderes als die eines Bildes, das sich bewegt. Hauptsache aber, der Unruhestifter war weg, und ich konnte mich endlich selbst hinter die Arriflex klemmen, während der Assistent die Schärfe zog. Als ehemaliger Fotograf hielt ich mich natürlich auch für den geborenen Filmkameramann und war glücklich, meine Inszenierung nun durch den Kamerasucher verfolgen zu können – selbst übelwollende Kritiker lobten nach der Premiere die »ausgezeichnete Fotografie« des Films. Freilich blieb das Problem mit der richtigen Belichtung, das ich leichtsinnig auf die einfachste Art und Weise löste, nämlich mit drei verschiedenen Blenden pro Einstellung – in den fertigen Film kam dadurch nicht das beste Spiel meiner Akteure, sondern die beste Belichtung. Jedem Filmregisseur muß schlecht werden, wenn er das hört, aber so ist das nun mal mit den Erstlingswerken.

Der beste Mann im Team wurde, innerhalb von Stunden, meine geliebte kleine Celia, die einfach ein talentiertes Mädchen war, das die Tätigkeit eines Scriptgirls im Handumdrehen lernte. Ein Scriptgirl führt Buch – Drehbuch –, indem es die einzelnen Einstellungen (in unserem Fall mehr als 700) überwacht, abhakt und über jede Änderung des Textes Protokoll führt, was für die Arbeit später im Schneideraum unerläßlich ist. Wie sonst soll die Cutterin aus 700 Einzelteilchen den Ablauf der Handlung chronologisch zusammenkleben? Wie soll sie aus einem Drehbuch klug werden, das während der Aufnahmen ständig geändert wird? Das Scriptgirl kontrolliert z. B. auch den Filmverbrauch, notiert die Meterlänge jeder Einstellung und kann so erkennen, ob ein und dieselbe Szene einmal langsamer, einmal schneller gespielt und gesprochen wurde. Und sie hält fest, welche Wiederholung der Regisseur schließlich »kopiert« haben will, denn die 30 000 Meter Rohfilm, die eine Produktion durchschnittlich verschlingt, werden nach der Belichtung zwar alle entwickelt, aber natürlich nicht alle zur Vorführung und Bearbeitung im Schneideraum vom Negativ auf Positiv kopiert. Der fertig geschnittene durchschnittliche Film von anderthalb Stunden Länge besteht am Ende also nur noch aus zehn Prozent des tatsächlich aufgenommenen Materials.

Am Schluß jeden Drehtages, wenn alle nach Hause gegangen sind, sitzt das Scriptgirl noch immer im Produktionsbüro und bringt anhand ihrer Notizen den Tätigkeitsbericht des Tages zu Papier, den der Produzent gierig liest, denn er enthält unter »besondere Vorkommnisse« auch die Gründe für kostspielige Verspätungen, etwa: »Regisseur schlägt um 14.35 Uhr den Kameramann nieder, Verzögerung: eine Stunde«. Da ich mein eigener Herr war, konnte ich mir diese Lektüre ersparen. Celia erledigte das alles, manchmal bis zum Bauch im Havelwasser stehend, mit Geschick und Präzision, übernahm stillschweigend auch noch Aufgaben des Regieassistenten und sorgte privat dafür, daß ich etwas zu essen bekam, genügend Schlaf fand und morgens rechtzeitig geweckt wurde. Sie war es auch, die mich ständig an Dieter Bochow erinnern mußte, den ich aus München hatte ein-

Meine geliebte Celia lernte im Handumdrehen den Beruf des Scriptgirls und erwies sich auch sonst als unentbehrliche Mitarbeiterin.
Sie wurde später meine vierte Frau und ist es heute noch, 38 Jahre nach Drehschluß.

fliegen lassen, auf der gleichen Etage im Parkhotel einquartierte, und der nun Tag für Tag darauf wartete, mit mir über die nächste »Deutschland deine Stimmchen«-Folge für den *Stern* zu reden. Celia wurde mir unentbehrlich, die Süße, das ganze Team war in sie verliebt.

Und das war wohl auch Peter W. Schünemann, ein Sohn der Bremer Verlegerfamilie, der im Gefolge Celias auf der Pfaueninsel erschien und seinerseits wieder einen Freund, den Filmjournalisten Joe Hembus aus München, mitbrachte, dem dann auch noch der Hamburger Fotograf Werner Bockelberg folgte. Alle wurden von mir sofort als Statisten eingesetzt, »Bockel« mimte einen schießwütigen Vopo, auch »Schüne« stand die erdbraune Uniform gut, und Joe spielte sogar einen spitzbärtigen West-Berliner Badegast im Strandbad Wannsee, der einen über die Havel geschwommenen, gefährlich aussehenden schwarzen Schäferhund als »Kommunistenhund!« identifiziert. Nach ein paar Tagen verschwanden sie alle wieder und neue Freunde und Freunde von Freunden tauchten auf – nur Schünemann blieb und bekundete sein starkes Interesse am Film mit mehreren Darlehen, wenn das Geld mal knapp wurde. Erst am Ende der Dreharbeiten, als er immer noch bei uns herumhing, fiel mir auf, daß sein eigentliches Interesse meinem Scriptgirl galt. Die 80 000 Mark, die er der Produktion so nach und nach geliehen hatte, habe ich noch jahrelang abbezahlt.

Der beste Mann unter den Männern war Erich Hanczick, Requisiteur und Kulissenschieber, eine kleine, kompakte, um nicht zu sagen vierschrötige Gestalt mit Stiernacken und kugelrunder Spiegelglatze (»das ist eine«, sagte er, »in der du dich rasieren kannst«). Dieser Erich ist für mich der Prototyp des guten Filmarbeiters geworden, ein Mann voll Engagement, flinkem Verstand und granitener Zuverlässigkeit, der einzige, der während eines Bombenangriffs auf den Dachboden rennt und Brandbomben löscht, wenn alle anderen zitternd im Keller sitzenbleiben. Auf die Filmerei übertragen hieß das: Erich roch kommende Schwierigkeiten und beseitigte sie, ohne auf Anweisungen zu warten. Erich rammte falsche Autobahnschilder, wie wir sie vor Eisenach brauchten, eigenhändig in die Erde, als die Bundesautobahnverwaltung sich zuviel Zeit ließ. Erich terrorisierte hinter meinem Rücken den armen Christian Doermer, als er merkte, daß der nicht gehorchen, sondern vor jeder Einstellung mit mir diskutieren wollte. Erich war der letzte, der abends ging, und der erste, der morgens kam. Als mein Opel Kapitän vor dem Parkhotel geklaut wurde – ein Dienstwagen des *Stern*, soweit hatte ich es inzwischen gebracht –, war Erich der einzige, der nicht die Nerven verlor. »Der ist in irgendeiner Straße abgestellt, den haben sich dumme Jungens für eine Spritztour geholt!« erzählte er der Polizei. »Was macht Sie so sicher?« wollte die wissen. »Weil ich unsere Requisiten – lauter Vopo-Uniformen und russische Maschinenpistolen – in den Kofferraum des Chefs gepackt habe«, meinte Erich. »Mit dem Auto kommt kein Dieb über die Sektorengrenze!« Und genau so war's, eine Stunde später fand die Polizei den Opel Kapitän am Kaiserdamm vorschriftsmäßig geparkt, aus dem Kofferraum fehlte nichts. Das Phänomen Erich Hanczick habe ich, in wechselnder Gestalt, übrigens bei jedem meiner fünf Spielfilme erlebt, zuletzt in Hollywood. Ohne solche begeisterungsfähigen Kerle würde nie ein Film zu Ende gedreht werden.

Auch Ralf Gregan war so einer, ein unscheinbarer Bursche mit beginnender Glatze, verheiratet mit einer Freundin meiner Frau, die ihn mir aufgeschwatzt hatte. Ralf machte sich ganz selbstlos nützlich, packte überall mit an und spielte sogar einen Streckenwärter der ostzonalen Reichsbahn, ein Glanzlicht des Films. Als ich ihn mir später für *Playgirl* und *Sperrbezirk* als Regieassistent holte – und wiederum kleine Rollen spielen ließ –, hatte er seine darstellerische Ursprünglichkeit freilich verloren. Er machte beim Fernsehen Karriere und wurde Dieter Hallervordens Lieblingsregisseur.

BLÄTTER AN DIE BÄUME KLEBEN

Es war Sommer, als ich *Flucht nach Berlin* zu drehen begann, Ende August 1960, und Sommer war auch die Jahreszeit im Roman. Doch während wir so vor uns hindrehten, wurde es Herbst, die Blätter fielen, und als wir endlich das richtige »Ostzonen-Dorf« gefunden hatten, sah es kahl aus. Was nun? Roman und Film spielten in einem Zeitraum von einer Woche, in dem sich die Landschaft unmöglich so radikal verändert haben konnte. Wie beim Film üblich, hatten wir nicht chronologisch, der Handlung folgend, gedreht, sondern, da wir schon mal in Berlin waren, das letzte Drittel des Films zuerst: Die Ankunft der Flüchtlinge an der Havel. Nur der Schluß des Films war also bei herrlichem Sonnenschein »im Kasten«.

Produktionsleiter Karchow war nach Hessen vorausgefahren, um so dicht an der Zonengrenze wie möglich ein heruntergekommenes Dorf zu finden, das als »DDR« gelten konnte. Er fand es gleich zu Dutzenden, das Zonenrandgebiet schien wirklich ein Notstandsgebiet zu sein. »Aber kein Bürgermeister will uns drehen lassen!« jammerte er am Telefon. »Hab' ich einen überredet, dann hetzt der Pfarrer die Gemeinde auf! Schon zweimal haben Bauern ihre Hunde auf mich losgelassen! ... Sobald die hören, daß es sich um einen Film gegen die Verhältnisse in der DDR handelt, bekommen sie es mit der Angst zu tun! Die Dörfer, die wir brauchen können, liegen alle so zwei bis fünf Kilometer von der Zonengrenze entfernt, und die sagen dort alle: ›Was machen wir, wenn die Russen kommen oder die Nationale Volksarmee plötzlich einmarschiert?‹«

Ich fand das »unerhört!«, ich war eben noch sehr jung, gerade mal 32 Jahre alt geworden und im Besitz eines geschlossenen Weltbildes, in dem Defätisten keinen Platz hatten. Ich scheuchte ein paar Bundestagsabgeordnete auf, die genauso empört reagierten und umgehend »Abhilfe schaffen« wollten, aber natürlich geschah überhaupt nichts. Wäre ich älter und erfahrener im Filmgeschäft gewesen, hätte ich mir die Fahrt nach Westdeutschland mit meiner Crew erspart und wäre nach Lübars gegangen, was Karchow mir unentwegt als Ersatz anbot. Lübars ist das West-Berliner Paradedorf zwischen Hermsdorf und Frohnau, direkt an der nördlichen Grenze zum Sowjetsektor, das damals ständig als Filmkulisse für alle landwirtschaftlichen Themen herhalten mußte. Aber ich war jung und hitzköpfig und entschlossen, für meinen ersten Film durch alle Wände zu marschieren.

Und siehe da: Kaum waren wir im Parkhotel in Bad Hersfeld gelandet, da fand Karchow im benachbarten Fulda einen Bundestagsabgeordneten der CDU, der sich auskannte: »Sie dürfen nicht mit evangelischen Pfarrern reden, die waren alle schon mal bei den Genossen in der DDR und haben ihren dortigen Kirchenräten versprochen, keine ›Kalten Krieger‹ zu werden. Reden Sie mit einem katholischen Pfaffen, das sind militante Antikommunisten!« Und er wußte auch gleich einen in dem winzigen Dörfchen Wölf, direkt an der Zonengrenze. Beschämt, denn wir waren alle Protestanten, stellten wir uns bei dem kleinen katholischen Priester vor und wurden tatsächlich mit offenen Armen empfangen. Das ganze Dorf ließ es sich gefallen, daß Doermers »SED-Kader« jedes Haus und jede Tür mit Ulbricht-Plakaten überklebten, mehr noch: Die Bauern von Wölf spielten alle, ob begeistert oder nicht, die Rollen ihrer »Brüder und Schwestern«, wie es so schön hieß, von jenseits der Zonengrenze.

Auch die zuständige Bundesbahnverwaltung in Bebra zierte sich zunächst, einem politischen Film »rollendes Material« zur Verfügung zu stellen und verwies auf ihre »gute Zusammenarbeit« mit der Reichsbahn der DDR. Da es sich um eine beträchtliche Summe handelte, die wir der Bundesbahn für die Zurverfügungstellung eines kompletten Personenzuges hätten zahlen müssen, verzichtete ich schließlich auf das Geschäft und zog mit meinen Leuten nach Münster weiter, wo wir ohnehin Szenen auf einer Weser-Eisenbahnbrücke »über die Elbe« drehen mußten – dort kletterten wir dann einfach in einen fahrplanmäßigen Personenzug und drehten in Windeseile umsonst all das, was uns in Hersfeld viel Geld gekostet hätte.

Karchow beschwatzte sogar den Vorsteher eines kleinen Haltepunktes, uns in seinen Amtsräumen tätig werden zu lassen, und schließlich spielte der sogar sich selbst und führte mit einem Kollegen namens Eugen vor der Kamera ein fingiertes Dienstgespräch, das jedesmal, wenn *Flucht nach Ber-*

Die antikapitalistischen Spruchbänder und Plakate auf dem zonennahen Autobahnteilstück zwischen Hersfeld und Eisenach habe ich selbst entworfen. Das Kreuz auf dem Bild links haben die Bauern des kleinen Fleckchens Wölf an der Zonengrenze besorgt.

Freiwillige Bundeswehrsoldaten ließen sich von uns in Uniformen der NVA stecken – eine Wiedervereinigung im Film.
Rechts erschlägt mein Produktionsleiter Heinz Karchow, als Bäuerin verkleidet, pro forma eine Kuh, um sie vor der LPG zu retten.

gezeigt wird, Lachstürme hervorruft.

Unvergeßlich wird mir die Szene in einem Kuhstall des Dorfes bleiben, in der eine alte Bäuerin, bevor sie Haus und Hof zurückläßt, ihre einzige Kuh mit einer Axt erschlägt. Heinz Karchow ging von Haus zu Haus und erklärte, worum es sich handelte, aber die Bäuerinnen von Wölf reagierten nur mit Abscheu auf das Rollenangebot. Sie konnten sich nicht vorstellen, was mir ein geflüchteter Bauer in Berlin berichtet hatte, der seine Kuh tatsächlich erschlug, um sie nach seiner Flucht nicht in einer LPG-Kolchose landen zu sehen. Schließlich verkleideten wir unseren Produktionsleiter selbst als »alte Bäuerin« und drückten ihm eine Axt in die Hand – aber natürlich hat er die Kuh nicht wirklich erschlagen, sondern nur so getan. Das ist eben Film: Er schwingt die Axt, und die Kamera tut mit einem kräftigen Wackler das übrige, um den Eindruck zu erwecken, daß die Kuh zusammenbricht. Das Ganze dann noch mit dem Ton eines dumpfen Schlages und einem akustisch verzerrten Aufbrüllen unterlegt, und jeder Zuschauer schwört, daß er einen Mord gesehen hat.

Doch die kurze Szene kam im Kino überhaupt nicht an. Ich lernte: Außergewöhnliche Vorkommnisse, die der Zuschauer so noch nie auf der Leinwand erlebt hat, verlangen eine Erklärung, ein vorangehendes Gespräch, in diesem Falle unter den Bauern (»Meine Elsa kriegen die nicht!«), sonst begreift der Zuschauer gar nicht, warum die »Bäuerin« das Tier tötet.

Überall, wo wir drehten, tauchten auch in Westdeutschland Freunde und Bekannte von weither auf, um mit eigenen Augen zu sehen, was sie in den Zeitungen gelesen hatten, und wurden sofort in die Produktion eingespannt. Wittigo Graf Einsiedel aus Frankfurt, der Mann unserer letzten Trauzeugin Burgel und ein Vetter des bekannten »Roten Grafen« Heinrich von Einsiedel, sprang eines Morgens in einem langen schwarzen Ledermantel aus seinem BMW, und da er auch noch einen Spitzbart trug, mußte er sogleich die Rolle eines Stasi-Schergen übernehmen, der hinter Doermers »FDJlern« drohend durch das Dorf schlendert. Am nächsten Morgen baute ich ihn in eine Szene ein, die durch seinen Partner Karl Meixner zu einer der eindrucksvollsten des ganzen Films wurde.

Meixner, der große Berliner Schauspieler und Lehrer, gastierte am Staatstheater in Kassel. Von dort holte ich ihn, von dem ich schon die Wohnung am Hohenzollerndamm gemietet hatte, für einen Drehtag ins Dorf Wölf und überraschte ihn mit fünf Drehbuchseiten Text, die er auf der Stelle auswendig lernen mußte. Dann stellte ich ihn in echtem Bauerndrillich neben einen Misthaufen, Wittigo von Einsiedel gegenüber, der nichts anderes zu tun hatte, als eine Zigarette zu rauchen und indifferent auszusehen, was ihm um so leichter fiel, als er keine Ahnung hatte, was er da spielte. Im Film wirkte er durch seine Teilnahmslosigkeit unverschämt arrogant, wodurch Meixners Empörung nur noch verständlicher wurde. Der fing, mit der Mistgabel in der Hand, an, dem Stasi-Schergen die Meinung zu sagen, zuerst nur bröckchenweise und stockend, dann in Erregung geratend, immer lauter und leidenschaftlicher werdend, und zum Schluß so schreiend, daß er sich verschluckte und echt in Atemnot geriet. Es war sensationell, uns Zuschauern lief eine Gänsehaut nach der anderen über den Rücken. Ich hatte Karl Meixner kein Wort gesagt, wie er seine Rolle »anlegen« sollte; in dem langen Monolog stand alles drin. Ich hatte ihm vor der Aufnahme nicht einmal den Text abgehört, ihn nur gefragt, ob er ihn »intus« hätte. Als wir am Ende spontan in wilden Applaus ausbrachen, schielte der große Schauspieler nur ängstlich nach der Kamera und sprach heiser: »Hoffentlich ist alles drauf! Noch einmal kann ich das nicht ...«

Woran ich leider überhaupt nicht gedacht hatte: Wir drehten den ganzen

Film ja mit einer einzigen, »stummen«, unverblimbten Arriflex, deren Motorengeräusch auf dem Tonband durch den ganzen langen Monolog hindurch zu hören war. Ich hatte mich mit Günter Haase für die handliche »Stumme« entschieden, um beweglicher zu sein. Außerdem hatten wir doch nur einen Kameraassistenten – ein »normaler« Spielfim benötigt drei, wenn nicht vier oder fünf –, der unmöglich auch noch eine klobige Tonkamera schleppen konnte. Da ich vorwiegend mit Laien arbeitete, mußte ich den Film sowieso komplett nachsynchronisieren. Und das stellte sich nun, im Falle des Profis Meixner, als ein echtes Unglück heraus: Karl war, als ich ihn nach Drehschluß zur Sychronisation nach Berlin holte, absolut nicht mehr in der Lage, sein Misthaufen-Glanzstück im dunklen, leeren Synchronstudio zu wiederholen, seine wunderbaren Atemschwierigkeiten fehlten auf den kurzen Filmteilchen, in die ein Film für die Tonsynchronisation zerschnitten werden muß. Es war eine Tragödie! Ein Synchron-Routinier vom Schloßparktheater mußte es schließlich machen. Von der Dramatik der Originalaufnahme blieben höchstens 30 Prozent übrig.

Das sind die Probleme der Praxis, die von keiner Filmhochschule gelehrt werden können, von denen aber jede Filmproduktion voll ist. Deshalb halte ich nichts von Filmhochschulen, ganz abgesehen davon, daß sie von ihren Absolventen ein Abiturzeugnis verlangen. Was, um Himmels Willen, hat das Abitur mit der Kunst der Filmherstellung zu tun? Nach dem Film schrieb ich irgendwo »Filmedrehen ist das einzige echte Abenteuer geblieben. Die Sahara zu durchqueren, den Amazonas aufwärts zu fahren, ist alles nur eine Frage der Logistik. Aber zwingen Sie mal neurotische Schauspieler, von den gewünschten Kulissen und Hintergründen ganz zu schweigen, in das Korsett Ihrer Phantasie, dann können Sie was erleben ...«

Gerade glaubst du, alles unter Kontrolle zu haben, da kracht's und scheppert's mächtig hinter dir und der Schauspieler, der behauptet hat, er könne Motorradfahren, liegt auf der Nase. Zwar ist Reinhold W. Timm, genannt Timmy, überhaupt kein Schauspieler, sondern gerade als Zeichner von den United Nations in New York zurückgekehrt, aber er ist ein netter, hilfsbereiter Kerl, der uns laufend mit den neuesten Witzen versorgt, und die Vopo-Uniform paßt ihm wie angegossen. Was also tun? Wir bringen ihm vor der wartenden Kamera das Motorradfahren bei. Wir haben gar keine andere Wahl mehr. Wir haben zwei Autowracks von einem Autofriedhof in Hersfeld ausgeliehen und, ohne die Polizei zu fragen, auf das »tote« Auto-

Der bekannte Maler Reinhold W. Timm als Statist in Vopo-Uniform lernt während des Drehs schnell noch Motorradfahren (von mir, der ich nichts davon verstehe).

bahnstück nach Eisenach an die Zonengrenze schleppen lassen, haben sie mitten auf die Fahrbahn gekippt, um einen Unfall vorzutäuschen. Erich Hanczick steht mit einer roten Flagge tausend Meter weiter, der Aufnahmeleiter mit der gleichen Flaggenfarbe in der anderen Fahrtrichtung, und dann passiert, was wir für unmöglich gehalten haben: Dieses Autobahnteilstück zum Grenzübergang Wartha ist nur »tot«, wenn wir »Verkehr« benötigen – jetzt, wo wir keinen gebrauchen können, wimmelt es auf einmal von Autos, die anhalten und deren Fahrer neugierig aussteigen. Verschwindet! Hier wird nur ein Film gedreht! Ihr stört! Seht ihr denn das nicht?

Aber Timmy, der als Vopo Sokatscheff und Susanne Korda auf dem Motorrad verfolgen soll, macht Fortschritte, die Sonne ist auch noch da, und ich kann mich mit Gerhard Bonin und der Kamera auf den Notsitz des kleinen Alfa Romeo klemmen, und los geht's, hinein in die herumliegenden Wrackteile. Als die Polizei endlich auftaucht, läßt Karchow die Wracks schon wieder verladen und tut so, als habe er die Genehmigung in irgendeiner Tasche, könne sie im Moment aber nicht finden. Wollen Sie nicht helfen, daß die Wracks endlich wegkommen, Herr Inspektor? Nein, nein, das sind alte, hier hat kein Unfall stattgefunden, ich schwöre! Die stammen vom Autofriedhof in Hersfeld. Wie die hierhergekommen sind? Weiß ich auch nicht, da muß ich den Aufnahmeleiter fragen. Nein, der ist nicht hier, der überwacht die nächste Kameraeinstellung unten im Tal, wie der Name schon sagt: der leitet die Aufnahmen: Auf Wiedersehen!

Heute kann ich es selbst kaum noch glauben. Bei der nächsten Einstellung, einer Totalen vom Fahrbahnrand auf den aus der Ferne herbeirasenden Vopo mit Motorrad, passierte mir ein Schnitzer, der dem entschwundenen Kameramann mit seinen 18 Jahren UFA-Erfahrung bestimmt nicht passiert wäre: Ich ließ ein Teleobjektiv, eines mit einer langen Brennweite, einsetzen, um den armen Timmy auf seinem schlingernden Vopo-Motorrad so nahe wie möglich ins Bild zu bekommen. Der Bursche raste wirklich mit einer unglaublichen, todesverachtenden Geschwindigkeit auf uns zu, ich schrie: »Weiterdrehen, wenn er stürzt!« – und er dröhnte stolz an uns vorbei. Es sah toll aus, aber nicht im Teleobjektiv. Als am nächsten Abend die in Berlin entwickelten Muster eintrafen und uns im örtlichen Kino vorgeführt wurden, sahen wir den schnellen Timmy auf dem Motorrad quasi stillstehen! Die lange Brennweite nagelte das auf die Kamera zukommende Motorrad einfach fest. Ich hatte wieder etwas gelernt, aber wir mußten weiterreisen, zum nächsten Drehort, hatten keine Möglichkeit mehr, die Aufnahme zu wiederholen.

Und Erich Hanczick schlich nachts noch um die Hotelbar und versuchte rauszukriegen, was in der Frühe auf dem Programm stand. Als er hörte, es sei die lange Laufszene des Dorfjungen durch die Gärten der Bauernhäuser von Wölf, schlug er die Hände über dem Kopf zusammen: »Das hab' ich befürchtet!« und rannte in sein Quartier. Was war los mit ihm? Am Morgen sahen wir, daß der gute Erich wieder einmal vorausgedacht hatte: Er war schon Stunden vor den anderen da, schleppte eine Leiter und einen Korb mit Laub durch die Hintergärten – und klebte Blätter an die kahlen Bäume, die besonders exponiert im Bild standen ...

Mut und blinde Wut?

Schon bevor *Flucht nach Berlin* abgedreht war, hatte ich mich nach einem Komponisten umgesehen, der mir eine Musik »wie von Paul Dessau«, also revolutionär klingende Pauken und Trompeten, schreiben sollte. Ich rief Herbert Trantow in Nikolassee an, der zuletzt viel für die DEFA gearbeitet hatte, und war höchst willkommen – bis er hörte, um was es sich handelte. Da zögerte er: »Ein Film gegen das Bauernlegen in der DDR? Mensch, da komme ich in Schwierigkeiten ...«

Ich fürchte, ich habe erst damals, bei diesem Film, mitbekommen, daß es

West-Berliner gab, die sich nach dem Chruschtschow-Ultimatum nicht mehr erlaubten, eindeutig Stellung zu beziehen gegen das kommunistische Regime in Ost-Berlin. Das war ein ganz schöner Schock für einen »Kalten Krieger«, und darum muß ich bekennen: Mit *Flucht nach Berlin* fing meine Politisierung an. Alles, was vorher gewesen war, die erste Nachkriegszeit bis hin zur Blockade Berlins und dem Aufstand des 17. Juni 1953, muß ich für »Abenteuer« gehalten haben, ein Erleben an der Oberfläche nur. Erst mit der Erfahrung des Filmens begann mein tieferes Interesse an der Politik. Daß ich, um dem *Stern* aus einer Verlegenheit zu helfen, gerade *Flucht nach Berlin* geschrieben hatte, war ebensosehr »Zufall« wie das Thema »Bauernlegen«: Du sitzt an der Schreibmaschine, ein leeres Blatt Papier starrt dich an, und du läßt deine Gedanken wandern. Etwas »Heutiges« will Nannen haben, etwas »Heutiges« ... Du greifst nach der Zeitung, und eine Schlagzeile springt dich an: »Die Kolchoisierung der Zone«. Du erinnerst dich an den Flüchtling, der sich vor einer Ampel am Schlesischen Bahnhof, auf dem Rückweg von Schnitzlers Streitgespräch im Deutschlandsender, plötzlich in dein offenes Wagenfenster gebeugt hat: »Sind Sie West-Berliner? Können Sie mich mitnehmen? Auf dem Bahnhof kontrollieren sie schon wieder jeden, der in die S-Bahn nach Westen steigt!« Was den Flüchtling dann unvergeßlich gemacht hat, ist seine Erzählung über die Funktionäre unter Leitung eines FDJlers, die wie die Heuschrecken über sein Dorf hergefallen sind, um die Bauern weichzuklopfen für die LPG. Und wie er beschlossen hat abzuhauen, aber vorher seine einzige Kuh umbringen wollte, es dann nicht fertigbrachte und seiner resoluten Schwiegermutter die Axt überließ. Das wäre doch etwas »Heutiges«, denkst du im fernen Hamburg und haust den ersten Satz auf das weiße Papier. Du bist selbst ein halber Bauernjunge, deine Mutter kam vom Land, du hast viele Sommer bei ihrer Familie auf dem Dorf zugebracht, du weißt, wie Bauern sich bewegen, wie sie reden, also los.

So war's. Und ein gutes halbes Jahr später klemmt sich einer wie Friedrich Luft hinter die Schreibmaschine und ertränkt dich in einer ungeheuren Kritik, die mit den Worten beginnt: »Dieser Film kommt aus einer Erregung. Er ist wahrhaft engagiert. Er ist gemacht aus Mut und Willen zur Augenöffnung vor einem permanenten deutschen Skandal. Er schwappt über vor Temperament. Er sieht rot ... Ihn bringt auf, daß der Film bei uns bisher das aktuellste, das bitterste, das schmerzlichste Thema der deutschen Gegenwart umging ... Will Tremper hat die Faxen dick ...«

Dunnerlittchen! Ich bin von den Socken, bin gerührt und ganz stolz auf einmal. Das alles habe ich mir gedacht, als ich *Flucht nach Berlin* drehte? Das alles hat Berlins Lieblingskritiker, der junge Mann auf dem geklauten Fahrrad mit dem selbstangebauten Tabak im Taschentuch, den ich 1945 in der Pförtnerloge des Ullstein-Druckhauses kennenlernte, aus meinem Film herausgelesen? Ich habe mich immer gewundert und amüsiert über die ungeheuren Theorien, die Filmkritiker entwickeln, wenn sie einen Film auseinandernehmen – und jetzt tat es sogar mein trockener, unsentimentaler Fritze Luft!? Ich war nahe daran, den läppischen Ursprung meines Engagements, meines »Mutes und Willens zur Augenöffnung« beim Gesang mit dem Finsterwälder, nachts in der Bar von Zellermayer, zu vergessen und an mein politisches Sendungsbewußtsein zu glauben.

Das ich bis heute nicht habe.

Als der berühmte Herbert Trantow mir einen Korb gab, erinnerte ich mich an einen jungen, etwas gedrungenen Klavierspieler von der RIAS-Kaffeetafel im Sommergarten am Funkturm, der mir ungeheuer sympathisch erschienen war. Hatte er nicht verraten, daß er Pauken und Trompeten, also Marschmusik, studiert hatte? Hatte sein Name nicht gerade in der *BZ* gestanden, weil er die temperamentvolle Kabarettistin Cordy Ritter geheiratet hatte? Karchow fand seine Adresse heraus, und ich besuchte ihn in der Griegstraße im Grunewald, meinen geliebten Peter Thomas. Er war sofort Feuer und Flamme, lachte über den ängstlichen Kollegen Trantow und das Chruschtschow-Ultimatum, und begann, auf dem Flügel »Paul Dessau« zu spielen, eine revolutionäre Nummer nach der anderen. Eine gefiel mir besonders gut: »Die nehmen wir für den Titelvorspann!« Peter lächelte: »Danke! Die ist von mir!«

Karchow mietete den Saal einer Grunewald-Gaststätte, und als wir an einem Abend mit den Musikaufnahmen begannen, trafen ungefähr 40 Musiker ein und probten, was wir im Schneideraum mit der Stoppuhr an musikalischer Unterstützung festgelegt hatten. Es war eine Menge, ungefähr 50 oder 60 Nummern, teils nur kleine Zwischenspiele, teils ausgewachsene Songs, wie der von der *High Snobiety* mit Ingrid Werner alias Nina Westen.

Nach einer Viertelstunde bat ich um eine Pause und gestand Peter, daß mir seine revolutionären Themen, die er mir so zackig auf dem Flügel vorgespielt hatte, auf einmal nicht mehr gefielen. Er sah unglücklich aus, nickte und sagte: »Das habe ich mir gedacht ... Du hast ein gutes Gehör, Willusch!« Immer wenn er mich nicht »Arschloch« nennen wollte, sagte er Willusch. »Also, packen wir ein und gehen nach Hause!« Ich protestierte: »Warum das Kind gleich mit dem Bad ausschütten?« Aber Peter flüsterte mir zu: »Wenn ich nur die Geiger rausschmeiße, gehen alle Musiker! Das ist ein solidarisches Völkchen. Ich gehe jetzt raus und bedanke mich. Karchow zahlt die Herren aus und bestellt morgen früh das Blech für morgen abend neu – und keine Geigen! Ich schreibe die Partituren heute nacht um ...« So ein Bursche war der Peter Thomas. Auch wenn er noch keine Filmmusiken geschrieben hatte, mit Musikaufnahmen von Orchestern jeder Größe kannte er sich aus, er überredete seine Plattenfirma Philips sogar zur Übernahme der Kosten für die Musikaufnahmen und erschien am nächsten Abend mit nur noch 30 Musikern. Und nun klang seine Musik genau richtig, die Musiker knieten sich rein und lachten über die Abwesenheit der Geiger. Nur mein Produktionsleiter war plötzlich unglücklich. »Seid ihr wahnsinnig?« schrie er am Morgen nach dem dritten Abend. »Ihr wollt heute abend nochmal? Wißt ihr denn nicht, daß Musikaufnahmen höchstens einen Tag und einen halben dauern dürfen? Bei Brauners CCC-Film dauern selbst die Aufnahmen für einen Musikfilm, in dem pausenlos gesungen wird, nur anderthalb Tage!« Er sei hier nicht bei Brauner, haben wir ihn wissen lassen, und Thomas erwähnte die Möglichkeit, daß seine Philips in die Tasche greifen könnte. Karchow raufte sich das weiße Haar, aber ich spielte den Produzenten und erinnerte ihn daran, daß er noch 50 000 Mark auf dem Konto habe, seine »eiserne Reserve«. Es half nichts, er beschimpfte uns als Laien und ging wütend nach Hause.

Die »Laien« haben zwölf Nächte lang Musikaufnahmen gemacht. Und Peter Thomas bekam für seine erste Filmmusik den Bundesfilmpreis und war ein gemachter Mann. In den kommenden zwei Jahren schrieb er die Musik für 14 Spielfilme, für die ihn die Kritik »nicht mal mit dem Arsch anguckte«, wie er bei unserem zweiten Film, der *Endlosen Nacht* bemerkte. Beim zweiten Mal machten wir immerhin noch vier Tage lang Musikaufnahmen, und Peter Thomas bekam erneut einen Bundesfilmpreis. Erst beim dritten Film, das war *Playgirl,* glaubten wir, uns wie Experten verhalten zu dürfen, und begnügten uns mit dem branchenüblichen einen Tag plus einem halben Reservetag, und mein Komponist bekam keinen Bundesfilmpreis mehr. Ich begriff, daß Laien durchaus einen Sinn beim Filmeproduzieren machen können.

Mit Christian Doermer, meinem Hauptdarsteller, lief das ganz ähnlich. Eigenwillig, wie der Kerl nun mal ist, wollte er bei jeder Szene wissen, warum er von links auftreten und das und jenes sagen müßte. Eine Zeitlang nahm ich mir dieselbe und erklärte es ihm. Dann wurde es mir zu bunt, und ich schrie ihn an: »Tu schon, was ich dir sage!« Schließlich bekam auch er Prügel angedroht, die ich ihm nicht einmal selbst hätte verabreichen müssen. Erich Hanczick und die beiden Bühnenarbeiter boten sich regelmäßig an, dem Kerl »Mores zu lehren«. Ich erkannte posthum, was Tressler bei den *Halbstarken* durchgemacht haben mußte, und bereute, immer wieder für Christian Partei ergriffen zu haben. Er verstand einfach nicht, daß der Gesamteindruck eines Films die Wirkung erzeugt, die Juroren dazu verleiten mag, Preise zu verleihen. Das Detail ist nicht so wichtig, wußte ich damals schon, es ist die Summe aller richtigen Details, die Eindruck macht. Dafür, daß Christian Doermer über 700 Einstellungen hindurch Widerstand leistete, bekam auch er den Bundesfilmpreis verliehen. Er grinste nur, als er mit dem Ding in der Hand von der Bühne abging und mich fragte:

»Gratulierst du mir nicht?«

»Gratuliere«, sagte ich versöhnlich, denn ich hatte auch schon meine Bundesfilmprämie von 200 000 Mark in der Tasche. »Wozu gratulierst du mir?« wollte Christian Doermer wissen. »Sag es laut!« Von Reportern umringt, sagte ich laut: »Dazu, daß du nie mehr einen Film mit mir machen wirst ...«

Ich war »jung und dumm«, wie Preuschoff gesagt hätte. Versöhnung ist, am Ende einer Filmarbeit, immer angesagt. Wer weiß, wann man einen bestimmten Schauspielertyp wieder braucht. Aber mit Christian Doermer habe ich nie wieder etwas gemacht.

»Ei warum? – Ei darum ...«

Ich hatte in der Presse soviel Wind um meinen ersten Film gemacht, daß die Verleiher, wie es so schön heißt, Schlange standen, als er endlich fertig war. Mir aber brummte der Kopf. Ich hätte stolz und glücklich sein müssen, war aber eher deprimiert über meinen aktiven Einstieg ins Filmgeschäft. Es ist schon ein Unterschied, ein gewaltiger, ob man sich als Regisseur von einer großen Firma engagieren läßt, ein fertiges Drehbuch und rundum gesicherte Arbeitsverhältnisse vorfindet, nach dem letzten Drehtag die letzte Rate in die Tasche steckt und, wie in Hollywood, seinen Agenten fragt: »Was machen wir als nächstes?«

Oder ob man, ohne Drehbuch, einem wahllos zusammengewürfelten Stab beibringen muß, daß man auch Regie führen kann. Und ob man auch Produzent spielen muß und eine täglich schwerer wiegende Verantwortung auf den Schultern spürt, die nach Drehschluß nicht um ein Gramm leichter geworden ist. Denn nach Drehschluß und Musikaufnahmen erwartete mich der Schneideraum, den Karchow bei der CCC-Film Artur Brauners gemietet hatt. Und es erwartete mich eine noch ganz fesch aussehende Cutterin namens Esther Ulivelli samt ihrem Assistenten und Liebhaber, einem jungen französischen Kameramann namens Dayan, der angeblich das Schneideraum-Metier beherrschte. Mit diesen beiden begann der ganze Zores, der sich bei den Dreharbeiten um den Neuling Tremper abgespielt hatte, von neuem. Madame Ulivelli hatte nicht damit gerechnet, daß der Drehbuchautor, Regisseur und Produzent ihr nun auch noch sagen wollte, wie der Film geschnitten werden müßte. Es gab Streitigkeiten von der ersten Stunde an, die nicht besser wurden, als die Dame auf ihre ständige Frage, warum ich eine Szene so und nicht anders geschnitten haben wollte, schließlich nur noch zur Antwort bekam: »Darum!«

Ich war so naiv zu glauben, daß ich auf diese Weise mit ihr über die Runden kommen würde, schreckte einfach vor der Möglichkeit zurück, mit einer anderen Cutterin noch einmal ganz von vorn zu beginnen. Ich erkannte nicht, wie sehr Madame sich durch meine autoritären Anweisungen vor ihrem jungen Liebhaber gedemütigt fühlen mußte. Dieser Knabe rächte sie für das Ungemach, das ich ihr zufügte, indem er zahllose Geräusch-, Musik- und Sprachbänder, die am Ende zu einem Filmband zusammengemischt werden müssen, höchst ungenau vorbereitete. Hätte ich nicht einen ganz vorzüglichen Tonmeister gehabt, den jungen Toningenieur Hans-Dieter Schwarz, der mir zum Glück auch bei meinen nächsten Filmen zur Verfügung stand, wäre ich gnadenlos eingebrochen.

Na ja, auch das ging zu Ende. Ich erwähne es überhaupt nur, und ich sage es noch einmal, um die Anzahl der unvermutet auftauchenden Schwierigkeiten zu betonen, die in keinem Lehrplan von Filmhochschulen enthalten sind. Auf dem Höhepunkt all der Unerfreulichkeiten, bei der besonders komplizierten Mischung des Schlußaktes, geschah dann aber auch etwas Erfreuliches: Celia, meine einzige Stütze, stand am Mischpult hinter mir, legte die Hände auf meine Schultern und verlangte »Hundert Mark, bitte!« Wofür? »Für die roten Rosen, die ich deiner Frau vor einer Stunde ins Eppendorfer Krankenhaus in Hamburg geschickt habe – du hast einen Sohn bekommen!«

Das war Philip, der elf Monate nach der Geburt meiner Tochter Tina-Louise zur Welt kam. Im Schlamm des Schilfwaldes an der Havel hatte meine Frau Karin mich mit einem dicken Bauch noch besucht, und dann hatten wir uns nicht mehr gesehen. Ich flog natürlich gleich nach Hamburg – mit dem Wagen über die Bundesstraße 5 traute ich mich, wegen meines antikommunistischen DDR-Films, nicht mehr – und ließ mich in der *Stern*-Redaktion feiern: »Einen Sohn und einen fertigen Film! Wenn das nichts ist!« rief Henri Nannen.

»Wann ist denn mit Ihnen wieder zu rechnen?« Im *Stern* lief immer noch die Serie »Deutschland, deine Stimmchen« unter meinem Kriegsnamen Petronius, und Nannen staunte, daß er die einzelnen Folgen schon drei Tage vor dem Ablieferungstermin bekam – bis ich mir ein Herz faßte und ihn aufklärte: »Von dieser Serie habe ich nur die ersten beiden Folgen geschrieben. Als ich mich mit dem Film beschäftigen mußte, habe ich meinen Freund Dieter Bochow weiterschreiben lassen ... war doch gut, oder?« Er sah mich an, schüttelte den Kopf und ging wortlos hinaus. Ich weiß bis heute nicht, ob Nannen wirklich Humor hatte.

Im Vorführraum von Horst Wendlandt, der seine RIALTO-Film noch in der Hardenbergstraße betrieb, haben sich die Verleiher die erste Kopie von *Flucht nach Berlin* angesehen, das heißt, auf die ganzen Veröffentlichungen hin hatten sich die deutsche MGM und die UFA-Film-Hansa in Hamburg gemeldet, die Constantin und der Europa-Verleih und ein ganz neuer, der FTR hieß und von tausend deutschen Kinobesitzern getragen wurde.

»Mann«, sagte Heinz Dietrich, der Chef des Europa-Verleihs, am Telefon, »eben noch haben wir dich wegen deiner *Stern*-Serie auf die schwarze Liste gesetzt, ein interner SPIO-Beschluß (SPIO, das ist die Abkürzung für die Spitzenorganisation der Deutschen Filmwirtschaft in Wiesbaden, also die Standesvertretung der Produzenten, Verleiher und Kinobesitzer) und jetzt gehst du hin und drehst selbst einen Film, von dem alle Welt redet! Du bist mir vielleicht ein Früchtchen! Was brauchst du für eine Garantie, mein Junge?« »Eine halbe Million«, anwortete ich. »Top!« sagte Dietrich, »das ist gelaufen. Ich komm morgen früh nach Berlin, mach mir eine Vorführung bei Knapp!« Eigentlich hätte ich lieber die Metro-Goldwyn-Mayer im Vorspann meines ersten Films gesehen, ist ja klar.

Aber am Nachmittag kündigten sich bereits zwei Besucher von Constantin an, Weidner, der Pressechef, und Theo Hinz, so eine Art Wunderknabe des Verleihs. Die verrieten während der Vorführung mit keinem Seufzer, wie ihnen der Film gefiel, aber als es hell wurde in Wendlandts Saal, flüsterten sie am Telefon kurz mit Constantin-Boß Waldfried Barthel, dem »Konsul«, in München und bereiteten ihr Angebot: 40 000 in bar und elf Wechsel zu 40 000, insgesamt also knapp 500 000 DM. Ich wollte eigentlich auf Dietrich warten, aber der bullige Hinz gefiel mir, und ich schlug ein: »Top!« Am Abend konnte ich mich zu meiner Intuition beglückwünschen: Heinz Dietrich sagte ab, der Inhaber des Europa-Verleihs, Walter Koppel, ein »Opfer des Faschismus«, wollte keinen »antikommunistischen Film« in seinem Verleih haben, stand der KP noch nahe.

Mein Schweizer Finanzier hätte jubeln können. Ich werde nie sein Gesicht vergessen, als er mich in den CCC-Studios besuchte und den schwarzen Karton in meiner Hand musterte, um die erste von Geyer gelieferte Kopie als erster anzuschauen; sein Gesicht wurde lang und länger: Das war alles, was er für sein Geld bekam? Einen mit einem Strick umwickelten Karton mit elf Filmbüchsen drin, die ich eigenhändig vom Schneide- zum Vorführraum über den Hof schleppte? Auch Michael Schwabacher mußte das Filmgeschäft erst kennenlernen. Er hat danach nie wieder einen Film finanziert.

Denn *Flucht nach Berlin* wurde, trotz der sagenhaften Kritiken, ein Flop. Ausgerechnet die Million nach Westdeutschland geflüchteter Ostdeutscher wollten offenbar an nichts mehr erinnert werden, was mit der DDR zu tun hatte, wollten sich so schnell wie möglich akklimatisieren und so tun, als ob sie schon immer »Wessis« gewesen wären. Und die echten »Wessis« waren schon überhaupt nicht am Schicksal ihrer »Brüder und Schwestern« interessiert.

Constantin hatte in Hannovers bestem und größtem Kino die Uraufführung organisiert und der Saal war proppevoll am Premierenabend, die geladenen Gäste gingen großartig mit und überschütteten mich anschließend mit Komplimenten. In der *Hannoverschen Allgemeinen Zeitung* hieß es am nächsten Morgen: »Ein Film, der wie ein Lichtstrahl auf die deutsche Filmwirtschaft fällt ...« Auf die » ...wirtschaft« schrieb Gert Schulte, der Starkritiker, und bewies damit seine Ahnungslosigkeit. » ... ein Film ...« lobte die *Bild*-Zeitung, »der sich nahezu von allen in den letzten zehn Jahren gedrehten bundesdeutschen Streifen unterscheidet« und nannte entrüstet eine Zahl: »Das sind 1200 Stück!« Die Berliner *BZ* überschlug sich geradezu und schlagzeilte: »Dieser Film ist eine Bombe!« Die Münchner *Abendzeitung* erklärte ihren Lesern: »Die immense Wirkung des hervorragend fotografierten (!) Films liegt in seinem realistischen Elan, in seiner Unmittelbarkeit. Fazit: Ins Schwarze getroffen!« Und in der *Frankfurter Allgemeinen Zeitung* schrieb Martin Ruppert: »Der Film ist, was sich zweifellos aus seinem ›Sujet‹ ergibt, eine Mischung aus Kolportage und Kunst, eine Konfrontation zweier Systeme, bei der bisweilen die boshafte Ironie des Autors die härtere Wirklichkeit überspielt, aber er ist kühn, eindrucksvoll und im Grunde menschlich. Seiner Form und seinem Inhalt nach gehört er zu den mutigsten Werken der deutschen Nachkriegsproduktion ...«

Hätte mir nicht der Konsul Barthel von der Constantin bereits am nächsten Abend mitgeteilt, daß er soeben die Kassenergebnisse der 18.00 Uhr-Vorstellung aus gut 200 Kinos erfahren habe und von dem Film »wegrudern« werde – ich hätte mich nach Lektüre der Kritiken besoffen, wäre Hochrad um mich selbst gefahren. So aber fühlte ich mich jäh ernüchtert und bot dem Konsul wütend an, ihm seine Wechsel zurückzugeben und mir einen anderen, besseren Verleih zu suchen, doch da spielte mein Schweizer Partner nicht mit. Mir war klar, was passieren würde: Der Verleih, der meinen Film nur gekauft hatte, weil ihm ein anderes Projekt geplatzt war, das er bereits 3000 mal an die Kinos vermietet hatte, würde keinen Druck auf diese Kinos ausüben, wenn sie *Flucht nach Berlin* schon nach dem ersten Wochenende wieder absetzten. Er würde die Kinobesitzer, nachdem sie bereits einen Ersatzfilm hatten akzeptieren müssen, nicht noch mehr verärgern wollen. Das hatte der Konsul mit »wegrudern« gemeint. Nun ja. Das schöne Gefühl, endlich selbst einen Film gemacht zu haben, und einen, der von den Kritikern auch noch hochgelobt wurde, blieb mir. Scheiß auf das blöde Publikum, dachte ich schon damals, zehn Jahre bevor sich sämtliche Jungfilmer mit »nicht rückzahlbaren Darlehen« der Filmförderung den gleichen Luxus leisteten. Allerdings erlebte ich in der

Woche nach der Hannover-Premiere, als mein Film überall in Deutschland anlief – und gleich wieder abgesetzt wurde – auch eine gewisse Genugtuung: In Konstanz am Bodensee wurde *Flucht nach Berlin* nur drei Tage gezeigt, im nur ein paar Kilometer entfernten Zürich jedoch neun Wochen! Der Geschäftsführer des großen »Wellenbad«-Kinos hatte sein Theater mit roten Fahnen ausgeschlagen, die Platzanweiserinnen in Vopo-Uniformen gesteckt und vor dem Kino Stacheldrahtrollen aufgestellt – die Züricher gruselten sich. Auch in Trier war mein Film nach drei Tagen abgesetzt worden, im benachbarten Luxembourg lief er 14 Wochen. Den größten Erfolg jedoch erzielte der Film ganz weit weg von der deutschen Teilung – in Tokio! Und er kam mit Hilfe der UFA-International sogar auf dem harten New Yorker Markt zum Einsatz ...

Wie erklärte sich das?

War daraus zu folgern, daß die vielzitierten »Brüder und Schwestern« von der Bundesrepublik bereits abgeschrieben waren, wie die meisten Kritiker empört folgerten? Nach einigem Nachdenken begann ich die Sache anders zu sehen; man brauchte dazu kein Psychologe zu sein: Die Westdeutschen, unter dem Eindruck der scheinbar übermächtigen Sowjetmacht, hielten eine Wiedervereinigung für hoffnungslos. Und wenn etwas ohne Hoffnung ist, muß man das Problem verdrängen, darf sich auch Filme darüber nicht mehr ansehen. Für jeden Ausländer aber, ob direkter Nachbar oder weit entfernt lebender, blieb die Zweiteilung Deutschlands ein aufregender Anblick. Darum drehten Engländer und Amerikaner für ihren Markt unverdrossen in all den Jahren weiter ihre Spionagefilme in Berlin, und die deutsche Filmindustrie ruderte von dem Thema weg. Recht hatte sie. Sie wollte einfach kein Geld verlieren. Ich blieb die Ausnahme.

Dennoch glaube ich bis heute, daß auch ich einen Kassenerfolg hätte erzielen können, wenn ich einen besseren Film, mit richtigen Schauspielern, gründlicher durchdacht und sorgfältiger geplant, inszeniert hätte. Spielberg hat es mit dem Welterfolg seiner *Schindlers Liste* vorgemacht, so zweifelhaft das Ganze aufbereitet war. Ich haschte eben nur nach der Gelegenheit, holterdiepolter einen Jugendtraum zu verwirklichen.

Aus dem Bundesinnenministerium bekam ich einen Anruf von einem Ministerialrat Fuchs, zuständig für Filmangelegenheiten, also auch für die Verleihung von Bundesfilmpreisen. Ich könnte, sagte der gute Mann, alles Erdenkliche an Preisen und Prämien für meinen Film bekommen, wenn ich den Schluß ändern, nachdrehen oder einfach abschneiden würde. In der Schlußsequenz schwimmen meine Flüchtlinge über die Havel auf eine schicke amerikanische ChrisCraft zu, auf der gerade eine Party gefeiert wird. Eine alkoholisierte Blondine sieht sie und schreit »Flüchtlinge!« und »Da schwimmen Flüchtlinge!« Die Partygesellschaft hilft dem Bauer Güden und der Schweizer Journalistin an Bord der Motorjacht, und die grelle Blondine hebt das Champagnerglas und ruft, während das Bild erstarrt: »Es lebe die Freiheit!«

Womit ich das bizarre Nebeneinander der beiden Welten und die Abgedroschenheit hurtiger westlicher Parolen akzentuieren wollte. So wurde es von Zuschauern und Kritikern verstanden, so hielt es Bonn für einen Affront gegen den Westen.

Ich sagte: »Nein, Herr Ministerialrat. Ich ändere überhaupt nichts!« Um so überraschter war ich, als ich bei der Bundesfilmpreisverleihung von Innenminister Höcherl dann doch eine kleine Prämie von 200 000 Mark in die Hand gedrückt bekam, zahlbar am ersten Drehtag eines neuen Films.

Indessen sorgten Bonn und mein Verleiher dafür, daß der beanstandete Filmschluß hinter meinem Rücken ganz einfach weggeschnitten wurde. Nun schwammen die Flüchtlinge schlicht in einen glitzernden Sonnenuntergang hinein, und die Schlußmusik von Peter Thomas schwoll über endlos viel Schwarzfilm an.

Ich habe diese unglaubliche Zensur erst 25 Jahre später mitbekommen, als mich ein Filmredakteur des NDR besuchte und darauf aufmerksam machte. *Flucht nach Berlin* lief gerade wieder einmal mit Bonner Schluß im Fernsehen.

ZWISCHENSPIEL: DAS WAR GARY COOPER

Kurz nach der Premiere von *Flucht nach Berlin*, Anfang April 1961, als die Pleite felsenfest stand, war ich auf dem Weg nach Hollywood. Aber nicht, weil Louis B. Mayer mich rief, sondern auf Veranlassung von Henri Nannen.

Ich war unterdessen nach Berlin umgezogen und schaute auf einer Rückreise von London in der *Stern*-Redaktion in Hamburg rein. Nannen winkte mich in sein großes Arbeitszimmer und sagte: »Ich habe eben mit der amerikanischen Generalkonsulin telefoniert. Sie hält ihren Laden offen, bis Sie da sind ...«

Was sollte ich im amerikanischen Generalkonsulat, dieser ebenso prächtigen wie unnahbaren weißen Villa am Harvestehuder Weg?

»Mensch«, regte Nannen sich auf, »Gary Cooper liegt im Sterben, und Sie stehen hier dumm in der Gegend rum! Setzen Sie sich schon in Bewegung, Sie brauchen ein Visum für Amerika! Fliegen Sie rüber und schreiben Sie uns eine Serie: *Das war Gary Cooper*. Aber ein bißchen dalli, ja?«

So schnell war ich noch nie die Treppe hinunter und im Taxi. Ein Gedanke quälte mich die paar Minuten bis zur Außenalster: Würden die Amis mir ein Visum geben, nachdem sie mich als russischen Spion verhaftet und ein halbes Jahr eingesperrt hatten? Nie im Leben! In ihren penetranten Fragebögen stand doch zum Beispiel: Sind Sie vorbestraft?

Aber die Frau Generalkonsulin war von dem stattlichen Chefredakteur des *Stern* wohl sehr beeindruckt, oder sie hatte in ihrem schwarzen Buch nicht nachgesehen. Jedenfalls erwartete sie mich um 18.00 Uhr herum noch ganz allein in ihrem Büro und drückte mir eigenhändig das beste Journalisten-Visum in den Paß: B1, gültig für multiple und unbegrenzte Ein- und Ausreisen in die USA. Die Redaktion hatte mich auf die 20.00-Uhr-Maschine nach Kopenhagen gebucht, von wo aus gegen Mitternacht noch eine DC 8 nach Los Angeles startete, alles 1. Klasse natürlich.

Wieder in der Redaktion las ich das ganze Material, das die Nachrichtenagenturen in den letzten Tagen über Gary Coopers Krebserkrankung verbreitet hatten und fand darin den Namen seines Arztes: Dr. Rexford Kennamer. Ich rief ihn an und bekam ihn auch gleich ans Ohr. Er lachte, als er hörte, von wo aus ich anrief, und sagte den unvergeßlichen Satz: »If you catch the Nightplane, you'll make the funeral!« Wenn ich die Nachtmaschine erwischte, würde ich es zur Beerdigung noch schaffen. Ein Herzchen, dieser Kennamer. Kein deutscher, ein amerikanischer Matter-of-fact-Arzt.

Nannen kam dazu und schrie: »Ich habe Ihnen doch gesagt, er liegt im Sterben!« Und rief mir nach: »Schreiben Sie auf dem Flug schon mal den Anfang der ersten Folge!« Mit nichts als einem schmalen Büchlein über Cooper (Verlag Henri Nannen) in der Hand, ohne jedes Gepäck, aber mit dreitausend neuen Dollarscheinen in der Hosentasche, stieg ich ins Taxi und fing auf dem Flug nach Kopenhagen schon mal an zu schreiben, einen historischen Anfang, den ich nach der Ankunft in L.A. gleich wieder wegwarf. Nur die von Nannen gewünschte Überschrift blieb erhalten: »Das war Gary Cooper«. Und so hieß die Schlagzeile meines Nachrufs auch am 14. April 1961 noch, als der *Stern* meine erste Folge druckte. Bloß: Da lebte der große Hollywoodheld noch. Er lebte auch sieben Tage später noch, als der zweite *Stern*-Titel: »Das war ...« erschien und er lebte immer weiter, überlebte jeden *Stern*-Nachruf und starb erst vier Wochen später, am Sonnabend, dem 13. Mai 1961 – während ich mich am Pool des Beverly Hills Hotels Woche für Woche in Krämpfen wand, wenn die Luftpost das neueste *Stern*-Exemplar mit der fatalen Schlagzeile brachte.

Henri Nannen spekulierte von Ausgabe zu Ausgabe, daß er endlich Recht behalten würde, animiert von dem munteren Leibarzt des Stars, der sich nicht etwa vor Scham über seine falschen Auskünfte verleugnen ließ, sondern bei jedem Anruf lachend versicherte: »Definitely – it's the end, Sir!«

Ich muß damals noch ein rechtes Sensibelchen gewesen sein, denn es graute mir jeden Morgen mehr davor, in meinen weißen Leih-Chevy zu steigen, den Sunset Boulevard hinunterzurollen und an den Holmby Hills in den Baroda Drive abzubiegen, an dem Coopers Haus lag und vor dem sich unverdrossen die Wagen der Auslandspresse versammelten.

Der Gedanke, daß unser eigener Mann zu den Reportern und Fotografen gehört, die Gary Coopers Haus in einer Nebenstraße des Sunset Boulevard umlagern, ist mir fast unheimlich, hatte Henri Nannen in seinem »Lieber Stern-Leser!«-Brief zu Beginn meiner Serie geschrieben und gleich die entschuldigende Erklärung hinzugefügt: *Aber als Chronisten können wir uns nicht aussuchen, bei welchem Ereignis wir dabeisein wollen oder wo wir lieber still beiseite gingen – Herzlichst – Ihr ...*

Erstaunlicherweise befand ich mich eines Tages allein, nur in Gesellschaft eines Fotografen der französischen Illustrierten *Paris Match,* vor dem Haus des Sterbenden; die sonst so »geschmacklosen« amerikanischen Reporter bewiesen mehr Respekt vor dem Ende des Stars als wir Europäer. Seit meinem ersten Bericht Anfang April hatte sich nicht viel verändert vor dem Sterbehaus. Hier ein Auszug:

In Hollywood erzählt man sich, eine lange Wagenschlange würde den Baroda Drive blockieren, an dem das Haus liegt: Hunderte von Menschen sollen sich vor dem Tor drängen, Mädchen und alte Frauen, Halbwüchsige und Männer, das Kinopublikum dreier Generationen. Die Familie Gary Coopers, die in den letzten beiden Wochen fünfmal ihre Telefonnummer ändern lassen mußte, habe um Polizeischutz gebeten ... Wir folgen einem schnell fahrenden Cadillac bis in die Nähe des Cooper-Hauses (wir – das bin ich mit einem Polizeifotografen des LAPD – Los Angeles Police Departement –, den ich mir für hundert Dollar am Tag geheuert habe). *Wir treffen nur einen grimmigen Polizisten auf dem Motorrad, der jeden vorbeikommenden Wagen, schon wenn er seine Fahrt vor dem Haus verlangsamt, energisch weiterdirigiert.*

Der Cadillac hält vor der Hausnummer 300. Wir sehen einen alten Herrn aus dem Wagen kriechen, gestützt von einem baumlangen, livrierten Chauffeur. Die Haustür öffnet sich einen Spalt.

»Go on! Fahren Sie weiter!« brüllt uns der Polizist an. Mein Fotograf weist sich aus. Der Polizist wischt sich den Schweiß von der Stirn. »Ist das nicht eine lausige Geschichte? Eben war ich drei Minuten weg und komme wieder – da spaziert eine Lady mit einem Dackel auf das Haus zu. Ich schreie sie an, und stellt euch vor: Es war Mrs. Cooper, seine Frau!«

Er sieht ganz unglücklich aus.

Vor der nun halbgeöffneten Tür des Hauses steht immer noch der alte Herr.

»Wer ist das?« fragt der Fotograf den Polizisten. »Ein Arzt?«

»Ach wo, das ist doch der alte Sam.«

Der alte Sam, das ist Samuel Goldwyn, Hollywoods zweitältester Filmproduzent, der Mann, der Gary Cooper 1926 im Stummfilm »Barbara Worth« die erste Rolle gab.

»Er kommt zu spät«, sagt der Polizist. »Gary ist bereits bewußtlos. Vor einer Stunde hat der Arzt jeden Besuch verboten. Die letzten, die Gary Cooper sehen durften, waren Audrey Hepburn und ihr Mann Mel Ferrer. Sie waren fast eine Stunde bei ihm. Audrey hat geweint, als sie rauskamen.«

Auch eine Art Berichterstattung: Was der Polizist auf dem Motorrad – soll ich schreiben »auf der Harley Davidson«? Doch das versteht 1961 in Deutschland noch keiner – so mitbekommt. Aber drei Stunden später erfahre ich Kompetentes und schreibe:

Das alles dringt nur langsam an die Öffentlichkeit. Der kaltschnäuzigste Hollywood-Reporter macht vor den Türen des Cooper-Hauses halt. Krebs ist etwas, das jeden Amerikaner, selbst den lautesten, zum Schweigen bringt.

Dennoch: die renommierte Public Relations-Firma Rogers & Cowan, die Cooper seit vielen Jahren vertritt, hat auch das Sterben ihres größten Stars bis in die letzten Einzelheiten für die Presse organisiert. Ein 22 Seiten langes Manuskript, am 5. April von der Firma herausgegeben, gibt Auskunft über die letzten Tage des letzten großen Heroen Hollywoods. Darin heißt es:

»Die Familie Gary Cooper hat darum gebeten, daß alle Anfragen über den Gesundheitszustand Mr. Coopers an die Firma Rogers & Cowan gerichtet werden. Unsere Büros in Beverly Hills und New York werden Ihnen mit größtmöglicher Schnelligkeit dienlich sein und versuchen, alle speziellen Fragen zu beantworten. Wir stehen in stündlichem Kontakt mit Mr. Coopers Arzt, Dr. Rexford Kennamer, und werden über jede neue Entwicklung berichten. Dr. Kennamer und Mr. Coopers Anwalt, Dean Johnson, sind bemüht, mit der Presse rückhaltlos zusammenzuarbeiten. Nachts sind wir unter folgenden Telefonnummern zu erreichen ...«

Dieses Kommuniqué fand ich bereits in meinem Fach im Beverly Hills Hotel vor, als ich in Los Angeles eintraf. Mein guter Freund Henry Gris von United Press hatte mich, als ich ihm meine Ankunft mitteilte, umgehend auf die Bezieherliste der Firma Rogers & Cowan setzen lassen. Eigentlich hätte ich also am Hotel-Pool sitzenbleiben und mich mit der Lektüre der täglichen Public Relations-Kommuniqués bescheiden können – hätte es bereits das Fax gegeben, hätte ich auch gleich in Hamburg bleiben können.

Aber ich befand mich nun in Amerika – und nicht an irgendeinem Ort in Amerika, sondern in Hollywood, Kalifornien, und ich war wild entschlossen, dem Nannen eine pulitzerpreiswürdige Berichterstattung zu liefern. Darum begab ich mich pflichtschuldigst jeden Morgen an den Tatort und versuchte, vor der Tür von Gary Cooper parkend, jede noch so kleine Einzelheit zu registrieren, nach Verwertbarem auszusaugen und, darüber hinaus, alles zu »covern«, was in Bezug zu Coopers Tod gesetzt werden konnte. Zum Beispiel:

Und nun klingelt das Telefon bei Rogers & Cowan. Ich habe eine Stunde neben Jack Hirschberg gesessen, dem Spezialkontaktmann zu den Coopers, und habe die Anrufe mitgezählt:

Einer aus São Paulo, von einem Arzt, der ein sicheres Mittel gegen Krebs gefunden zu haben glaubt.

18 Anrufe aus Los Angeles und Umgebung von schlichten Fans Mr. Coopers.

Ein Anruf von Sinema Oriental, einer Filmzeitschrift in Beirut: »Ist Mister Cooper schon tot? Können Sie uns ein Foto von der Beerdigung schicken?«

Ein Anruf von der Sowjetbotschaft in Washington. Eine weibliche Stimme mit russischem Akzent flüstert: »Bestellen Sie Mr. Cooper, daß wir Russen ihn sehr lieb haben und ihm alles, alles Gute wünschen!«

Ein Anruf von einem Chemiker aus Michigan, der klarzumachen versucht, daß Krebs eigentlich nur chemisch behandelt werden kann.

Das sind die Anrufe nur einer Stunde.

Am Sonntag sieht alles ganz anders aus. Aus Downtown Los Angeles strömen Filmfans nach Beverly Hills, die man sonst in dieser abgeschotteten Gegend der Stars nie sieht. Der Polizist vor Coopers Haus muß machtlos mitansehen, wie eine Limousine nach der anderen am Haus vorbeifährt. Vorbeifahren, das kann niemandem verboten werden. Ich habe einen Plymouth mit drei alten Damen im Fond beobachtet, der mindestens ein halbes Dutzend Mal die Runde drehte.

Mittwoch war Schlußtag in Hamburg, aber die Sekretärin rief immer schon am Dienstag an: »Niklas läßt fragen, ob Sie schon was haben?« Dann mußte sie schnell den Hörer weit vom Ohr weghalten, denn ich produzierte meinen üblichen Wutanfall: »Seid ihr verrückt? Gary Cooper lebt noch – vielleicht stirbt er heute nacht ! Ich schreibe erst morgen!!!«

Es kostete Nerven, nicht nur sinnlos Stunden vor dem Cooper-Haus zu warten, sondern auch zu hoffen, daß ich jedesmal 20 Seiten lesbare Neuigkeiten zusammenbringen würde.

»Mein Geld geht zu Ende!« ließ ich die Hamburger jede Woche wissen, in der Hoffnung, endlich »Dann komm zurück!« zu hören. Was ich zu hören bekam, war die Auskunft: »Weitere Dreitausend liegen für dich auf der Bank of America!« Dollar ... und der war damals noch etwas wert.

Ich deckte mich im eleganten Souterrain des Hotels mit US-Klamotten ein: Unterwäsche, Hemden, Schlipse, Schuhe, ganze Anzüge – und ließ mich bei einer reizenden Japanerin sowohl mani- als auch pediküren. Und ich entdeckte die Antiquariate und Filmbuchhandlungen auf dem Hollywood Boulevard und mußte immer mehr Koffer kaufen. Seitdem habe ich es mir zur Angewohnheit werden lassen, stets ohne Gepäck nach Amerika zu fliegen – und mit Übergepäck zurückzukommen.

Und ich hackte in die Remington mit deutschen Buchstaben, die ich für 20 Dollar bei einem Trödler auf dem Cienega Drive erstanden hatte und die wahrscheinlich von einem deutschen Emigranten nach Kalifornien geschleppt worden war:

Sonntag, 7. Mai 1961. Monsignore Daniel S. Sullivan von der Good Shephards Gemeinde in Beverly Hills, ein junger, sportlicher und sehr amerikanischer Priester, war der einzige, der Gary Cooper zu seinem 60. Geburtstag besuchen durfte. Er blieb freilich nur sieben Minuten.

Ich sprach ihn später, als er vor seiner Kirche aus einem hellblauen Buick sprang. »Es geht dem Ende zu«, verriet er lächelnd. »Er schläft ... Ich konnte nicht mehr mit ihm sprechen. Aber er tritt den Weg zu Gott nicht unvorbereitet an!« Keep smiling.

Boten der Western Union hetzten den ganzen Geburtstag über mit Telegrammen zum Baroda Drive 300. Darunter eines von Präsident Kennedy. Der ehemalige Vizepräsident Nixon ließ ein persönliches Schreiben überbringen. Und aus Cannes traf ein Paket mit dem Großkreuz des Ordens für Kunst und Literatur ein, das der französische Kultusminister André Malraux Gary Cooper für seine Verdienste um die Filmindustrie verliehen hat.

Die Universität von Kalifornien erhielt nachmittags von Gary Coopers Anwalt die Mitteilung, man erwäge, ein Gary-Cooper-Stipendium für besonders begabte Studenten einzurichten. Eine etwas verfrühte Nachricht.

Am Abend des 6. Mai, schrieb ich, weil immer noch 50 Zeilen fehlten, *traf sich alles, was in Hollywood Rang und Namen hat, zu einem fröhlichen Fest im Moulin Rouge, dem Nightclub am Sunset Boulevard. Und wer etwa der Meinung war, es werde keine rechte Stimmung aufkommen, da der König von Hollywood doch im Sterben lag, sah sich gründlich getäuscht.*

Die Champagnerpfropfen knallten, das Kreischen der Frauen klang höllischer denn je, und auf der Bühne führten drei Stars in Affenfellen eine Pantomime auf. Erst als sie die Affenmasken ablegten, trat eine Art beklommenes Schweigen ein. Man wußte, daß der Komiker Ernie Kovacs, der Sänger (und Gatte von Elizabeth Taylor) Eddie Fisher und der Schauspieler Jack Lemmon als Affen auftauchen sollten.

Nannen schwebte ein Bild von seinem Reporter am Sterbebett von Gary Cooper vor. Was er bekam, das war der Autor vor seiner Schreibmaschine im Hotelzimmer.

Aus den Affenfellen krochen aber nur Jack Lemmon und Ernie Kovacs hervor, während Eddie Fisher von der Frau Kovacs', der schönen Schauspielerin Edie Adams, vertreten wurde.

Schnell sprach es sich im Moulin Rouge herum: Elizabeth Taylor ist erneut erkrankt. Sie lag, wie sich im Laufe der Nacht herausstellte, mit 40 Grad Fieber im Malibu Beach Hotel, 30 Kilometer von Hollywood entfernt. Man befürchtete, daß sie an einer Lungenentzündung erkrankt war. Eddie Fisher hatte seinen Auftritt in letzter Minute absagen müssen, um Dr. Rexford Kennamer herbeizurufen.

Der Modearzt von Hollywood, der Elizabeth Taylor schon in London behandelt hatte, mußte seine Zeit an Coopers Geburtstag folglich auf drei berühmte Patienten verteilen: er war vormittags bei Marilyn Monroe (was nicht stimmte, M. M. hatte einen anderen Arzt – aber ich hatte 50 Zeilen zu füllen), *mittags bei Elizabeth Taylor – deren Fieber schon wieder zurückging – und nachmittags für 50 Minuten bei Gary Cooper gewesen.*

Ein Patrouillenwagen der Polizei sorgte dafür, daß er beim Verlassen des Hauses nicht befragt werden konnte. Erst spät in der Nacht erfuhren die Reporter, daß sich

»Coops« Zustand am Abend seines Geburtstages weiter verschlechtert habe. Sie erfuhren es von der Publicity-Firma Rogers & Cowan. Fortsetzung im nächsten Heft.

Als ich Dr. Kennamer nachts im Moulin Rouge traf und ihm das Kommuniqué von Rogers & Cowan zeigte, reagierte er unwillig über die Störung, denn er befand sich in der Gesellschaft Lana Turners. Er sagte »Bullshit«, was immer noch mit »Scheißdreck« zu übersetzen ist. Ein einziges Wort nur, aber mir genügte es, um die Fassung zu verlieren. »If you catch the Nightplane«, sagte ich, etwas zu laut vielleicht, »you'll make the funeral!« Lana Turner riß die Augen auf und rief: »What Nightplane, Rexy?« Ich bin sicher, daß der Arzt sich an seinen Ratschlag, den er mir am Telefon in Hamburg gegeben hatte, erinnerte.

Aber Henry Gris, der mich auf die Party im Moulin Rouge mitgenommen hatte, riß mich gewaltsam von Kennamers Tisch fort. »Bist du wahnsinnig?« herrschte er mich an. »Kennamer ist die einzige Quelle, die wir haben – und die beste! –, und du willst dich mit dem Mann anlegen? You are out of your mind, man!«

Das war ich am Ende der dritten Woche tatsächlich. Ich wollte nicht mehr. Ich wollte weg. Und dieser winzige Zwischenfall genügte, um mein Faß überlaufen zu lassen.

»Hör zu, Henry!« sagte ich wütend. »Ich nehme morgen früh den Red-Eye nach New York und rufe dich abends zu Hause an. Du erzählst mir, ob sich etwas Neues ereignet hat. Die Todesmeldung kann ich auch in New York schreiben! Schließlich bin ich nicht nach Amerika gekommen, um nur Los Angeles zu sehen. Ich will unbedingt noch nach New York, bevor ich wieder nach Hamburg muß!«

Niemand verstand das besser als der ehemalige Sportreporter aus Riga, der 1932 zur Olympiade nach Los Angeles geschickt worden war und niemals nach Lettland zurückkehrte. Auch er hatte, in L. A. hockend, jahrelang von New York nur träumen können. Inzwischen war er eine Institution in Hollywood geworden, trieb sich an sämtlichen Drehorten amerikanischer Filme herum, ob in Kalifornien oder sonstwo auf der Welt, und schrieb Exklusiv-Interviews für United Press, war wohlgelitten und per Du mit allen Stars. Wahrscheinlich war er ganz froh, mich und meine täglichen Belästigungen loszuwerden.

Er klopfte mir auf den Rücken. »Kannst dich auf mich verlassen, Will!

Und wenn Hamburg anruft, sage ich einfach, du bist am Drehort und nicht zu erreichen. Am besten gehst du ins Waldorf Astoria in New York, da kennen mich die Telefonistinnen ...«

Vorerst spickte ich die Telefonistinnen im Berverly Hills Hotel mit Hundertdollar-Scheinen, damit sie keinem Anrufer etwas von meiner Abreise verrieten, kaufte noch einen dritten Koffer und bestieg morgens die erste United Airlines nach New York. Seit zwei, drei Jahren erst, seit der Einführung des Düsenluftverkehrs, dauerte der Flug von der amerikanischen Ost- an die Westküste nur noch fünf, statt 12 oder 14 Stunden. Es gab keine Betten mehr an Bord, und die Passagiere stiegen nach dem Flug mit rotgeränderten Augen aus – darum wird die Ost-West-Strecke bis heute »the Red-Eye-Flight« genannt.

Über den UP-Ticker bekam ich in den nächsten fünf Tagen jede Menge Informationen ins New Yorker Waldorf Astoria Hotel und konnte für die nächste *Stern*-Ausgabe schreiben:

Es war eine merkwürdige Party. Liz Taylor feierte ihren ersten fieberfreien Tag. Ein halbes Dutzend Hollywood-Stars hatte sich versammelt. Ich war von Dr. Rexford Kennamer mitgenommen worden, dem Modearzt der Filmmetropole – war mein kleiner Auftritt also ohne Folgen für Henry Gris geblieben. Vielleicht hatte er sich sogar damit gebrüstet, diesen »German bastard« nach Hause geschickt zu haben! – *Ich wartete vor Coopers Haus auf den Doktor, der noch einmal nach seinem todkranken Patienten gesehen hatte, bevor wir zu Liz fuhren. Es war Freitag, der 12. Mai, abends gegen sieben Uhr.*

Ein Sturm mit Böen bis zu hundert Kilometer Stundengeschwindigkeit raste über Kalifornien. Der Sunset Boulevard war wie ausgestorben. Ab und zu ein Wagen. Auf der Gegenfahrbahn heulte eine Feuerwehrkolonne vorüber. Es regnete nicht; der Himmel war schwarz wie eine Schiefertafel. Ich gestehe, es war mir unheimlich. Und nicht nur mir, dichtete ich frohlockend über Henrys Wetterbericht dazu. In Wetterberichte flüchten sich alle Autoren, wenn sie nichts zu melden haben. War ich froh, in New York zu sein!

Liz Taylors Gäste standen auch ziemlich bedrückt herum. Man hatte ein Glas in der Hand, wechselte Belanglosigkeiten, lächelte routiniert und sprach vom Wetter. An diesem Tag, zu dieser Stunde, ein dankbares Gesprächsthema. Die Palmen bogen sich fast bis zur Erde hinunter. Ich stand im Wintergarten vor der geschlossenen Glaswand und konnte mich an diesem Wüten des Sturms nicht satt sehen. Ich erinnerte mich, oft gelesen zu haben, daß in Amerika alles überdimensional ist. Dieser Sturm hier in Hollywood war es bestimmt.

Neben mir stand der Arzt Dr. Kennamer. Er hatte beide Hände in den Hosentaschen vergraben und schien mit seinen Gedanken ganz woanders zu sein. Als Eddie Fisher von hinten an ihn herantrat, fuhr er nervös zusammen.

»Wie steht's eigentlich, Doc?« fragte der Sänger; er meinte Gary Cooper, wen denn sonst. Der Doktor zuckte die Achseln, ohne die Hände aus den Taschen zu nehmen: »Hoffnungslos. Es kann nur noch Stunden dauern.«

An dieser Stelle unterbrach ich mich und rief bei Henry Gris an. Ich wollte ihn fragen, wie oft er diesen Kennamer noch zitieren wollte. »Es kann nur noch Stunden dauern!« hatte ich von ihm vor Wochen schon gehört. Henry sollte aufhören, mir dieselbe heiße Luft zu verkaufen, die ich jede Woche für Hamburg produzieren mußte. Aber Henry war nicht zu Hause. »Wo er ist?« wiederholte Gris junior meine Frage. »Na, bei Gary Cooper! Wo denn sonst?«

Am liebsten hätte ich laut gelacht. Doch ich tat etwas, das mir schnell noch leid tun sollte. Ich rief den *Stern* in London an. Dort arbeitete mein Freund Peter G. Wichmann als Büroleiter, ein absolut zuverlässiger Junge. »Sag's niemandem weiter, Peter!« vertraute ich mich ihm an. »Aber ich bin in New York und habe keine Lust mehr. Der Gary Cooper stirbt einfach nicht! Ich weiß schon nicht mehr, was ich schreiben soll!«

»Mensch«, ruft Peter, »komm einfach her! In Soho gibt's einen neuen Puff, den reserviere ich uns für heute abend!«

»Aber kein Wort in Hamburg, Junge!«

»Ist doch Ehrensache, Mensch ...«

So kam es, daß ich vom Tod Gary Coopers am nächsten Abend in einem Puff in Soho erfuhr. Plötzlich war ein Geschrei von draußen ertönt, als ob sämtliche Mädchen gleichzeitig vergewaltigt würden, ein Jammern und Heulen, das kein Ende nehmen wollte. Meine Hose raffend, rannte ich aus dem Zimmer, Peter Wichmann kam mir in Unterhosen auf dem Flur entgegen. »Ach du Scheiße, jetzt issser dot!«

In der Küche saßen sechs oder acht exotische Schönheiten um ein Kofferradio herum, wimmerten zum Gotterbarmen und lauschten der Nachricht von United Press International, die gerade in der BBC verlesen wurde: »Gary Cooper, Symbol der Hollywood-Filmwelt, erlag heute mittag seinem Darmkrebs. Er wurde sechzig Jahre alt. Ein ausführlicher Bericht folgt ...«

Peter Wichmann hing schon am Telefon und rief die Nachrichtenredaktion der BBC an, fluchend über den *Coitus interruptus*, den uns Gary Cooper beschert hatte. Er erfuhr, daß UPI zuerst mit der Blitzmeldung herausgekommen war, Associated Press gerade folgte, auch Reuters sei schon da. Das hieß für mich, daß Henry Gris vor dem Cooper-Haus gewesen war, als der Star starb, und sich als erster eines Telefons bemächtigt hatte, um seinen Dienst anzurufen. Wahrscheinlich hatte er einen Patrouillenwagen des LAPD benutzen dürfen. In mir schoß, während ich mir die Situation zu rekonstruieren versuchte, ein unheimlicher Ärger hoch: Da hatte ich mich beinahe fünf elende Wochen lang vor Gary Coopers Residenz herumgetrieben, um nichts als »Peanuts« zusammenzutragen, und im entscheidenden Augenblick war ich nicht da – aber Henry, der alte Fuchs.

Es war Sonnabend, der 13. Mai 1961, ziemlich genau um 22.00 Uhr Londoner Zeit. In Los Angeles war es noch acht Stunden früher, 14.00 Uhr. Ich hatte also noch vier Tage Zeit für meinen Bericht. Oder hatte Henri Nannen vorausgesehen, daß es endlich passieren würde und meine Serie auf die aktuellen Seiten placiert, die vorne und hinten im Blatt als letzte produziert wurden? Mir wurde auf einmal heiß und kalt: Während der Innenteil des Blattes mit den langen Texten in der Nacht von Mittwoch auf Donnerstag andruckte, ließen die aktuellen Seiten sich Zeit bis Freitag, wenn die Abonnenten-, Auslands- und Lesezirkel-Ausgaben vom Hof der Itzehoer Gruner & Jahr Druckerei rollten. Aber die wichtigste (und größte) Kiosk-Ausgabe konnte von Nannen am Sonntagabend noch aktualisiert werden! Ich mußte so schnell wie möglich feststellen, ob mir diese Gefahr drohte. Peter Wichmann hing im Zimmer der Puffmutter schon am Telefon und nickte: »Nannen hat eben den Nachtredakteur angerufen und Niklas von Fritzen und die Layouter für morgen abend in die Redaktion bestellt! Er will sogar seinen »Lieber Stern-Leser« rausschmeißen und mit dir das Heft eröffnen – was willst du tun?«

Ich mußte das Waldorf Astoria in New York anrufen, wohin Henry inzwischen bestimmt schon seinen ersten Bericht getickert hatte, und mir alle Fernschreiben ins Mayfair Hotel nach London nachtickern lassen. Ich mußte die Telefonistinnen im Beverly Hills Hotel einweihen, ich mußte Henry Gris erreichen, der wahrscheinlich in seinem Office bei United Press saß, und mußte versuchen, von ihm noch etwas mehr zu erfahren als er, direkt in den Fernschreiber diktierend, der ganzen Welt mitteilen würde.

Wir zahlten, bekamen einen »Rain Check« (amerikanischer Spezialausdruck für die kostenlose Wiederholung einer wegen Regen abgebrochenen Veranstaltung), sprangen in Peters Wagen und rasten in die Fleet Street, wo wir uns eines leerstehenden Zimmers im *Express*-Gebäude bemächtigten – bis in sein Office in der Latimer Road in Nord-London hätte es zu lange gedauert. Und während ich Henrys letzten Bericht vervollständigte, holte Peter aus dem Mayfair Hotel jede Menge aus New York nachgeschickte Telexe von Henry. Ich formulierte: *Eddie Fisher fragte nicht weiter. Er blieb neben uns stehen und wartete offensichtlich auch nur noch darauf, daß dieser wahnsinnige Sturm eine Palme entwurzeln oder das Haus abdecken würde. Und dann kamen plötzlich alle Gäste in den Wintergarten und drängten sich an die Fenster. »Hollywood brennt!« rief jemand.*

Eigentlich hatte ich diesen Anfang mit Henrys dämlichem Wetterbericht gar nicht nach Hamburg geben wollen, aber während ich da an dem Redaktionstisch des *Daily Express* herumkramte, fiel mir die Frühausgabe des nächsten Tages in die Hände und eine Schlagzeile, die lautete: *Hollywood fire destroys Aldous Huxley Manus!* Und auf einmal bekam der rote Himmel über Hollywood in der Nacht vor Coopers Tod doch so etwas wie eine tragische Dimension. Ich dichtete Henry weiter:

Es war nichts zu sehen, jedenfalls nicht durch die geschlossenen Fenster. Aber als wir, trotz des Sturms, hinausgingen auf die Terrasse, leuchtete am nachtdunklen Himmel im Osten ein roter Feuerschein.

Durch das Radio kamen Warnmeldungen. Der Ansager gab in kurzen Abständen mit sachlicher Stimme die Aufforderung durch, den Ortsteil in der Nähe des Zoos zu räumen. Ein Dutzend Häuser stünde bereits in Flammen.

Dr. Kennamer war auch mit auf der Terrasse. »He, Will«, rief er mir zu, und der Sturm riß ihm die Worte von den Lippen. »Das ist Hollywood, dieser Riesensturm, diese Party – und ein paar Häuser weiter ringt Gary Cooper mit dem Tod!«

Ich wußte, Henri Nannen würde das Makabre daran lieben. »Das pustest du jetzt erstmal nach Hamburg durch, damit die sehen, daß ich dran bin!« bat ich Peter Wichmann, und er setzte sich persönlich an den nächsten Express-Fernschreiber, um Nannen wissen zu lassen, daß er dieses Telex seltsamerweise aus Los Angeles bekommen habe mit der Bitte um Weiterleitung. »Tremper ist offenbar nicht nach Hamburg durchgekommen!«

Ich sog indessen Henrys neuesten Bericht weiter aus: *Am nächsten Morgen, es war Sonnabend, der Dreizehnte* – mein Gott, das ist heute! – *fuhr ich*

So machte Nannen die Erinnerung an Gary Cooper auf – ein unschlagbares Bild aus seinem letzten Film, mit meinem Text daneben.

wieder zum Baroda Drive. Ein wolkenlos blauer Himmel – schon wieder Henrys Wetterbericht! – *versprach der noch schlafenden Stadt einen schönen Tag. Nur im Osten stand immer noch eine dunkle schwarze Rauchwolke an der Stelle, wo im Laufe der Nacht 29 Häuser von den Flammen vernichtet worden waren. Vor dem Haus Gary Coopers traf ich den Polizisten Robert Powers wieder, vom Polizeirevier 3748 in Los Angeles* – siehste, Henry hat sich den Namen geben lassen! Ich war zu blöde dazu, war nicht gewohnt, Polizisten nach ihrem Namen zu fragen; bei uns rückten sie höchstens ihre Dienstnummer heraus – *Wir kannten uns schon. Im Laufe der letzten Wochen hatte er mir schon des öfteren erzählt, was er vor dem Haus erlebt hatte* – hoppla! Jetzt schrieb Henry glatt meine Serie ab! *An diesem Morgen sah der Zweizentnermann müde und abgekämpft aus.*

»Maria hat angerufen« sagte er mürrisch. Maria ist Coopers Tochter. »Ich soll jetzt alle Neugierigen weiter vom Haus entfernt halten. Er macht's wohl nicht mehr lange ...«

Später rollten noch einige Wagen heran, in denen Reporter saßen. Wir waren jetzt eine kleine Kolonne vor Coopers Haus, an der Spitze der Streifenwagen der Polizei, dann mein Wagen, hinter mir zwei Wagen von Reportern der Nachrichtenagenturen. Ich hörte durch das offene Fenster den Lautsprecher des Polizeifunks quaken. Polizist Powers kam heran und sagte, daß er in den Busch müsse. »Wohin?« fragte ich verständnislos. »Jungs, seid vernünftig und laßt den Leuten im Haus ihren Frieden. Ich muß jetzt weg, Klapperschlangen jagen!« Es war mir ein Trost zu sehen, daß meine Kollegen in Hollywood genauso verständnislos dreinschauten wie ich.

Freund Powers grinste. Wenn wir nicht vor dem Haus des sterbenden Cooper gestanden hätten, hätte er diese Szene sicher noch besser ausgespielt. So begnügte er sich mit der sachlichen Feststellung: »Das Feuer hat alle Klapperschlangen in der Gegend wild gemacht. Alle Augenblicke ruft jemand an und will so ein Tier in seinem Garten gesehen haben. Alle zur Verfügung stehenden Polizisten müssen nach ihnen jagen.«

»Seltsames Hollywood«, dachte ich. »Ruhm, Pseudoglück, Reichtum, Brand und Sturm, ein sterbender Filmkönig und jetzt auch noch Klapperschlangen.«

Kurz vor acht Uhr kam Dr. Rexford Kennamer in seinem silbergrauen Thunderbird die Straße herauf. – Verdammt, auch Kennamers Wagentyp hatte ich vergessen zu erwähnen! – *Er winkte uns müde zu und ging ins Haus.*

Wie er später erzählte, fand er seinen Patienten »immer noch lebend« vor. Er sagte: »Jeder andere Mann hätte vor 48 Stunden schon tot sein müssen.«

Die Sachlichkeit, mit der hier über den Tod gesprochen wurde, klingt nur scheinbar unmenschlich. Tatsächlich war es so, daß niemand in diesen Tagen, in denen Cooper auf der Grenze zwischen Leben und Sterben balancierte, noch imstande war, Gefühle zu zeigen, so sehr sie alle in Hollywood auch davon bewegt sein mochten.

»Der Raum war halbdunkel, die Vorhänge waren zugezogen«, berichtete Dr. Kennamer. »Es war gar keine Frage, daß es sich nur noch um Augenblicke handeln konnte. Mrs. Cooper hatte bereits den Priester verständigt. Sie war nicht zu sehen. Im Nebenzimmer telefonierte Maria«, diktierte Dr. Kennamer den Reportern druckreif in die Notizbücher. Ich mochte diesen Modearzt, der mich nach Hollywood gelockt hatte, immer weniger (mein Kommentar, den Nannen mir prompt herausstrich). *Ich sah Maria,* berichtete Henry weiter, *als sie sich später an einem der Garagentore zu schaffen machte. »Wie geht es?« fragte ich leise und meinte damit den Zustand ihres Vaters. Ihre Antwort jagte mir einen Schauer über den Rücken: »Wir haben ein Bestattungsunternehmen beauftragt,*

mit dem Wagen direkt vor die Tür hier zu fahren«, sagte sie ernst, aber sachlich. »Von hier aus besteht ein direkter Zugang zum Inneren des Hauses ...«

Ich war fassungslos. »Er ist tot«, dachte ich. Aber Maria schüttelte den Kopf. »Er lebt noch», sagte sie leise und ging schnell ins Haus zurück. Er lebte noch – und sie bestellte schon den Leichenwagen? Diese Frage stellte ich wieder, und Nannen strich sie mir nicht heraus. Als ahnte er, was ich zu dieser Szene sagen würde, brachte Henry sich selbst mit einer Erklärung ins Spiel: *UPI-Korrespondent Henry Gris, der im Wagen hinter mir saß* – vielen Dank, Henry! – *beruhigte mich. »Sie sind durch die Hölle gegangen, die Frau Garys und die Tochter. Die sind in einer Art Hysterie. Und außerdem ist es hier üblich, daß einer gleich abgeholt wird, sowie er gestorben ist.«*

Das typische Hollywood-Syndrom, in dem der Tod keinen Platz im Leben hat. Ich erlaubte mir den Kommentar: *Trotzdem – für europäische Begriffe hatte ich bereits mehr als genug gesehen und gehört. Mehr als einmal war ich versucht, ins Auto zu steigen und davonzufahren. Nur der Anblick meiner Kollegen hielt mich zurück. Aus ihren Wagen klang leise Tanzmusik. »So sieht er aus, der Tod in Hollywood«, dachte ich. Das gehört einfach mit zur Lebensgeschichte Gary Coopers, die ich schreiben will.*

Zwanzig Minuten später, gegen 11.00 Uhr, kam Monsignore Daniel S. Sullivan in Begleitung eines zweiten Priesters von der Gemeinde der Guten Hirten in Beverly Hills, um dem Sterbenden die letzte Ölung zu geben.

Der Uhrzeiger lief weiter. Für Gary Cooper kamen die letzten Minuten. Der Baroda Drive lag wieder ruhig in der Mittagssonne. Die Gespräche in den Reporterwagen erstarben nach und nach. Die Autoradios wurden abgeschaltet. Selbst der Polizeilautsprecher quakte nicht mehr.

Um 12.58 Uhr trat Dr. Kennamer vor die Tür des Hauses und teilte uns mit, daß »Mister Gary Cooper um 12.27 Uhr in tiefer Bewußtlosigkeit gestorben« sei.

Da war es in London 21.00 Uhr, und Peter Wichmann rief bei Wheelers in Soho, diesem exzellenten Fischrestaurant, gerade nach der Rechnung, bevor wir die paar Schritte zum Puff hinübergegangen waren. Es war zum abergläubisch werden!

Ich entzifferte die vielen Zahlen auf Henrys Fernschreiben und tippte weiter: *Um 13.05 Uhr gab das Büro der Nachrichtenagentur United Press International in Los Angeles an alle Zeitungen und Rundfunkstationen der Welt bekannt* – das war das, was wir im Puff gehört hatten: *»Das Hollywood-Symbol erlag seinem Darmkrebs ...«*

Nicht aus Henrys Material, sondern aus einem Telex-Haufen, den ein alter Bote des *Daily Express* hereinbrachte und achtlos auf meinen Tisch warf, klaute ich die nächsten drei Absätze:

Zwei Minuten später unterbrach die Radiostation KSWB ihre flotte Musik, und die erregte Stimme eines Sprechers rief: »Wir unterbrechen unser Programm mit einer wichtigen Meldung. In seinem Haus in Bel Air starb heute der Filmstar Cary Grant ...«

Cary Grant!!!

Wir schrien auf. Die Reporter stürzten wieder an die Telefone, um dieses, wie sie sagten, »höchst bedeutungsvolle Mißgeschick« des Radiosprechers an ihre Zeitungen durchzugeben. »Bedeutungsvoll«, weil Cary Grant auch noch in der Todesmeldung an die Stelle Gary Coopers gerückt war. Es ist notwendig, dazu zu sagen, daß der Filmstar Cary Grant einst von Hollywood als Nachfolger Gary Coopers ausersehen worden war, als Cooper der Filmmetropole für einige Zeit den Rücken gekehrt hatte, und daß Grant seit dieser Zeit etwas gereizt reagierte, wenn er mit Cooper verglichen wurde.

Und nun dieses!

Unterdessen war das fröhliche Tanzmusikprogramm des Senders weitergegangen, jedoch nur, um nach ein paar Minuten erneut unterbrochen zu werden. Die Stimme des Sprechers meldete sich wieder : »Es tut mir sehr leid, ich habe nicht Cary Grant, sondern Gary Cooper sagen wollen. Nicht Cary Grant, sondern Gary Cooper ist gestorben! Nicht Cary Grant, sondern Gary Cooper!«

Er wiederholte sich mehrere Male.

Peter Wichmann schleppte immer neue Telex-Meterware herbei, und wenn nicht um fünf Uhr morgens die Frühredakteure des *Express* erschienen wären und ihren Tisch wieder hätten haben wollen, würde ich immer weiter berichtet haben. Es war eine Wohltat geradezu, über die Ereignisse um das Ende des endlich erlösten Gary Cooper schreiben zu können. Aber so machten wir uns, nach einem letzten Drink in einem gerade wieder geöffneten Fleet-Street-Pub, gegen 7.00 Uhr auf den Weg nach Heathrow, und ich sprang in die erste Lufthansa-Maschine nach Hamburg.

Ich war natürlich viel zu früh da, doch ich wußte, daß Peter meinen Text bereits weitergeleitet hatte und Nannen und Niklas von Fritzen ihn am Nachmittag lesen würden. Wo ihr Reporter blieb, konnte ihnen ziemlich egal sein. Ihr Reporter fuhr ins Atlantik, drückte dem Portier einen Dollarschein in die Hand und verlangte »Absolute Diskretion! – Ich bin nicht da, treffe abends erst ein!«

Um 21.00 Uhr erschien ich, nach einem langen Schlaf, in der Redaktion, ließ mich beglückwünschen und studierte die Seiten 5, 6, 8 und 84 und 85 des *Stern* vom 28. Mai 1961. Henri Nannen, der schon wieder nach Hause gefahren war, hatte tatsächlich seinen »Lieber Stern-Leser« weggeworfen und mich an seine Stelle gesetzt. Respekt!

Doch dann schrie ich auf, als ich auf der letzten Seite las: *Fortsetzung folgt im nächsten Heft* – wie denn das?

»Ach«, sagte mein Ressortchef, »über die Beerdigung kannst du auch von hier aus berichten – Nannen hat schon das Titelbild für die Nummer 23 vom 4. Juni ausgesucht, und ich habe vorhin mit Henry Gris telefoniert und seinen Bericht bestellt, du hast also Material genug!«

»Das heißt dann, daß Henry aus Hollywood berichtet?«

»Aber nein!« sagte Niklas von Fritzen. »Über die Beerdigung kannst nur du berichten, das sind wir unseren Lesern schließlich schuldig!«

MEIN ZWEITER FILM:
DIE ENDLOSE NACHT

Da sitzen meine Hauptdarsteller in der großen Abflughalle von Tempelhof und sehen aus, als ob sie noch gar nicht wüßten, was sie spielen sollen.
Von links: Harald Leipnitz, vor ihm Karin Hübner, daneben Paul Esser, Wolfgang Spier, dazwischen, in der zweiten Reihe, Rescha Jungmann, neben Spier Lore Hartling, daneben Louise Martini, dahinter der Regisseur neben Hans Jura an der Kamera, neben ihm Alexandra Stewart, hinter ihr Walter Buschhoff und neben ihr Bruce Low ohne Toupet, am Ende Hannelore Elsner, dahinter der Amateur-Halbstarke, dessen Namen ich vergessen habe.

Der 10. Mann

Eine Filmförderung, gar eine halbstaatliche, wie wir sie heute haben, gab es 1961 noch nicht, aber eine staatliche des Bonner Innenministeriums. Wer weiß, ob ich das Gewicht meiner Tätigkeit nicht wieder mehr auf die *Stern*-Schreiberei verlegt hätte, wenn mir von Bonn nicht im Juni diese Prämie von 200 000 DM für *Flucht nach Berlin*, zahlbar am ersten Drehtag eines neuen Films, verliehen worden wäre. So aber spukten mir dauernd Filmideen im Kopf herum. Ich sprang zu den unchristlichsten Zeiten aus dem Bett und stürzte mich auf die neue IBM mit Kugelkopf, um Unmengen von Papier zu verschandeln, und verwandelte schon beim Frühstück wieder die Morgenzeitungen in lauter Papierschnipsel, entdeckte in jeder noch so abstrusen Meldung eine originelle Idee und, bevor ich sie niederschreiben konnte, immer noch eine bessere. Kurz, es muß die kreativste Zeit meines Lebens gewesen sein. Die Film-Menschen rissen sich um mich, trotz der Kassenpleite von *Flucht nach Berlin*, und jeden Tag schien die Sonne.

Unter meinem Schreibtisch krochen zwei niedliche Kinderchen auf dem Teppich herum, meine anderthalb Jahre alte Tochter Tina-Louise und mein gerade mal ein halbes Jahr alter Sohn Philip, die mich bei der Arbeit weniger störten als ihre Mutter Karin, wenn sie dauernd nach unserer Brut gucken kam und sie schließlich in den Garten verfrachtete. Und dauernd lümmelten sich auch alle möglichen erwachsenen Störenfriede auf dem grünen Sofa herum, alte und neue Freunde, neugierige Besucher aus Westdeutschland, hilfesuchende Flüchtlinge aus der DDR, die wir auch im 12. Jahr ihrer Existenz nur »die Zone« nannten.

Wir lebten, seit ich mein Traumhaus im Gadebuscher Weg 5 in Dahlem gekauft hatte, nun fest in Berlin und gedachten, uns von keiner Krise vertreiben zu lassen. Damals ist mir das gar nicht so aufgefallen, wie jeder, der im »Auge des Taifuns« sitzt, die Welt für das ruhigste Plätzchen hält, aber

Das ist das kleine Häuschen Gadebuscher Weg 5 in Dahlem, in der Schaukel unterm Baum mein Sohn Philip.

der Freundeskreis, der sich im Handumdrehen um uns versammelte, bildete so etwas wie eine verschworene Gemeinschaft von Frontstadt-Berlinern, die nirgendwo anders leben wollten. Da war Karins riesengroßer Kreis, allen voran Axel Springer, der sich angewöhnt hatte, immer am Mittwochnachmittag »eben mal reinzuschauen« und eine Stulle zu essen, seine vor Betriebsamkeit berstende Freundin Hulda Seidewinkel, die in allen Ehren bald auch meine wurde, wie sein Architekt Gert Schöppenthau mit einer blonden Stewardeß.

Da gab es George und Maud Peters, der Russe und die Schwedin, die zu früh nach Paris entschwanden – George untertitelte in der Friedrichstraße ausländische Filme und machte nebenbei riskante Geschäfte mit Raoul Katz aus Paris, der uns Helga Viermann, die »deutsche Garbo«, entführte. Es gab den Dr. Rudi Röttgers vom Breitenbachplatz mit seiner schönen Österreicherin Maria Holst, die sämtlichen Wien-Filmen Glanz verlieh. Es schaute regelmäßig unsere liebe Freundin Liz Hiller herein, die ich ohne Zögern Deutschlands beste Modejournalistin nennen würde. Und Harry Meyen mit seiner Frau Anneliese Römer, Paul und Ursula Hubschmid, Heinz Zellermayer mit – mit wem war er damals verheiratet? Und Hanno Wiechmann mit seiner großen Liebe, jener Babsi, die später dann doch den merkwürdigen Dr. Jovy heiratete. Was haben wir alles an Romanzen und Enttäuschungen hautnah miterlebt! Marga Palmer aus Frankfurt flog grundsätzlich ohne ihren australischen Dermatologen ein, wie Bigi Lampe ohne ihren Ehemann Ottmar von Hettlage & Lampe in Kiel. Aber es gab

Typischer Sonntagnachmittag bei Trempers vor dem neuen Fernseher: hinter mir, im Schaukelstuhl, Hans Oppenheimer, vor mir, auf dem Sofa, Rechtsanwalt Klaus Viertel, neben ihm die Schauspielerin Almuth Eggerth, dahinter steht mit schiefem Kopf unser Münchner Freund Ulf von Mechow – und ganz hinten, am Bildrand, sitzt Henry Gris von UPI in Hollywood.

auch eiserne Paare, wie Klaus und Christine Viertel, Hubertus und Renate von Weyrauch, die Hamburger Margot und Walter Schaake, die Frankfurter Ruprecht und Heli Hopfen oder Wittigo und Burgel von Einsiedel. Während ich auf einen Einzelgänger wie Piet Schaepman, Chef der niederländischen Militärmission, viel zu wenig achtete: Als er Botschafter in Singapur und dann in Khartum wurde, nahm er meine Frau und die Kinder mit, steckte die Sieben- und Achtjährigen sofort in Internate und erlebte wenig später einen Scheidungskrieg mit Karin, der glatte zwanzig Jahre dauerte.

Mit meinem Freundeskreis gab's da weniger Probleme: Wolfgang Menge verlor auf seiner Chinareise zwar alle Haare, blieb mir aber bis heute gewogen. Wenzel Lüdecke lud mich regelmäßig in sein grandioses neues Haus am Hundekehlensee ein, um neue amerikanische Filme vorzuführen, und erzählte mir von seinen menschlichen und geschäftlichen Enttäuschungen. »Olle Ihmchen«, der Uraltfreund Heinz Krüger aus Kriegszeiten, fremdelte ein bißchen, wenn ich ihn in meine »dolle Villa« einlud, begleitete mich aber tapfer in jede Kinovorstellung – bis er im Juli '61 plötzlich nicht erschien, sich überhaupt nicht mehr meldete, aber sieben Jahre später auf einmal wieder anrief: »Wo steckst'n du? Ick steh hier vor dem Astor und der Hauptfilm beginnt gleich!« Er war von den Russen als »amerikanskij Spion« verhaftet und sieben Jahre lang ins Zuchthaus Brandenburg gesteckt worden. Das hat er nicht nur überlebt, das hat seinen Zynismus sogar noch verschärft: »Als Bürohengst im Haus der deutsch-sowjetischen Freundschaft ha'ck tausend Ostmark verdient«, sagte er bei unserem Wiedersehen, »un' nu' halte ick Vorträje über die DDR-Justiz fürs gesamtdeutsche Ministerium un' krieje zwee Mille – West!« Der arme Hund hat sogar ein reizendes Mädchen gefunden, das ihn pflegte, als er sich ein paar Jahre später hinlegte und ohne großes Aufheben, nicht mal 50 Jahre alt, aus dieser Welt verschied.

Wie ich meine besten – bis heute: besten! – Freunde Rolf Hädrich und Georg Marischka kennengelernt habe, daran kann ich mich überhaupt nicht mehr erinnern. Rolf meint, es könnte Frau Staudte gewesen sein, die uns zusammenführte: Frau Staudte Nr. 3 oder 4 war damals Ingmar Zeissberg, die Schauspielerin, und Wolfgang Staudte war im Gadebuscher Weg mein Nachbar von der anderen Straßenseite. Auch Georg (»Schurli«) Marischka, der jüngere Halbbruder von Franz (»Zwetschi«) Marischka – beides Söhne der Wiener Bühnen- und Filmgröße Hubert Marischka – meint, es könnte eine Frau gewesen sein: nicht gerade seine eigene, die Filmschauspielerin Ingeborg Schöner, aber seine Nebenfrau, die Filmschauspielerin Wera Frydtberg.

Der »Schurli« wird auf seine alten Tage als Schauspieler verheizt: Er, der als junger Soldat zum Tod verurteilt war, mußte wegen seiner heutigen Leibesfülle in der *Kir-Royal*-Serie den Franz-Josef Strauß und in *Schtonk!* den Göring spielen, er, der ein Wiener Caféhausbesucher ist, wie er im Buche steht, muß in der *Berg-Doktor*-Serie in der frischen Alpenluft herumkraxeln. Dabei ist er ein begnadeter Regisseur, ehemaliger Regieassistent von Willi Forst, mit einer ganzen Reihe großer, erfolgreicher Filme auf der Latte: *Hanussen, Axel Munthe, Mit Himbeergeist geht alles besser*, die beiden *Kaviar*-Filme nach Simmel, bei denen er seinen Namen zurückzog, zwei Karl May Produktionen: *Die Sklavenkarawane* und *Das Vermächtnis der Inka*, wie auch zahlreiche Fernsehinszenierungen; die beste hieß *Das Streichquartett* und wird jahraus, jahrein zu Silvester wiederholt. Ein Bursche nach meinem Geschmack, ein Napoleon-Kenner und -Sammler, der Anfang der siebziger

Links, das bin ich mit meinem Freund Rolf Hädrich, und auf dem rechten Bild ist Wolfgang Staudte mit seiner Frau Ingmar Zeissberg zu sehen – das Objekt von Rolfs Begierde, die er nach der Scheidung von Staudte dann auch geheiratet hat.

Jahre ganz West-Berlin verrückt machte, als sein Auto gestohlen wurde, in dem sich eine Locke von Napoleon befand. Ein Schatz, mein Schurli.

Rolf war Oberspielleiter beim Hessischen Fernsehen, als ich ihn zum ersten Mal mit nach Hause nahm und dachte, ich wäre auf einen Geisteskranken hereingefallen, weil er sich sofort auf das kleine grüne Sofa warf und, während wir redeten, stundenlang steif und starr aus dem Fenster schaute, hinüber in Staudtes Garten, um urplötzlich aufzuspringen und zu verschwinden – wenn Ingmar ein weißes Taschentuch hißte, was bedeuten sollte: Staudte ist weg. Was habe ich, schon in diesem ersten Sommer, mit Rolf gelacht und erlebt! Er benutzte jede Gelegenheit, mit Frau Staudte zusammen zu sein, und heiratete sie auf der Stelle, als Staudte die Pelzmäntel Ingmars eines Tages zusammenpackte und an die Huren vom Rififi in der Augsburger Straße verschenkte.

Nebenan, im Theater in der Nürnberger Staße, inszenierte Rolf das New Yorker Theaterstück *Der 10. Mann* von Paddy Chayefsky, in Vertretung von Klingenberg, dem Züricher Schauspielhaus-Intendanten von damals, der kalte Füße bekommen hatte, denn die Berliner Jüdische Gemeinde mit ihrem Vorsitzenden Heinz Galinski empörte sich über die »Dreistigkeit« der Deutschen, 1961 bereits wieder ein »Judenstück« aufführen zu wollen. »Das steht Ihnen nicht zu!« hörte ich Galinski kreischen, als ich zufällig in eine der vielen Debatten darüber geriet. Aber mein Rolf blieb unerschütterlich dabei, diese »Minje« zu inszenieren, obwohl er von jüdischen Gebräuchen keine Ahnung hatte, also etwa, daß ein Sterbegottesdienst die Anwesenheit von mindestens zehn Männern verlangt und der Rabbi nur neun auftreiben kann. Darüber entstehen Streitigkeiten, wie sie nur bei orthodoxen Juden möglich sind, bis sogar ein Polizist von der Straße hereinkommt und fragt: »Was geht hier vor?« Er ist höchst willkommen, denn er ist Jude, der 10. Mann.

Paddy Chayefsky kam aus New York angeflogen und hatte nicht die geringsten Bedenken gegen eine deutsche Aufführung seines Stücks. Ich bewunderte Chayefsky als Autor des Filmes *Marty*, für den er 1956 einen Oscar bekommen hatte (wie 1957 für *Bachelor Party* und 1976 für *Network*) und nun auch für seinen gesunden Menschenverstand, denn als Galinski ihm vorwarf, daß er »als Jude« den Deutschen die Erlaubnis gegeben hätte, seinen *10. Mann* zu spielen, antwortete Paddy: »Warum nicht? Die Deutsche Mark ist eine erstklassige Währung! Und«, hatte er hinzugesetzt, »was geht Sie das an, Mann? Woher beziehen Sie das Feedback für ihre Geschäfte unter den Tätern? Doch von den Gebeinen der sechs Millionen ermordeten Juden!«

Ich traute meinen Ohren nicht und hielt Paddy Chayefsky für einen jener Zionisten, die nur Verachtung für die nach dem Krieg in Deutschland wieder ansässig gewordenen Juden übrig haben, weil sie nicht nach Israel gekommen sind. Aber als ich Paddy Chayefsky dann immer besser kennenlernte, fand ich heraus, daß er weder Zionist noch ausgesprochen deutschfreundlich war, sondern nur ein überwältigend extremer Pragmatiker, der sich als junger GI der US-Army schon als Katholik ausgegeben hatte, um an den Messen teilzunehmen, was ihm bequemer schien, als den Kasernenboden zu schrubben. Auch ich beschloß, Pragmatiker zu werden und lehnte es glatt ab, mit Paddy ins Schiffbauerdamm-Theater zu fahren, um mir ein Stück von Brecht anzugucken. Franz Marischka, der Halbbruder Georgs, erbarmte sich seiner, aber bewundert hat Paddy mich für meine Absage: Ich hatte schnell seine Schwäche herausgefunden und ihn angelo-

Mit Paddy Chayefsky, Mitte, in seinem New Yorker Büro, links sein Freund und Agent Erik Burger, ehemaliger Theaterkritiker des Berliner Tageblattes, der Paddys Stück Der 10. Mann *in den sechziger Jahren nach Berlin brachte.*

gen, daß ich mir lieber »die neue Stripperin im Club 13« ansehen wollte. Noch 18 Jahre später, als wir im Bungalow von Faye Dunaway im Beverly Hills Hotel seine Oscar-Verleihung für *Network* feierten, ließ er alle wissen, daß ich der größte Kenner des Berliner Nachtlebens sei, mit dem er »jede Nacht« die Berliner Striptease-Schuppen unsicher gemacht hätte. Ich war genau eine Nacht mit Paddy unterwegs gewesen.

Rolfs Inszenierung des *10. Mannes* mit Michael Degen in der Hauptrolle und unserem lieben Max Strassberg, wurde trotz der Intervention der Jüdischen Gemeinde und einiger kleiner Demonstrationen vor dem Theater ein voller Erfolg. Auch ich fühlte mich nun zu einem neuen Film inspiriert und rief, nach gewohnter Manier, einen kleinen Stab zusammen, um eine Persiflage mit dem Titel *Die Russen kommen!* zu drehen. Ich hatte die schrecklichen ersten Nachkriegsjahre überlebt, meine Erfahrung mit einer NKWD-Einzelzelle gemacht, hatte die elf Monate dauernde Blockade West-Berlins durch die Russen glänzend überstanden, sogar einen ausgesprochen antikommunistischen Film gedreht – und konnte nur lachen über die »Miesmacher«, die »Angsthasen« und »Leisetreter«, die seit dem bekannten Chruschtschow-Ultimatum das Ende West-Berlins kommen sahen.

Ich wollte, nunmehr ganz bewußt, die Moral der Berliner stärken, indem ich, nach Lubitsch-Art, die Russen durch den Kakao zog. Angeregt von unserem Freund Karl-Heinz Pepper, der mit der Idee eines gewaltigen Einkaufszentrums an der Gedächtniskirche hausieren ging, wollte ich in der riesigen Baugrube des Europa-Centers zu drehen beginnen. Pepper selbst, der am Anfang seiner Nachkriegskarriere nicht nur das Filmsternchen Babsy Reckewell geheiratet, sondern auch mehrere Filme finanziert hatte, kam für das Unternehmen nicht in Frage; er brauchte jeden Pfennig selbst. Aber Otto Scheuermann, mein Bankier, der von den angekündigten 200 000 Mark aus Bonn tief beeindruckt war und schon meinen Hauskauf finanziert hatte, fühlte sich ermuntert. »Sie machen das schon, Tremper!« bestärkte er mich in meinem Vorhaben. »Und wenn alle Stricke reißen, bin ich ja auch noch da!«

So begann ich an einem Montagmorgen *Die Russen kommen!* zu drehen, und ich hatte gleich ein Riesenglück: Willy Brandt, unser Regierender, sollte mit der Frühmaschine aus Washington eintreffen, rechtzeitig zum Richtfest des Europa-Centers, und ich hatte mich etwa 50, 60 Meter entfernt, genau gegenüber dem Rednerpult, mit meinem Kameramann aufgebaut, bewaffnet mit einem Teleobjektiv, das die Nr. 1 ganz nahe heranbringen würde. Willy Brandt kam auch, trat ans Pult und begann seine Rede zu halten. Der Mann war schon immer ein langsamer Redner mit entsetzlich vielen Pausen. An diesem Vormittag schien er mir noch langsamer zu formulieren, die Pausen wollten gar kein Ende nehmen. Ich hatte nur einen Gedanken im Kopf: Hoffentlich reicht die 120-Meter-Spule in der Arriflex.

Sie reichte, und wir bekamen das Material schon am Abend bei Geyer in der Kopieranstalt zu sehen. Es war sensationell! Der Regierende Bürgermeister wirkte, von nahem betrachtet, völlig besoffen, hatte auf dem langen Rückflug wohl ein paar Schnäpse zu viel zu sich genommen und schwankte bedrohlich hin und her. Wenn nicht die sorgende Hand Egon Bahrs gewesen wäre, die ihn von hinten immer wieder diskret am Rocksaum ergriff, er wäre glatt in die Baugrube gestürzt. Was für ein toller Anfang für meinen satirischen Film!

Aber dann kamen die Russen wirklich.

Die Russen kommen

Sechs Tage hatte ich schon heruntergekurbelt, lauter Berliner Schnittmaterial, wie man die Füllsel zwischen den Spielszenen nennt, und an jenem Sonntag hatten sich ungewöhnlich viele Besucher in unserem Garten versammelt. Denn Horst Buchholz hatte versprochen, Billy Wilder mitzubringen, der in der Stadt war und seinen – ebenfalls satirischen – Berlin-Film *Eins, zwei, drei* drehte. Es wurde stundenlang, auf Teufel komm raus, wieder einmal Crocket gespielt, die Sonne schien, ein leichtes Lüftchen wehte durch die Bäume. Mein alter Poldi Waraschitz, der sich seit meiner dritten Hochzeit angewöhnt hatte, bei uns zu wohnen, wenn er in Berlin war, und Butler zu spielen, servierte pausenlos Kaffee und Tee. Berge von Kuchen wurden verschlungen, und immer neue Freunde parkten vor dem Haus und brachten ihrerseits Freunde mit.

Im Eßzimmer saß ganz allein Rudolf Schündler, der Schauspieler und Regisseur, und schrieb ein Drehbuch um, für einen Film, den er am Montag beginnen sollte. In der Hollywood-Schaukel, die uns irgend jemand zur Hochzeit geschenkt hatte, lag die wohlgerundete blonde Gisela, eine Freundin von Ricci, dem Barbesitzer, und schlief in all dem Trubel um sie herum ihren Samstagabend-Rausch aus. Und am offenen Fenster meines Arbeitszimmers saß ich mit der schönen Wienerin Senta Berger, die Renate Ewert mitgebracht hatte, und hörte mir ihre neueste Affäre mit einem jungen Arzt an, wobei sie hungrig wegguckte, wenn ich mir von Poldie ein neues Stück Erdbeertorte »mit Schlag« auftischen ließ. »Mein Herz rast, wenn ich nur an ihn denke!« flüsterte Senta und legte beide Hände auf ihren wogenden Busen. Den jungen Arzt, dessen Name sie allerdings auf keinen Fall verraten wollte, hat sie bald darauf geheiratet: Dr. Michael Verhoeven, der dann selber Filme zu machen begann und mit dem sie heute noch glücklich zu sein scheint.

Nichts, aber auch gar nichts sonst, deutete auf ein bevorstehendes »großes Ereignis« hin. Es war ein freundlicher, geselliger Sonntagnachmittag mit neuen und alten Freunden, dem Geruch von Kiefern, Sentas Sonnenöl und frischgekochtem Kaffee in der Luft. Bis das Telefon neben mir klingelte. »Seid doch mal'n Augenblick still!« mußte ich Georg Marischka und Bigi Lampe zurufen, die sich laut mit Franz Marischka und Renate Ewert um einen Crocketball stritten, denn erst hörte ich nur eine aufgeregte

Crocketspiel in unserem Garten am 13. August 1961:
Vordere Reihe von links: Georg Marischka und ich, liegend sein Bruder Franz, daneben ein Unbekannter und Peter Kraus. Zweite Reihe von links: Der junge Christian Viertel, Ingeborg Schöner, Maud Peters, Renate Ewert, Bigi Lampe, meine Frau Karin, Reinhold W. Timm, George Peters, Bruder Dieter. Die hinteren Köpfe: RA Klaus Viertel neben Ricci's Grischa, und ganz rechts, erhöht, Springers Architekt Gert von Schöppenthau.

Stimme am Telefon, ohne ein Wort zu verstehen. Dann erkannte ich die Stimme von Peter Schünemann aus München, die leicht hysterisch rief:

»Ich sagte, macht euch keine Sorgen! Wir haben das Kinderzimmer freigemacht – da könnt ihr erstmal schlafen! Und für eure beiden Kinder ist auch gesorgt ...«

»Moment mal«, unterbrach ich ihn. »Wovon redest du eigentlich?« Und meiner gerade vorbeirennenden Frau rief ich nach: »Wir schlafen heute nacht in Schünemanns Kinderzimmer!« Karin begriff wohl auch nicht, denn sie rief nur zurück: »Seit wann hat der Kinder?« Indessen Schünemann schon weitersprudelte: »Ja – was – weißt du's denn noch nicht? Sie bauen gerade eine Mauer durch Berlin, quer durch! Ich habe schon x Anrufe bekommen! Schalte doch mal das Fernsehen ein! Mit Berlin geht's zu Ende! Hoffentlich bekommt ihr noch einen Platz auf der Panam ...«

Ich scherzte: »Wirklich?« und rief über die Schulter den anderen zu: »Mit Berlin geht's zu Ende, Leute! München ruft gerade an – sie bauen eine Mauer durch Berlin!«

Begriffsstutziges »Was? – Wie?« von den Crocket-Spielern, aber keiner hörte auf zu spielen.

Ich schaltete das Fernsehen ein und rückte den Apparat auf seinem Rolltisch ans offene, tiefliegende Fenster des Arbeitszimmers. Damals gab es nur zwei Kanäle in Berlin, die ARD und das DDR-Fernsehen, das geplante zweite, sogenannte Adenauer-Fernsehen war gerade vom Bundesverfassungsgericht verboten worden.

Nun hörten sie auf zu spielen, traten näher und bildeten einen Halbkreis vor dem Fernseher, wo auf beiden Kanälen fast die gleichen Bilder zu sehen waren, nur mit anderen Kommentaren und aus anderen Perspektiven: martialisch aussehende, finster blickende »Betriebskampfgruppen« in blauem Drillich hinter (vor) Stacheldrahtverhauen, Vopos mit Schießgewehren, Schäferhunden an der Leine und Fernrohren vor den Augen, Arbeiter, die handliche Betonblöcke von LKWs luden, usw.

Keinem von uns wurde bei diesem Anblick mulmig zumute, wie dem Schünemann in München. Wir lachten vereinzelt sogar über den Ostsprecher, der von einem »demokratischen Schutzwall« faselte, und schüttelten den Kopf über den SFB-Reporter, der von einer »Schandmauer« entlang der Sektoren- und Zonengrenze sprach. Nachdenklich machte uns erst der Anblick von englischen Truppen, die das Sowjet-Ehrenmal auf der Ost-West-Achse und gleich die ganze Straße vor dem Brandenburger Tor absperrten.

Unsere Gäste wurden trotzdem immer neugieriger und verdünnisierten sich grüppchenweise, während ein zweiter Anruf mich schon wieder am Telefon festhielt. Mein Produktionsleiter Hans Stani(slaw) erzählte, er hätte gerade mit Willy Egger, dem Herstellungsleiter Billy Wilders, telefoniert und gehört, daß die ihren Film abbrechen und vielleicht in Geiselgasteig weiterdrehen würden, denn die noch am Brandenburger Tor zu drehenden Szenen wären nun im Eimer. Und da fingen nun meine ersten Zweifel an, ob ich *Die Russen kommen!* überhaupt noch weiterdrehen könnte. Auf jeden Fall sagte ich dem Stani, daß er die für Montagmorgen geplanten Szenen mit Wolfgang Neuss streichen und die ganze Truppe erstmal ans russische Ehrendenkmal bestellen sollte.

Der Gedanke, daß die wirklich mehr als hundertfünfzig Grenzkilometer

Wiener Freunde: Georg Tressler, Regisseur der Halbstarken, *und mein »Butler«, der Poldi Waraschitz. Nur zwei der auffallend vielen Wiener, die bei uns verkehrten.*

mit einer Mauer befestigen wollten, kam mir immer noch absurd vor. Und wenn, wie sollte ich das in mein noch gar nicht fertiges Drehbuch verarbeiten? Meine Idee waren ein paar betrunkene russische Soldaten gewesen, die sich über einen abgelegenen Zehlendorfer Grenzübergang nach West-Berlin verirren und lärmend und um sich schießend in eine Gartenparty geraten, wo sie die wahren Gefühle der Frontstädter durch ihr plötzliches, unmotiviertes Erscheinen entlarven, Entsetzen verbreiten und Widerstand hervorrufen, aber ein paar großmäulige »Kalte Krieger« auch zu heuchlerischem Anpassen verleiten, kommentiert alles von einem zufällig anwesenden Kabarettisten, dem Neuss.

Ich wurde von neuen, entsetzlichen Bildern abgelenkt, die im Fernsehen erschienen: Alte Leute, die in der Bernauer- und Ackerstraße im Wedding aus dem Fenster im zweiten Stock kletterten und in die Arme von West-Berlinern sprangen, Sekunden bevor Vopos in den Wohnungen erschienen und nach ihnen griffen. Dazu Interviews mit wütenden West-Berliner-Zuschauern, die Aufnahme von einem jungen Vopo, der über Stacheldrahtrollen nach West-Berlin springt, Feuerwehrleute, die Sprungtücher aufspannten und sich damit dicht an Häuserwände schoben, die bereits in Ost-Berlin standen. Auf einmal wurde alles ganz ernst.

Den Rest gab mir dann der nächste Anruf, eine erregte weibliche Stimme, die sich als »Susanne Tremper« vorstellte und als Ost-Berlinerin, der es gerade gelungen sei, mit ihrer Gitarre über die Stacheldrahthindernisse zu springen.

»Ich kenne Ihren Namen aus der Zeitung und bin Schauspielerin!«

»Kommen Sie sofort her!« schrie ich, und »Nehmen Sie sich ein Taxi, ich bezahle es!« Während wir auf sie warteten, diskutierten wir, wer diese »Susanne Tremper« sein könnte. Es gab in ganz West-Berlin, außer mir, nur noch einen Tremper im Telefonbuch, einen Neuköllner Zahnarzt namens Bruno. Ich wußte: Die Trempers waren Hugenotten, aber allzu viele gab es nicht mehr davon. Im Odenwald lebten Trempers, und im Telefonbuch von Manhattan hatte ich Dutzende entdeckt. In diesen sechziger Jahren bekam ich auch laufend Ansichtskarten aus dem Upper State New York: »Ich stehe hier auf dem Mount Tremper und denke an Dich!« Und als ich in den achtziger Jahren mal auf die Idee kam, von Montreal aus mit einem Leihwagen nach New York zu fahren, um meinen Sohn Tim zu treffen, der bei einem Freund auf Long Island Urlaub machte, dessen Nachbar Avis hieß, weshalb Timmy mir in einem strahlend weißen Jaguar entgegenkommen konnte, trafen wir uns auf halbem Weg in Woodstock, denn über dieser Rocker-Versammlungsstätte liegt der Mount Tremper. Er soll nach einem französischen Soldaten benannt worden sein, der die schlafenden amerikanischen Unionisten weckte, als sie von den Briten umzingelt worden waren.

Und Susanne Tremper kam nicht. Sie meldete sich erst Wochen später noch einmal, hatte auf dem Weg zu mir einen Unfall auf dem Oberdeck eines Busses gehabt, der einen herabhängenden Zweig gestreift hatte. Damit wäre das Thema Susanne Tremper erledigt gewesen, wenn mir nicht 1969, als ich gerade meinen fünften Film in Hollywood beendet hatte, der Berliner Produktionsleiter eine Liste von Namen geeigneter Synchronsprecherinnen für meine nur englisch sprechende Hauptdarstellerin übergeben hätte: »Ach«, sagte ich, »diese Susanne Tremper hier, die hätte ich beinahe mal kennengelernt! Bestell sie für morgen zum Probesprechen!«

Alle bestellten Probesprecherinnen kamen – nur Susanne Tremper nicht. Sie hatte, auf dem Weg zu Geyer in Neukölln mit ihrem Taxi einen Autounfall auf dem Hermannplatz gehabt ...

Sieben Jahre danach bastelte ich mit Hubert Burda in Offenburg an einer neuen *Bunte* herum und fand in einer Baseler Zeitung eine Kritik über eine *Hamlet*-Aufführung, die eine Susanne Tremper als weibliche Titelfigur bestritt. »Ruf doch mal an«, sagte ich zu meinem Assistenten Mathias Nolte, denn Basel liegt nur 80 Kilometer von Offenburg entfernt, »ob wir Freikarten kriegen können ...« Matsi Nolte kam blaß vom Telefon zurück: »Was hast du denn der angetan? Wie die deinen Namen hört, springt sie mir fast ins Gesicht und keift: ›Dieser Tremper soll mir bloß vom Leib bleiben! Wegen dem habe ich mir schon genug Knochen gebrochen!‹«

Seitdem lese ich den Namen Susanne Tremper gelegentlich in einem Fernsehspiel, einem Liederabend, einem Interview, vermeide aber, sie anzurufen und erneut ins Unglück zu stürzen.

Am Montagmorgen versammelte ich meinen kleinen Stab um mich und eröffnete allen, daß wir mit Zitronen gehandelt hätten, der Film *Die Russen kommen!* sei gestorben. Jeder verstand das und verzichtete auf die Auszahlung seiner Verträge. Bis auf meinen Produktionsleiter Hans Stani, der mich auf die volle Gage von 20000 oder 30000 Mark verklagte. Ich ignorierte das einfach, ich war damals so leichtfertig. Ich ignorierte auch das »Versäumnisurteil«, das gegen die Will Tremper Film GmbH erging, um ein halbes Jahr später ein böses Erwachen zu erleben: Morgens um sechs rief die Sekretärin von Horst Wendlandt an, der Regisseur Alfred Vohrer sei, mitten in den Dreharbeiten zu einem Edgar Wallace Film plötzlich erkrankt, ob ich für ein paar Tage einspringen könnte. Ich raffte mich auf und stand um 8.00 Uhr in einer Dekoration in den CCC-Ateliers in Haselhorst, begrüßte Klaus Kinski, Brigitte Horney und alle möglichen anderen Schauspieler, überflog die für diesen Drehtag vorgesehenen Drehbuchseiten und arrangierte die erste Szene.

Da legte sich eine schwere Hand auf meine Schulter, und ein Gerichtsvollzieher sagte: »Haben Sie zwanzigtausend Mark bei sich?« Ich rief: »Sind sie verrückt? Sehen Sie nicht, daß ich gerade dabei bin, einen Film zu inszenieren?« Natürlich sah er. Aber ein gewisser Hans Raspotnik, der seit Jahren um Atze Brauner herumwimmelte und auch schon mal vorgab, »Produktionschef der CCC-Film« zu sein, hatte den guten Mann nicht nur alarmiert, sondern auch ins Atelier hereingelassen; er war ein Intimus meines Hans Stani. Also, es half alles nichts, ich mußte abbrechen, die Schauspieler um Geduld bitten und dem Gerichtsvollzieher auf das Amtsgericht Spandau folgen. Er drohte, sonst die Polizei zu holen, wozu er durch Raspotniks heftiges Nicken ermuntert wurde.

Mein Blut kochte. Ich wollte unbedingt als Sieger aus dieser lächerlichen Farce hervorgehen, die mein Produktionsleiter Stani da mit mir aufführte. Die Tremper GmbH war nur wegen der zu erwartenden Prämie aus Bonn gegründet worden, besaß bei Scheuermann zwar ein Konto, aber kein Geld drauf. Ihr ganzes Kapital bestand in dem Wert, der von der Industrie- und Handelskammer für ein altes Drehbuch als »Gründungskapital« festgestellt worden war: 20000 DM (heute verlangt das GmbH-Gesetz 50000 Mark Gründungskapital). Noch hatte ich die Prämie aus Bonn nicht angefordert – ich vermute, weil mir noch nicht ganz klar war, was ich eigentlich drehen wollte. Ich hätte mir 20000 sicherlich von Otto Scheuermann ins Atelier schicken lassen oder von Wendlandt pumpen können. Aber daran dachte ich gar nicht. Ich war dickköpfig und wollte den Gerichtsvollzieher gegen die Wand laufen lassen.

Mein guter alter Otto Scheuermann raufte sich die Haare, als er hörte, ich hätte »die Gabel gemacht«, wie der Offenbarungseid in der Ganovensprache genannt wird. »Dafür, daß Sie brav beeidet haben, wieviel Unterhosen und Bücher Sie besitzen, stehen Sie jetzt auf der Schuldnerliste und kriegen nirgends mehr Kredit! Sind Sie denn wahnsinnig, Mensch! Der Makel haftet Ihnen ein Leben lang an!«

Es war mir scheißegal. Ich finanzierte alle meine Filme oder Filmanfänge ohnehin nur durch Illustriertenhonorare, brach so manchen Drehtag einfach ab, um schnell mal nach München oder Hamburg zu flitzen, einen oder mehrere Tausender zu verdienen, neues Filmmaterial zu kaufen oder der Crew ein Mittagessen zu spendieren. Und »ein Leben lang« blieb der »Makel« auch nicht an mir haften: Zehn Jahre später stellte mein Freund, der Rechtsanwalt Jochen Löschl, den Antrag, mich aus der Schuldnerliste wieder zu streichen, und siehe da, es geschah.

Dem Raspotnik aber habe ich einen Tort angetan, unter dem er bis zu seinem Tod im Jahre 1995 zu leiden hatte, Rache ist süß: Ich empfahl jedem, der mit ihm zu tun bekam, den Namen Raspotnik einmal rückwärts zu lesen, und behauptete einfach, er heiße nicht Hans mit Vornamen, sondern Gregor, in seinem Paß stehe G. RASPOTNIK – rückwärts: KINTOPSARG. Was den geborenen Serben nicht hinderte, jedesmal, wenn er mich sah, auf mich zuzuschießen, und mir tolle Geschichten zu erzählen: »Die gebe ich dir exklusiv, wenn du zu meinem 60. (70., 80.) Geburtstag einen Artikel über mich schreibst!« Bis heute habe ich diesen Kintopsarg nie erwähnt, auch über seinen Tod kein Wort verloren.

So schön wie damals

Axel Springer sagte, angeregt wohl durch meine Frau: »Ich leih' Ihnen gern mal was, Tremper, wenn Sie Geld brauchen, ist kein Problem!« Für ihn sicherlich nicht, aber für mich. Viel später erst, als ich mit Karl-Heinz Hagen in der Kochstraße saß und ein zweites deutsches Nachrichten-Magazin entwickelte, habe ich Springer mal gefragt: »Warum haben Sie mir nicht Arbeit in einer Ihrer Redaktionen angeboten, statt Geld zu leihen?« Er, der gerade ganz spontan seine Freude über meine Mitarbeit an dem neuen Magazin ausgedrückt hatte, antwortete ein bißchen nervös: »Ihnen? In einer Redaktion? Mensch, Tremper, ich habe mir doch dauernd die Klagen Ihrer Frau über Ihren unkonventionellen Lebensstil anhören müssen. Karin hat doch dauernd gejammert, daß Sie kommen und gehen, wie Sie wollen, und grundsätzlich die Nacht zum Tag machen! Nie wäre ich auf die Idee gekommen, daß Sie auch diszipliniert arbeiten können, wie jeder normale Mensch aufstehen und schlafen gehen!«

Er klang vollkommen ehrlich.

Aber er hat offenbar doch versucht, wenn schon nicht mir, dann seiner Ex-Freundin zu helfen. Denn im November '61 rief plötzlich Peter Boenisch an und sagte mit seiner tiefen, stets etwas gelangweilt klingenden Stimme: »Haste nich' Lust, mal was für mich zu schreiben?« Boenisch war damals Chefredakteur der *Bild*-Zeitung geworden, nach dem überraschenden Abgang Karl-Heinz Hagens, gleich nach dem Mauerbau. Wie alle, die Hagens Qualitäten kannten – und die Boenischs –, war ich empört gewesen über den Wechsel und die damit aufkommenden Gerüchte, von wegen: »Dem Springer sind die starken antikommunistischen Schlagzeilen seines *Bild*-Chefs auf die Nerven gegangen! Und als er dann auch noch beschuldigt wurde, den Mauerbau durch eben diese *Bild*-Schlagzeilen geradezu provoziert zu haben, hat er die Nerven verloren!«

Was lachhaft war, denn ich wußte von Hagen, daß Axel Springer auf dem Höhepunkt der Kampagne, bis kurz vor dem Mauerbau, ständig in der Chefredaktion erschienen war und die brutalsten Zeilen sogar selbst entworfen hatte. Daß er so etwas wie Schuldgefühle dadurch bekommen haben könnte, erschien mir vollkommen absurd. Ich wußte überdies, daß er Karl-Heinz Hagen außerordentlich schätzte und respektierte, da Hagen als Chefredakteur der *BZ* sein Können brillant unter Beweis gestellt hatte – respektiert

Die Szene, die Axel Springer haßte:
Er wartet (im weißen Pulli) mit seiner Frau Mausi vor seiner im Bau befindlichen Druckerei in der Kochstraße auf den Besuch des amerikanischen Präsidenten John F. Kennedy, der in Begleitung des Regierenden Bürgermeisters Willy Brandt nach Berlin gekommen ist.
Die Spannung steigt …

… die Wagenkolonne nähert sich …

… und fährt, ohne anzuhalten, vorbei. Eine kleine Rache, offenbar, von Willy Brandt, der dem Großverleger übelnahm, daß er seine Wahl zum Bundeskanzler verloren hatte.

hat er ihn wohl erst, als er die Ullsteins in Berlin kaufte und Hagen durch seinen Generalbevollmächtigten Christian Kracht ein großzügiges Angebot machen ließ, das Hagen ausschlug. Der hatte es vorgezogen, ein Studienjahr auf Springers Kosten in Amerika zu verbringen und sich erstmal aus der Ferne anzusehen, was der Hamburger Verleger in Berlin machte.

Bei nächster Gelegenheit habe ich Axel Springer dann direkt nach den Gründen für Hagens Ausscheiden, nach nur einem Jahr an der Spitze der *Bild*-Zeitung, befragt. Seine Antwort hat mir gefallen, weil sie dem Eindruck entsprach, den ich selbst von meinem Freund Karl-Heinz seit 1946 gewonnen hatte: »Ach, wissen Sie«, begann Springer, sich erhebend und sinnend aus dem Fenster guckend, »die *Bild*-Zeitung scheint doch nicht das Richtige für Hagen gewesen zu sein ... Er hat durch sein immenses Wissen die Redakteure eher verunsichert ... äh ... und als ich dann gehört habe, daß er auch nicht Auto fuhr, es sogar ablehnte, sich durch einen Chauffeur morgens abholen zu lassen – bedenken Sie doch: auf dem Auto basiert schließlich das Interesse der *Bild*-Leser! – und statt dessen mit der Hamburger S-Bahn morgens in die Redaktion fuhr ...«

Ich lachte. Ich kannte ja meinen Karl-Heinz und warf schnell ein: »In der S-Bahn hat er aber alle getroffen, die noch kein Auto haben, Herr Springer!«

Ungeduldig fuhr der Verleger fort: »Ja, schön, mag sein – aber was hat er getan, da in der S-Bahn? Hat er alle Zeitungen gelesen, sich über den täglichen Stand der Dinge informiert? Nein! Er hat – und jetzt lachen Sie bloß nicht, Tremper! – er hat spanische Mystiker gelesen!« Er sprach dieses Wort »Mystiker« wie etwas ungeheuer Widerwärtiges aus, etwas ganz und gar Unanständiges, wenn nicht unserem ganzen Berufsstand höchst Abträgliches. Ich wußte genug und brauchte nicht erst zu warten, bis Springer mir vielleicht noch erzählte, daß Karl-Heinz Hagen auch kein Fersehen habe, die zweite Säule des Interesses aller *Bild*-Leser. Vor allem war mir jetzt klar, warum mein geliebter alter Chefredakteur mich nie aufgefordert hatte, an der *Bild*-Zeitung mitzuarbeiten.

Viel später erst kamen wir mal darauf zu sprechen, und Hagen blickte mich erstaunt an: »Du bei der *Bild*? Ja, Mann, das hast du doch nicht mehr nötig gehabt! Du warst doch längst beim *Stern* und viel weiter!« Auf die Idee, daß ich eine Menge Geld mühelos mit Serien verdienen könnte, war er gar nicht gekommen. Aber nun flog ich zu Boenisch nach Hamburg, der Auto fuhr und Fernsehen guckte, also den *Bild*-Lesern viel näher stehen mußte, und wurde durch seine Aufmerksamkeit überrascht: Der schönste Journalist Deutschlands empfing mich nicht in der Redaktion, sondern erst nach der Arbeit, um 22.00 Uhr, in seiner Wohnung am Feenteich. Ich war beeindruckt und dachte schon, daß Springer hinter der Einladung stecken müßte, zumal »Pepe«, wie wir Peter Boenisch in der Branche nannten, keine einzige Idee hatte, was ich für ihn schreiben könnte.

»Haste nich 'ne Idee?« nölte er in seinem herzhaftesten Berlinisch und gähnte bereits. Das war das Beste, was ihm einfallen konnte. Ich legte, wie er, die Beine auf den Tisch und sagte, was mir immer einfällt, wenn ich um einen Einfall verlegen bin: »Alte deutsche Filme! Neuerdings wird ja so ein Mist zusammengedreht, daß die alten UFA-, TOBIS- und TERRA-Filme dagegen wie Kunstwerke aussehen! Außerdem steht Weihnachten bevor, da füllt das Fernsehen wieder seine besten Sendezeiten mit guten alten deutschen Filmen!«

»Is' jeritzt!« sagte Pepe, ohne besonderen Enthusiasmus zu zeigen. »Schreib mir 'ne Serie über schöne alte deutsche Filme und was da beim Drehen und so alles passiert ist. Kriegst'n Dausender pro Folge, unser Spitzenhonorar, das nur noch Hans Habe bekommt, wa?«

Und so liefen denn schon vor Weihnachten 18 Folgen unter dem Titel »So schön wie damals« in der *Bild*-Zeitung, und ich sah alte Freunde wie Adolf Vollbracht und neue wie Inge Dähne, die meine Serie betreute. Inge war, wie ihre Kollegin Marlen Sinjen, eine der aufgewecktesten in der ganzen, noch nicht mal hundertköpfigen Redaktion – zehn Jahre später zählte ich, allein in der Hamburger Zentrale, sechshundert.

Peter Boenisch sah ich nie wieder unter vier Augen, immer nur zu formellen Anlässen. Ich bin mit dem Burschen nie warm geworden, aber seine Redakteure liebten ihn, weil er eine schön relaxte Art hatte, das Blatt zu machen. Als Günter Prinz, wiederum zehn Jahre später, die *Bild*-Zeitung übernahm und sich als eiserner Besen entpuppte, erzählte er mir empört, daß »Pepe« sich angewöhnt habe, während der Hauptproduktionszeit seines Blattes Golf spielen zu gehen. Er habe von unterwegs nur mal angerufen: »Wat macht Ihr'n für 'ne Schlagzeile morgen?« Für einen wie Prinz, der seinen Redakteuren pausenlos im Nacken saß und Schlagzeilenkonferenzen veranstaltete, die an Intensität nicht zu überbieten waren, einfach »un-möglich!«

Aber mit Boenischs russischer Mutter, die ich gelegentlich in Berlin sah, verstand ich mich um so besser. Das war eine süße alte Dame, die nur eine

Sorge kannte: daß ihr schöner Junge endlich die richtige Frau finden würde. »Die Weiber sind ja alle so hinter ihm her!« klagte sie. »Da ist es nicht leicht, die richtige Wahl zu treffen!«

War ich froh, kein »schöner Junge« zu sein.

Die hässlichen Stones und die Pilzköpfe

Zumal das die Zeit war, fällt mir ein, in der die häßlichsten Jungs Karriere zu machen begannen, Anfang der sechziger Jahre. Ich saß im Basement, im Keller des Londoner Mayfair Hotels, in dem sich ein hübsches kleines Luxuskino, nur für Hotelgäste, befand. Ich hatte es für morgens um acht Uhr gebucht, fand dort aber Sammy Davis jr., noch im Frackhemd der vergangenen Nacht, aber ohne Hose, in Gesellschaft von drei angeschickerten Mädchen vor. Taktvoll zog ich mich in die Hotelhalle zurück und lief einem sehr übernächtigten Darryl F. Zanuck in die Arme. Ich wußte, daß der ehemalige Boß der 20th-Century-Fox, dem ich in Paris einmal vorgestellt worden war, sich irgendwo in der Nähe von London aufhielt, um eine »Royal Performance« seines Films *The Longest Day* vorzubereiten, seine starbestückte Produktion über die Invasion in der Normandie, nach dem Bestseller von Cornelius Ryan. Spontan fragte ich ihn nach Mr. Ryan, den ich in Berlin kennengelernt hatte, aber als ich mit der Geschichte von Cornelius Ryans Auftritt in der Uniform General Howleys begann, unterbrach er mich, kritzelte seine Adresse auf eine Visitenkarte und lud mich ein, ihn doch auf dem Land zu besuchen. Er langweile sich in Cornwall zu Tode, der Buckingham Palast ließe ihn mit der Zusage der »Royals« fürchterlich hängen. Dann war er verschwunden, und ein Hotelangestellter, den ich mit einer Fünfpfund-Note erfreut hatte, erzählte mir, daß er vor zwei Stunden erst, mit drei Nutten im Arm, nach Hause gekommen sei. Unter drei Mädchen gleichzeitig ging Hollywood in London offenbar nicht ins Bett.

Dann wartete ich in der Halle auf den Chauffeur mit Rolls Royce, den ich für das Weekend gemietet hatte, und als er endlich, mit Verspätung, auftauchte, entschuldigte er sich mit einer »privaten Tragödie«. Seine minderjährige Tochter war mit einer neuen Rockgruppe davongerannt, die sich The Rolling Stones nannte und in einem Kino in Southend an der Themse-

Robert Mitchum, der Hollywoodheld, in Zanucks Film The Longest Day *über die Landung der Alliierten in der Normandie, bevor er seinem Produzenten ein blaues Auge verpaßte.*

mündung nach der Abendvorstellung auftrat. Ich beruhigte den armen Mann mit der Versicherung, daß wir am Ende unserer Obliegenheiten nach Southend fahren und das Töchterchen retten würden.

Aber vorläufig hatten wir damit zu tun, den Hollywoodstar Robert Mitchum aufzutreiben, der sich irgendwo in London unter falschem Namen einquartiert hatte. Nach dem fünften Hotel gab ich die hoffnungslose Nachforschung auf und rief von einer Tankstelle aus meinen Freund Carroll Righter in Hollywood an, wo zwar alles noch im Schlaf lag, wo Carroll aber jetzt senkrecht im Bett sitzen und die Anrufe seiner über die ganze Welt verstreuten Klientel entgegennehmen würde. Carroll war der Astrologe der Stars und seine Kundschaft das ungefähr Hilfloseste, was sich denken läßt: lauter abergläubische Millionäre, die nicht an ihr Glück glauben konnten – und »Bob« Mitchum hatte als junger Mann, bevor er es selber mit der Schauspielerei versuchte, für ihn gearbeitet.

»Zufällig weiß ich, daß er heute nachmittag bei Zanuck in St. Yves sein wird«, rief Carroll Righter. »Aber ich habe seine Adresse nicht!«

Wir rasten los, quer durch Südwest-England, und als wir am Spätnachmittag am äußersten Zipfel Cornwalls vor der fürstlichen Mietvilla des Hollywood-Tycoons ankamen, war Robert Mitchum gerade wieder verschwunden. »Vor einer Viertelstunde!« rief Irina Demick, die rothaarige Freundin Zanucks. »Aber wo er hin ist, weiß ich nicht. Ich weiß nur«, und nun lachte sie schallend, »daß er Mr. Zanuck ein blaues Auge hinterlassen hat!« Worauf noch eine zweite weibliche Stimme hinter der Tür in ein prustendes Gelächter ausbrach. Die gehörte, wie ich erstaunt wahrnahm, Zanucks Ehefrau Virginia. Der alte Hecht hatte sich in St. Ives also mit Ehefrau und Geliebter einquartiert!

Und schon schrie er nach seinen »broads« und kam neugierig zum Eingang, ein nasses Handtuch vor sein Auge haltend. Ich erklärte schnell die Situation, und Zanucks Stimmung, die bei meinem Anblick (»Woher kenne ich den Kerl?«) wohl sogleich gesunken war, hob sich schnell auch wieder, als er mir erzählte, er hätte mit Mitchum ein paar Runden geboxt und den mindestens 10 Jahre Jüngeren schon nach der 2. Runde in die Flucht geschlagen. Bob, so nannte er Mitchum, sei ein Jammerlappen, der nichts mehr vertrage, und ob ich nicht ein Gläschen mittrinken wolle, er habe einen hervorragenden, 50 Jahre alten Malt-Whiskey entdeckt.

Das wurde eine kostbare halbe Stunde für mich, denn Zanuck geriet ins Erzählen, beeindruckt wahrscheinlich von dem Rolls, in dem ich vorgefahren war, und wollte sofort wissen, woher ich seine Frau kannte. Ich berichtete ihm von einer Jahre zurückliegenden Pressekonferenz in Malibu, bei der Mrs. Zanuck ihre neue Freundin Bella Darvi vorgestellt hatte – was Zanuck prompt zu der Frage veranlaßte, ob ich denn auch wüßte, wie der Name Darvi zustandegekommen sei: »Surely«, sagte ich, »mein Freund Henry Gris hat mich aufgeklärt: ›Dar‹ kommt von Darryl und ›vi‹ von Virginia, dem Vornamen Ihrer Frau!« Worauf das Ehepaar in ein monströses Gelächter ausbrach, während Irina Demick schockiert das Zimmer verließ.

Bei dieser Bella Darvi, einer wollüstigen Pariser Schönheit, die an Viviane Romance erinnerte, soll es sich um eine aus Auschwitz entkommene Polin gehandelt haben, die nach dem Krieg eine Art Karriere als Geliebte französischer Industrieller machte. Doch als Darryl F. Zanuck die ersten Filmfestspiele in Cannes besuchte, arbeitete sie bereits als hochbezahltes Callgirl in Monaco. Sie muß es dem Hollywood-Boß besonders gut besorgt haben, denn am Morgen danach schmiß er sie nicht, wie bei ihm üblich, schlecht gelaunt aus dem Hotel de Paris, sondern quartierte sie tagelang in seiner Suite ein – Frau Zanuck schien noch nicht eingetroffen gewesen zu sein. Aber als der gute Darryl diese Bella gleich auch noch mit nach Hollywood nahm und in seinem Strandhaus in Malibu unterbrachte, wurde die Affäre offensichtlich und zum Skandal. Doch der Mann scheint ein gutes Händchen auch im Umgang mit Ehefrauen gehabt zu haben. Anstatt Zanuck mit Scheidung zu drohen, lud Mrs. Zanuck die gesamte Hollywood-Presse zu einer Party in Malibu ein und stellte persönlich die Entdeckung ihres Mannes vor, deren Künstlername sich, wie gesagt, aus ihrem und ihres Mannes Vornamen zusammensetzte. Die schöne Bella scheint auch für Frauen attraktiv gewesen zu sein. Sie hat dann in ein paar 20th-Century-Fox-Filmen mitgespielt, aber als ein Witzbold aus dem »o« im Studio-Einfahrtsschild ein »u« klebte, so daß es tagelang weithin sichtbar 20th-Century-Fux hieß, ließ Zanuck seine Gespielin zurück nach Paris gehen.

Das spindeldürre Kerlchen mit dem blauen Auge erinnerte mich an den spindeldürren John Huston, der im nächsten Kapitel auftritt. Auch John Huston boxte (im Leichtgewicht). Als ich Zanuck von Hustons Besuch in Berlin erzählte, lockerte sich die Atmosphäre immer mehr. Virginia Zanuck verschwand zwar ebenfalls, um einen Abendhappen vorzubereiten, aber Zanuck führte mich ins Allerheiligste, sein pompöses Schlafzimmer mit einer drei mal drei Meter großen Spielwiese und zwei mächtigen Drehspiegeln auf jeder Seite, die einem Pornofilm Ehre gemacht hätten. Doch in einem Erker hatte er einen Tisch mit lauter Meßtischblättern der normannischen Küste aufgebaut, versehen mit akribischen Einzeichnungen der alliierten Invasions-Operationen, die er mir haargenau erklärte, obwohl er von mir hören mußte, daß ich mit damals 16 Jahren noch nicht dabeigewesen war.

Auf eine gerahmte Schlagzeile weisend, die an der Wand hing, erzählte er mir, daß er bereits als Vierzehnjähriger im Ersten Weltkrieg in Frankreich gekämpft habe und natürlich 1944 als Captain der Marines in allen Phasen der Invasion. Ich war beeindruckt, fand später aber heraus, daß er geschwindelt hatte und weder im Ersten noch im Zweiten Weltkrieg dabeigewesen war. Mich mißbilligend über die Schulter musternd, sagte er, über seine Meßtischblätter gebeugt, daß jüngere als ich ihn beinahe zurück ins

Meer geworfen hätten, Angehörige der um Caen herum eingesetzten SS-Panzerdivision »Hitlerjugend«, und keiner sei älter als 14 Jahre gewesen. Mit dem Spaten hätte er sie totschlagen müssen, so hätten die verwundet noch gekämpft, »tolle Jungens!«

Schon da ahnte ich, daß er zumindest ein gewaltiger Aufschneider war. Ich selbst war doch der lebende Beweis dafür, daß auch die Waffen-SS keinen Hitlerjungen unter 16 zum Sterben einlud. Aber ich hütete mich, ihm zu widersprechen, ich genoß viel zu sehr, einen Militaristen und Nationalisten in Zanuck zu erleben, der selbst sehr gut zu jener Waffen-SS gepaßt hätte, die in den Nürnberger Prozessen zur »verbrecherischen Organisation« erklärt worden war. Wovon ausgerechnet SPD-Größen, wie Schumacher und Wehner, sich öffentlich bald darauf distanziert hatten (500 000 potentielle Wähler, argumentierte Wehner). Außerdem hoffte ich natürlich, durch Zanuck doch noch zu einem Gespräch mit Robert Mitchum zu kommen, was sich im weiteren Verlauf der Geschichte als Trugschluß herausstellte: Mitchum legte auf, als er Zanucks Namen hörte.

Arm in Arm sah ich dann Ehefrau und Geliebte, Mrs. Zanuck und Irina Demick, durch den Garten schlendern, und Darryl Z. öffnete das Erkerfenster und schrie sie an, ob sie nichts Besseres zu tun hätten. Die Damen kamen näher und erzählten, in der Küche säße mein weinender Chauffeur und habe vor Kummer über seine Tochter nichts, was ihm angeboten worden wäre, anrühren können. Und nun erlebte ich einen Zanuck, der auch vor dem Heiligsten der Engländer, dem Buckingham Palast, nicht zurückschreckte und eine Suada von Verbalinjurien über die gesunkene Moral der Briten losließ – in diesem perversen Spiegel-Schlafzimmer stehend. Wenn er der Vater wäre, ereiferte er sich, würde er diese »Rolling Stones« kaltlächelnd der Reihe nach umlegen, würde gar nicht erst fragen, wer der Schänder seiner Tochter wäre.

Das war eine treffliche Gelegenheit, mich zu verabschieden, in den Rolls Royce zu springen und, bei anbrechender Dunkelheit, quer durch das Land zur Themsemündung zu brausen. Ich klemmte mich hinter das Steuer und überließ dem gebrochenen Vater das Studium der Straßenkarte. Und wir schafften es, die Rolling Stones noch vor dem Beginn der Spätvorstellung in diesem Kino in Southend zu erleben. Das Geheul in dem 500-Plätze-Kino war unbeschreiblich, schon von der Straße aus zu hören, die schwarz vor jungen Leuten war, die keinen Einlaß mehr gefunden hatten. Doch mein

Vater kämpfte sich brüllend zum Eingang durch. Während ich nach ein paar Minuten schon die Flucht ergriff und mir im Foyer begeisterte Kommentare des Kinomanagers anhörte, der mir erzählen wollte, daß er bei einem Gastspiel der Rolling Stones stets ausverkauft sei, gleichgültig wie schlecht der Film an anderen Tagen laufe, hatte sich mein Chauffeur die Mühe gemacht, mit dem Rücken zur Bühne an der Wand entlang zu schleichen und die Gesichter der ekstatischen Teenager zu observieren. Und tatsächlich schleppte er auf einmal seine Tochter an, ein kleines, rachitisches, schmutzigblondes Ding, das nur langsam aus einer Art Trance erwachte und den Vater wüst zu beschimpfen und zu schlagen begann.

Ich war noch weit davon entfernt, so etwas wie eine Zeitenwende in dem Auftauchen der Beatles und jetzt der Rolling Stones zu erkennen, fühlte mich aber veranlaßt, auf dem nächtlichen Nachhauseweg nach London für die kleine Ausreißerin Partei zu ergreifen. Was ich, mit dem Kind im Arm, auf dem Rücksitz zu hören bekam – »Keep your eyes on the road!« mußte ich dem Vater immer wieder befehlen –, veranlaßte mich am nächsten Morgen dann doch, die *Quick*-Redaktion in München anzurufen und von der neuen Band zu berichten. »Mach ein paar Fotos von den Stones«, riet mir Günter Prinz. »Setz sie auf den Rolly Royce und parke ihn vor dem Buckingham Palast!«

Als ich den Kontaktbogen dieser Bilder kürzlich fand, wußte ich zuerst nicht, wer die Jungs auf dem Rolls Royce waren. Aber dann entdeckte ich auf einmal meine Frau Karin in ihrem weißen, nerzgefütterten Trenchcoat am Rande, und da kam die Erinnerung wieder. Sie war am selben Morgen in London eingetroffen, hatte die Angewohnheit entwickelt, zum Shopping ins Harrod's zu fliegen und Unmengen von braunem Zucker in ihrer großen Reisetasche nach Berlin zu schmuggeln – bis eine Freundin sie aufmerksam machte: »Braunen Zucker bekommst du auch im KaDeWe!«

Ich weiß nicht mehr, was Günter Prinz mit meinen Fotos in der *Quick* gemacht hat, aber Ähnliches hatte ich vorher schon mal in den K. B. Hallen in Kopenhagen erlebt, wohin mich Kindlers *Revue* geschickt hatte, zu einer Rockband, an der weniger ihre Musik als ihre Frisuren auffiel. The Beatles nannten wir die Pilzköpfe, sie waren angeblich von einer Hamburger Friseuse so zurechtgeschnitten worden, bevor sie nach Liverpool zurückkehrten. In die K. B. Hallen paßten, glaube ich, 6000 Leute rein, die sich beim Vorprogramm schon total bemachten. Um Gottes Willen, hatte ich zu einem der Manager in Kopenhagen gesagt, wenn die jetzt schon außer Rand und Band sind und einen derartigen Krach veranstalten, wie soll sich das bei den Beatles später noch steigern können?

Als die Pilzköpfe dann endlich erschienen, machten sich 6000 kleine Mädchen im Kollektiv in die Höschen. Darum war ich im Jahr darauf, in dem Kino in Southend, kaum noch überrascht von dem Uringestank, den die Rolling Stones auslösten. Es war die gleiche üble Wolke, die mich schon in Kopenhagen vorzeitig von meinem Beobachtungsposten in den Kulissen der K.B. Hallen vertrieben hatte. Schon damals, in den ersten sechziger Jahren, hatte ich es also versäumt, die Pilzköpfe zu interviewen. Ich schrieb in der *Revue*: »Was für eine Musik soll das sein? Die dänischen Kinder scheinen den Verstand verloren zu haben!« Ich ahnungsloser Narr, der Frank Sinatra bewunderte ...

Im Jahr darauf war ich immerhin schon so weit, daß ich einige Beatles-Nummern, wie *Michelle* und *Yesterday* ganz gut fand. Aber mit dem Zeug, das diese Stones grölten, konnte ich überhaupt nichts anfangen. Und wie die aussahen! Ich war damals 33 oder 34 Jahre alt und tief bestürzt über den Graben, der meinen musikalischen Geschmack von dem der nachfolgenden Generationen trennte. Ich dachte damals in London nur: Die Welt ist verrückt geworden! Diese Kids reagieren nur noch auf Bumm, Bumm, Bumm! Ein Elvis, der mich in den fünfziger Jahren mit seinem Rock'n'Roll noch angemacht hatte, wirkte gegen die Rolling Stones bereits wie ein Opa. Und Elvis war, verglichen mit Mick Jagger, trotz seiner Schmalzlocken noch ein hübscher Mensch gewesen. Aber dieses verkommene, verwüstete, roh und schief geratene Mick-Jagger-Gesicht?

Leni Riefenstahl rief mich zehn Jahre später an und fragte nach dem Kerl. »Er will nur von mir fotografiert werden! Wer ist das denn –?«

Einbrecher und andere Dramatiker

Wenn amerikanische Filmleute nach Berlin kamen, landeten sie früher oder später in unserem Garten am Gadebuscher Weg. Meine Frau Karin sah eines Nachts, als sie Hunger bekam und die Treppe hinabschlich, Licht in ihrer Küche brennen. Am Tisch saß ein hagerer alter Ami und verzehrte genüßlich eine Gänsekeule aus dem Eisschrank. »Hi!« sagte er beim Anblick meiner Frau. »The goose is delicious – and who are you, my dear?«

»Ich bin die Frau des Hauses!« regte sich Karin auf. »Und wer, zum Teufel, sind Sie?«

Der Ami erhob sich zu beachtlicher Länge, wischte sich Mund und Hände ab und sagte: »I'm John Huston, sweetheart!«

Da sie den Namen noch nie gehört hatte, rannte sie durch die Gänge in mein Schlafzimmer und weckte mich mit einem Wortschwall: »Jetzt reicht's mir, verdammt! In meiner Küche sitzt ein Ami und frißt mir die letzte Gänsekeule weg! Und du stellst mir die Leute nicht mal vor, die du ins Haus schleppst! Du legst dich einfach hin und pennst! Steh sofort auf und jag den alten Kerl raus, oder ich bin morgen beim Anwalt! Mir reicht's jetzt!!«

Ich wußte nichts von dem Kerl in der Küche, der ihr den Gänsebraten wegfraß, und murmelte schlaftrunken in die Kissen: »Reg dich ab, das muß ein Freund von Ulf sein. Das geht schon in Ordnung!«

Ulf von Mechow, ein Münchner Freund, belegte unser Gästezimmer und schlief längst. Auch er wurde von meiner Frau aus den Federn gejagt und hatte, als er im Halbschlaf die Treppe aus dem ersten Stock herabgestolpert kam, ein Erlebnis der besonderen Art. Da gab es, auf der Mitte der Treppe, ein schmales Klappfenster nach draußen, in den Vorgarten, und als unser Ulf da vorbeikam, guckte er gewohnheitsmäßig aus dem halboffenen Fenster – direkt in die Visage eines Einbrechers, der sich die Leiter aus der Garage geholt hatte und im Begriff war, ins Haus einzusteigen. »Ein Einbrecher!« schrie Ulf, nun hellwach.

Auch ich fühlte mich jetzt alarmiert, sprang aus dem Bett, machte alle Lichter an und rannte hinter Ulf her. Wir erwischten aber nur noch Hollywoods Meisterregisseur, der sich auf die Suche nach einem Taxi gemacht hatte und an der nächsten Ecke die Rolle einer »verdächtigen Person« spielte. Ulf besorgte ihm ein Taxi zum Kempi, und wir kehrten alle ins Haus zurück.

Ulf von Mechow war sozusagen der Chauffeur, Dolmetscher und Mädchenaufreißer von John Huston. In Geiselgasteig bereitete der berühmte Regisseur gerade seinen *Freud*-Film mit Montgomery Clift in der Titelrolle vor. Ulf hatte Huston zu einem Wochenendbesuch nach West-Berlin begleitet, ihn im Kempi untergebracht, war mit ihm an der Mauer gewesen, hatte mit ihm zu Abend gegessen und endlos lange mitangesehen, wie er

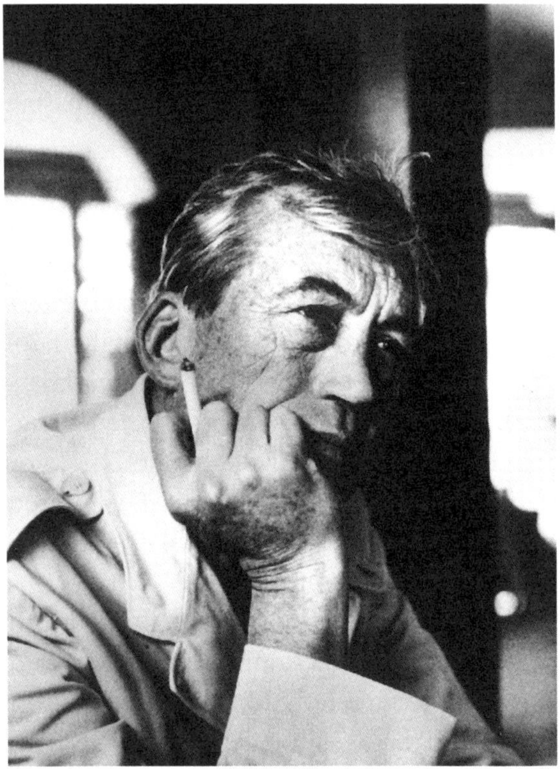

John Huston, der berühmte Regisseur, der die Gänsekeulen meiner Frau schätzen lernte.

eine hübsche Berlinerin anmachte. Dann hatte Ulf ihm noch seine Freunde zeigen wollen, bei denen er abgestiegen war, doch die schliefen alle schon. So hatten sie es sich auf unserer Terrasse im Garten bequem gemacht und solange gequatscht, bis der Ulf am Einschlafen war. »Geh ruhig ins Bett«, hatte Huston seinem jungen Freund geraten, »ich bleib noch ein bißchen sitzen und nehme mir dann ein Taxi« – und als Ulf verschwunden war, hatte er sich an unserem Eisschrank zu schaffen gemacht.

Meine hungrige Karin beruhigte sich auch wieder und machte für uns alle Leberwurststullen, ihre Spezialität, die am Nachmittag auch Peter Weiss, den Stockholmer Dramatiker, seine Frau Gunilla, seinen halbwüchsigen Sohn und Uwe Johnson, den Schriftsteller, zu uns gelockt hatte. Peters Stück *Die Verfolgung und Ermordung des Jean Paul Marat* – der Titel ist noch länger, aber ich kriege ihn nicht mehr zusammen – wurde gerade am Schiller-Theater einstudiert und sollte ihn weltberühmt machen. Mit Uwe Johnson, der aus der Zone kam, war ich befreundet, und die Weiss-Familie hielt ihn für den Schlüssel zur »besten Leberwurst, die wir je gegessen haben« und kam jeden zweiten Tag mit ihm zu uns. Uwe Johnson hatte mit seinen *Mutmaßungen über Jakob* gerade Aufsehen erregt und knobelte mit mir an einem Ostzonen-Stoff herum, der sich schließlich als untauglich erwies, weil ich nicht geneigt war, seine Anti-Amerikanismen zu akzeptieren. »Du kennst doch gar keine Amis!« habe ich ihm immer wieder vorgeworfen. »Du warst doch noch gar nicht in Amerika!« So bin ich vielleicht mit Schuld daran, daß er bald darauf nach New York flog und eine Zeitlang dort lebte.

Irgendwann, als die Familie Weiss längst wieder nach Stockholm verschwunden war, fragte ich Uwe Johnson mal, wie es seinen Freunden ginge. Er zuckte die Schultern: »Keine Ahnung, das sind doch Freunde von dir!«

»Wieso«, sagte ich, »die hast du doch mitgebracht?« Was er glatt ableugnete. Wir einigten uns darauf, daß es Rolf Hädrich gewesen sein müßte, der in der Schiller-Theater-Werkstatt gerade Max Frisch inszenierte. Es ging eben sehr zwanglos zu am Gadebuscher Weg.

Tage später hatte ich in München zu tun, rief Huston im Vier Jahreszeiten an und wurde zum Abendessen eingeladen. Als ich ins Hotel kam, stand er noch nackt im Badezimmer und rasierte sich. »Get yourself a drink!« rief er mir zu. Ich nahm mir einen Whiskey und beantwortete ihm Fragen nach dem Zustand meiner Frau und ihrer Gänsekeulen. Wir lachten. Zwischendurch tauchte Ulf von Mechow auf, sammelte herumliegende Damenunterwäsche ein, holte Maria Perschy aus dem Schlafzimmer und fuhr sie nach Hause. Da wurde plötzlich die Tür vom Salon zum Hotelflur aufgerissen, ein dick bebrillter kleiner Mann schaute herein, rief etwas Unflätiges auf englisch, warf einen Schnellhefter ins Zimmer und schlug die Tür wieder zu.

Huston kam mit einem Handtuch um die knochigen Hüften aus dem Badezimmer und fragte, was los wäre. Ich sagte: »Jemand, der aussah wie Jean-Paul Sartre, hat hereingeguckt, ›Idiot‹ gerufen und ist wieder verschwunden ...«

»Oh, my god!« rief Huston, griff sich schnell einen Bademantel und rannte »Jean-Paul! – Jean-Paul!« rufend auf den Flur hinaus. Aber Jean-Paul Sartre blieb verschwunden, und als wir den Portier anriefen, sagte der, Monsieur Sartre sei gerade ins Taxi gesprungen. »Nein, hinterlassen hat er nichts!«

»Oh, my god!« rief Huston, schwer erschüttert, noch einmal, und berichtete, daß er mit seinem Produzenten Wolfgang Reinhardt das 1100 Seiten starke Drehbuch des *Freud*-Films von Sartre auf die in Hollywood üblichen 120 Seiten zusammengestrichen habe. »Es war dumm von uns, es ihm nochmal zu zeigen – das haben wir nun davon!«

Monsieur Sartre hatte die »Eindampfung« seines Manuskripts überhaupt nicht gefallen, er hatte den Sinn eines Drehbuchs, wie die meisten Literaten, mißverstanden; ich konnte es bezeugen. Er war am Abend in München angekommen, hatte den schmalen Schnellhefter auf seinem Hotelzimmer gefunden, im Nu gelesen und fluchend zurückgelassen, um noch am Abend wieder den Nachtzug nach Paris zu nehmen. »Wir waren doch zum Frühstück verabredet!« jammerte John Huston. Zum Abendessen kam Wolfgang Reinhardt dazu, den ich seit dem verunglückten Rennfahrer-Film mit Hans Albers schon kannte, und beide Herren ventilierten ausdauernd die Frage, ob Sartre nun seinen prestigeträchtigen Namen zurückziehen würde.

Huston schwor, daß das passieren würde, und war todunglücklich. Doch Reinhardt und auch der kleine Autor Tremper waren der Meinung: »Da er seine letzte Rate noch nicht bekommen hat, wird er's Maul halten!«

Wir behielten recht.

Für die Filme dieses John Huston konnte ich mich begeistern, hatte schon Lilian Ross' Buch *Picture* verschlungen und fand auch *White Hunter, Black Heart* von Peter Viertel über die Dreharbeiten zu Hustons *African Queen* überaus erfreulich, weil die Zustände in Hollywood und London erhellend. Ich genoß es sehr, bei Peter Viertel zu lesen, daß Hustons einstiger Partner Sam Spiegel vor seinen großen Erfolgen *River Kwai* und *Lawrence of Arabia* im Schuldturm gesessen hatte. Spiegel hatte ich 1949 in München bereits kennengelernt. Huston gab sich zutraulich, spürte meine Verehrung und erzählte auf seine pointiert-dramatische Art freimütig von diversen Schwierigkeiten beruflicher und privater Natur, gab mir Tips und hörte sich ernsthaft an, was mir so durch den Kopf ging. Kreative Geister »wie wir«, behauptete ich, hätten nur einmal im Leben eine Phase, in der ihnen alles gelinge. Ich erzählte von Käutner und seinen Filmen aus der Kriegszeit, deren Qualität er nach dem Krieg nicht mehr erreicht habe. Von Peter Kreuder sprach ich, der die wundervollsten Melodien geschrieben hatte und von einem gewissen Zeitpunkt an nicht mehr. Huston nahm seine zehn Finger zu Hilfe, um seine »beste, kreativste Zeit« zu ermitteln: »Also, der *Malteser Falke* gehört dazu, der *Schatz der Sierra Madre* natürlich, *Asphalt Jungle*, und *The Red Badge of Courage*, auch *African Queen* und *Moulin Rouge* und *Moby*

Dick und – Shit, Piss and Corruption! – du hast recht, dear Boy: Mit *Beat the Devil* war meine beste Zeit schon vorüber, seitdem mache ich nur noch Mist!«

Was Wolfgang Reinhardt überhaupt nicht gern hörte: »Aber die *Misfits*!« rief er. »Und warte erst mal, was du aus dem *Freud* machen wirst, John!«

»Scheiße«, sagte John, das deutsche Wort benutzend. »Auch den *Freud* mache ich nur, weil ich Geld brauche. Übernimmst du die Rechnung, Wolfgang?«

Verspätung in Marienborn

Keine Ahnung mehr, wer ihn mir ins Haus geschleppt hatte, aber Detlev Müller blieb an mir haften, besuchte mich fast täglich, diskutierte mit mir über Filmstoffe und war äußerst begierig, das Handwerk des Drehbuchschreibens zu lernen, ein rotbäckiger Student mit bravem, kurzgescheiteltem Haar, der in Frohnau wohnte und den langen Weg quer durch Berlin nicht scheute. Ich benutzte ihn als Medium, erprobte Geschichten an ihm, die ich *ad hoc* aus einer Zeitungsmeldung entwickelte, und verhalf ihm damit zu seinem ersten Honorar von 6000 DM, die er kassierte, ohne selbst eine Zeile zu schreiben.

Eines Morgens, es muß im Sommer 1962 gewesen sein, tauchte er bei mir auf, während ich noch frühstückte und Zeitungen las, und zeigte mir eine 14-Zeilen-Meldung aus der *BZ*, die noch ungelesen neben mir lag, und ungefähr so lautete: »Gestern wurde der amerikanische Militärzug Berlin – Frankfurt am ostzonalen Grenzkontrollpunkt Marienborn von den Sowjets stundenlang aufgehalten, weil sich ein Flüchtling an Bord geschmuggelt hatte. Die Sowjets ließen den Zug erst weiterfahren, nachdem die Amerikaner ihnen den Flüchtling ausgeliefert hatten ...«

Donnerwetter! Das war ja, unscheinbar auf der zweiten Seite verpackt, eine unglaubliche Geschichte! »Da machen wir einen Film draus!« rief ich. »Das ist ja unfaßbar! Unsere Schutzmacht gibt einen ostzonalen Flüchtling den Russen preis!«

Ich rief sofort bei Arch Calhoun an, dem Gesandten des State Departement und zweiten Mann neben dem US-Stadtkommandanten, der auch ständig bei uns herumsaß und Leberwurststullen fraß. Er reagierte verwirrt:

»Das ist eine dumme Geschichte, Will, aber offenbar konnten wir nicht anders. Die Sowjets haben nun mal die Bahn-Hoheit und verlangen von uns genaue Listen der Passagiere. Wie die darauf gekommen sind, daß sich ein Flüchtling an Bord geschmuggelt hat, ist mir schleierhaft ...«

Er verwies mich an die RTO, die Railway Transportation Organization, in Lichterfelde und bot an, mich mit der amerikanischen Militärmission in Potsdam in Verbindung zu bringen, die seien in den Fall »involviert« gewesen. Ich schrie nur: »Shit, Piss and Corruption!« und rief Dr. Bud Ramsauer an, den Kulturattaché der amerikanischen Botschaft, der uns immer einlud, wenn sein Ambassador in Berlin weilte und, vor dem Rückflug nach Bonn, stets ein paar »repräsentative Berliner« zum Abendessen um sich versammelte. Durch Bud Ramsauer durfte ich auch sämtliche amerikanischen Kinos in Lichterfelde und Tempelhof besuchen, die neueste Hollywood-Filme zeigten, machmal schon vor der amerikanischen Premiere.

Bud zeigte sich tief betroffen von dem Zwischenfall in Marienborn, hatte aber selbst überhaupt noch nichts davon gehört, ein typischer Kulturfunktionär, aber einer mit Sinn für Verschwörungen. Denn am Nachmittag meldete sich ein anderer Gast unseres Hauses, Jim Carson, und entpuppte sich als Berliner Chef der CIA; ich hatte ihn immer für ein kleines Licht des State Departement gehalten. »Doc Ramsauer sagt mir, daß Sie einen Film über den Zwischenfall in Marienborn drehen wollen. Halten Sie das für eine gute Idee, Mr. Tremper?«

Das tat ich, denn – amerikanisch-deutsche Freundschaft hin oder her – wenn unsere Schutzmacht anfing, den Russen gegenüber schwach zu werden, mußte einer »Feuer!« und »Alarm!« schreien, die Weltöffentlichkeit aufmerksam machen. Ich war überzeugt, daß die Army sich dieses Bubenstück in Marienborn aus reiner Bequemlichkeit erlaubt hatte (»Nun gebt ihm doch schon diesen dämlichen Flüchtling! Wie lange sollen wir denn noch auf diesem Abstellgleis herumstehen! Ich habe eine Verabredung heute abend mit einer tollen Puppe in Frankfurt!«) – ich wußte genug vom Leben, um ganz profane Gründe hinter dieser weltpolitisch bedeutsamen Schweinerei zu vermuten. Nach dem Motto des Witzes, den mir meine zweite Frau Ursula über die Kriegszeit in Palästina erzählt hatte: »Während eines faschistischen Bombenangriffs auf Haifa, saßen wir verängstigt in einem Splittergraben hinter unserem Haus auf dem Carmel, und als die erste Bombe krachte, sprang ein alter Jude neben mir auf, rang die Hände und rief entnervt: ›Nun gebt ihm doch schon Danzig!‹« Oder war das gar kein Witz gewesen?

Noch am Nachmittag – Detlev Müller hatte sich längst nach Hause getrollt – tauchte unser Freund George S. Wertenbaker auf, der Regionaldirektor der FAA (Federal Aviation Agency) im Flughafen Tempelhof und brachte den Air Force-Colonel »Wally« Pieroczek mit, unseren Nachbarn von der anderen Straßenseite, der Tempelhof Air Base als militärischer Kommandant beaufsichtigte. Beide Herren zeigten sich »besorgt«, weil bereits informiert über meine »antiamerikanischen« Filmpläne. Der Zwischenfall in Marienborn schien schon durch die ganze amerikanische Kolonie zu geistern. Heute bin ich, in der Erinnerung daran, eher gerührt über ihre Besorgnis. Damals reagierte ich hitzig: »Jawohl! Das ist doch unmöglich! Wann überlaßt ihr mich und meine Familie den Russen, weil ich euch vielleicht unbequem geworden bin?«

Ihre eisgekühlten Cocas schlürfend, hoben die Herren beide Hände: »Aber das ist doch ...!« Und da sie Air Force-Mitglieder waren, fanden sie meine Anti-Army-Argumentation schließlich akzeptabel und stimmten mir, als dann auch harte Sachen auf den Tisch kamen, immer mehr zu: Yes, Sir, der Film mußte gemacht werden – »aber fair, aber fair!« beschwor mich Wally. Ich winkte ab, war so überzeugt von meiner Amerikaliebe, daß ich gar nicht auf den Gedanken kam, ich könnte mich mit dem Marienborn-Thema in die Nesseln setzen. Nachts schlief ich schlecht, stand um drei Uhr morgens wieder auf, setzte mich an die Maschine und fing an zu schreiben:

»Der nachfolgende Bericht bereitet niemandem besondere Freude, weder den Deutschen, die als Urheber des Zwischenfalls zu gelten haben, noch den Russen und Amerikanern, die mit ihm fertig werden mußten. Die Geschichte, die erzählt wird, spielte sich im November 1961 ab, wenige Monate nach der Errichtung der Berliner Mauer. Und der Flüchtling, der die Verspätung in Marienborn auslöste, ist einer von jenen Mitbürgern in Mitteldeutschland, die sechzehn Jahre lang keinen unmittelbaren Anlaß sahen, dem DDR-Regime den Rücken zu kehren – bis zu jener Nacht der Einmauerung, da die Problematik ihres Lebens den Charakter des Endgültigen erhielt, und sie dieses Leben riskieren mußten, um ihm zu entfliehen.

Das Geschehen im amerikanischen Militärzug und am Zonengrenzkontrollpunkt Marienborn ist durch vielerlei Zeugenaussagen rekonstruiert worden, doch sind die Namen der amerikanischen Reisenden, der Soldaten und Offiziere sowie bestimmte Einzelheiten der Geschichte geändert worden, weil es nicht der Sinn dieser Darstellung sein kann, menschliches Versagen in Einzelfällen anzuprangern. Wichtig schien dem Autor allein die Beschreibung der fatalen Situation, in der sich Amerikaner, Russen und Deutsche heute befinden, an Hand eines unscheinbaren Zwischenfalls, der gleichwohl vor den Augen der Beteiligten die Ausmaße einer antiken Tragödie annahm.«

Und dann fing ich richtig an, schrieb wie besessen an einer Geschichte, die sich quasi von selbst erzählte, konnte gar nicht schnell genug tippen, stand auf, kochte mir Kaffee, und schrieb weiter, immer weiter. Um acht Uhr schrie ich Karin an, die mir ein Frühstück bringen wollte, und verdonnerte sie dazu, mir jede Störung vom Leib zu halten, schrieb über Mittag und den Nachmittag hindurch, legte mich um 18.00 Uhr für drei Stunden ins Bett, stand um 21.00 Uhr wieder auf, las das bisher Geschriebene – und warf es weg, fing ohne Stimmungsmache nochmal von vorne an und schaffte bis zum nächsten Abend über 50 anderthalbzeilig geschriebene Seiten. Nochmal ein Schläfchen, und am nächsten Morgen war das Werk vollendet. Ich schrieb:
Will Tremper: *Verspätung in Marienborn*
drüber und brachte das Manuskript nach Dahlem-Dorf, zu einem Kopier-Laden der Freien Universität, kaufte einen Umschlag, ging zum Postamt und schickte eine Kopie gleich an die UFA-Filmhansa in Hamburg, z.Hd. Alf Teichs. Mit dem fühlte ich mich befreundet, das war der ehemalige Chefdramaturg und Produktionschef der TERRA in Berlin, verantwortlich für die besten Rühmann- und Albers-Filme wie *Die Feuerzangenbowle* oder *Große Freiheit Nr. 7*, allerdings auch für *Jud Süß* zu Beginn des Krieges – aber da war der ehemalige Weimarer Sozialdemokrat noch mit einer Jüdin verheiratet und tat alles, um sie zu beschützen, sogar alles, um vor Goebbels zu glänzen. Nach dem Krieg hatte er, zusammen mit Rühmann, die COMEDIA-Film gegründet und, trotz großer künstlerischer Erfolge wie *Berliner Ballade*, eine erstklassige Pleite geschoben, an der er und Rühmann noch jahrelang abzahlten, was sein Kompagnon ihm furchtbar übelnahm. (»Er war doch Fachmann, er hätte mich warnen müssen!« klagte Rühmann.)

Die zweite Kopie schickte ich an Henri Nannen, nur um sie postwendend zurückzubekommen: »Wie sollen wir das illustrieren? Haben Sie keine Fotos der Beteiligten?« Doch da war ich von guten Kritiken schon so verwöhnt, daß ich das Manuskript sofort an Heinz Sponsel von der *Revue* weiterschickte, und der druckte es in drei Teilen, und Kindlers Lichtenberg-Verlag machte für 25 000 Mark Vorschuß sofort ein Taschenbuch daraus: 113 sehr groß gedruckte Seiten, die in einer ersten Taschenbuchausgabe zur Premiere des Films herauskam (und später auch von Goldmann und Ullstein immer wieder aufgelegt wurde). Mit den 9 000 Mark für drei Folgen in der *Revue* hatte ich jetzt schon 34 000 Mark für zwei Tage und Nächte an der Schreibmaschine verdient. Und es sollte noch besser kommen: Alf Teichs reagierte blitzschnell, rief gleich nach der Lektüre an, gratulierte und sagte: »Den Film machen wir! Neben mir steht Theo Osterwind, unser Generaldirektor, und läßt schön grüßen. Wieviel Geld, glaubst du, wirst du brauchen? Reicht eine Million? Du führst doch auch Regie? Na, prima! Wann können wir den Film haben?«

Ich rechnete mir aus: Als Produzent konnte ich mir siebeneinhalb Prozent Handlungsunkosten, sogenannte HU's, in die Kalkulation schreiben, als Autor 50 000 und als Regisseur noch einmal 50 000, machte zusammen 175 000 Mark, die mir bereits sicher waren, mit den Buch- und Illustriertenhonoraren waren das schon über 200 000, egal ob der Film oder das Taschenbuch noch etwas einbrachten. Und das für zwei Tage und Nächte Arbeit! So machte das Filmen Spaß.

Der einzige, der mein 72-Seiten-Treatment nicht gut fand, war Detlev Müller, der mir die Meldung in der *BZ* gezeigt hatte. Er meckerte: »Ich dachte, wir schreiben den Film zusammen! Und jetzt hast du alles holterdiepolter allein gemacht! Schließlich habe ich dich ja erst aufmerksam gemacht auf die Geschichte!«

Ich lachte ihn aus: »Du glaubst doch nicht, daß mir die Meldung in der *BZ* entgangen wäre? Ich lese jede Zeile in den Zeitungen! Mir entgeht nicht mal der Wetterbericht! – Und außerdem: Du hättest dich doch auch an die Maschine setzen und ein Exposé wenigstens aus dieser 14-Zeilen-Meldung machen können? Warum hast du es nicht auch getan? Du kannst auch jetzt noch zur Feder greifen und eine bessere Geschichte erfinden!«

Für Zeitungsmeldungen gab's doch keine Urheberrechte.

Für Detlev Müller schon: »Ich habe dir die Zeitung nur mitgebracht, um mit dir zusammen ...« fing er wieder an. Ich mußte ihm klarmachen, daß allein er es war, der mit mir zusammen am Drehbuch schreiben wollte. »Du kannst höchstens zugucken, wie ich schreibe. Ich jedenfalls brauche keinen Co-Autor. Drehbuchschreiben heißt, die optische und akustische Seite einer Geschichte zu Papier bringen. Was ist da groß zu lernen?«

Ich schmiß ihn dann wohl raus und hörte nichts mehr von ihm – bis der Film von der *Verspätung in Marienborn* tatsächlich gemacht wurde und ich anschließend den Bundesfilmpreis in Gold für das Drehbuch bekam. Da hörte ich wieder etwas von Müller, wie auch vom Finanzamt. Beide glaubten, mit der Drehbuchpreis-Verleihung sei eine größere Geldsumme verbunden, beide wollten einen Anteil. Das Finanzamt war schnell befriedigt, Müller aber verklagte mich auf angebliche Rechte und entgangenen Gewinn. Da ich die Sache für allzu phantastisch hielt, kümmerte ich mich, wieder einmal, nicht darum und wurde eines Tages von einem Versäumnisurteil über 6000 DM des Landgerichts Charlottenburg überrascht. Ohne sich die Frage zu stellen, ob der Kläger überhaupt in der Lage gewesen wäre, einen eigenen Stoff aus der Zeitungsmeldung zu machen, folgte das Gericht seinen Ausführungen und verknackte mich.

Nun, ich war, als das 1963 passierte, so in Hochstimmung, daß ich dem Mitesser aus Frohnau die 6000 bezahlte und drei Kreuze hinter seinen Namen machte. Ich hatte wieder etwas gelernt, das offenbar zum Filmgeschäft gehört wie die Besetzungscouch. Ein Begriff, der mich schnurstracks zu *Verspätung in Marienborn* zurückbringt. Aus dem Müller Detlev aber ist tatsächlich ein Drehbuchschreiber geworden, wenngleich nur fürs Fernsehen. Er verfaßt nun schon dreißig Jahre lang ein Fernseh-Spiel nach dem anderen, ich seh's in der *Hörzu*.

Während ich das Drehbuch schrieb und die Produktion organisierte, hatte sich herausgestellt, daß der Zwischenfall in Marienborn keineswegs eine aktuelle Geschichte war, sondern sich bereits im November 1961 abgespielt hatte, bis jetzt aber geheimgehalten worden war. Was meine Geschichte nicht tangierte, aber ein schlechtes Licht auf die Amerikaner und ihre sprichwörtliche Offenheit im Umgang mit den Bürgern warf.

Ich ließ mir von der Bundesbahn die Kosten eines Sonderzuges kalkulieren, den ich als rollendes Filmatelier vorgesehen hatte: Vier Schlafwagen, in denen ich mit den Schauspielern und einem kleinen Stab wohnen und arbeiten wollte, während sich der Zug dauernd in Bewegung befinden würde, echtes »Rütteln und Schütteln« einfangend. Ich flog zur UFA-Filmhansa nach Hamburg und legte meine Kalkulation vor. Alf Teichs wollte 800000 Mark in Wechseln beisteuern – meine 200000 Mark sollten die erforderliche Million komplettieren. Als Hauptdarsteller wollte ich Burt Lancaster für zehn Drehtage verpflichten, der allein 200000 Mark bekommen sollte, um die Rolle des im Zug befindlichen Auslandskorrespondenten zu spielen. Sollte er mehr verlangen, wollte ich mich mit drei Drehtagen und der Rolle des geheimnisvollen State-Departement-Beamten begnügen, der die ganze Zeit nur mit einem Kopfverband, auf einer Bahre liegend, zu sehen war. Ich war Tag und Nacht zugange, wurde von Otto Scheuermann mit 50 000 Mark vorfinanziert und träumte von nichts anderem als meinem Film.

An dem Tag, an dem der Verleihvertrag aus Hamburg eintreffen sollte, klingelte das Telefon. Alf Teichs war dran und sagt: »Wir müssen aussteigen. Lies morgen die Zeitungen. Die Deutsche Bank hat der UFA-Filmhansa den Hahn zugedreht. Wir sind praktisch pleite.«

So eine Scheiße!

Das war, wie wenn einer meinen prall gefüllten Ballon geöffnet hätte: Pffftt! – Die Luft zischte raus. In Sekundenschnelle verflog mein ganzer Elan. Jetzt mußte ich von vorne anfangen, eine Kopie meines Manuskripts an den nächsten Verleih schicken, auf Antwort warten, wieder zu debattieren beginnen ...

Wie das Leben aber spielt, saß zufällig Rolf Hädrich bei mir auf dem grünen Sofa und verrenkte zufällig mal nicht den Hals nach Ingmar Zeissberg. Rolf sah ganz begeistert aus und klatschte in die Hände: »Fabelhaft! Jetzt verkaufst du mir das Drehbuch! Ich mache einen Fernsehfilm für den Hessischen Rundfunk aus *Verspätung in Marienborn*! Ich verschaff' dir auch eine Zuckmayer-Gage!«

Ich zeigte ihm einen Vogel. Ein Fernsehfilmchen! Für den Hessischen Rundfunk! Der hatte sie wohl nicht mehr alle!

Aber Rolf ließ nicht locker, nahm mein 72-Seiten-Treatment und flog noch am gleichen Tag nach Frankfurt/Main, um mit seinem Fernsehspiel-Chef Dr. Hans Prescher zu reden. Zusammen gingen sie dann zu dem Assessor Joachim Wack, dem Chef der Filmeinkaufsgesellschaft der ARD, der im selben Haus in Frankfurt saß, und am nächsten Morgen schon hockte Rolf wieder auf dem grünen Sofa und entwickelte mir seinen Plan.

»Also, du bekommst, wie gesagt, eine Zuckmayer-Gage. Das sind, statt der üblichen 15 000 Mark, die von allen Sendern gezahlt werden, stolze 18 000, wie sie nur Zuckmayer mal bekommen hat!«

Ich lachte ihn aus: »Scheißfernsehen! Beim Film bekomme ich 50 000 für dasselbe Drehbuch ...!«

»Warte doch mal!« rief Rolf. »Der Assessor Wack hat *die* Idee: Wir zahlen dir das Wiederholungshonorar gleich mit dazu – sind zweimal 18 000, also 36 000 Mark …!«

»No way!« rief ich in meinem besten Neudeutsch. »Ich will hunderttausend, und keinen Pfennig weniger!« Denn ich wußte, hunderttausend würde das Fernsehen nie und nimmer zahlen können.

»Warte doch mal! Der Assessor Wack hat ja längst die Lösung: Wir übergeben das ganze Projekt an einen privaten Produzenten, sozusagen eine Auftragsproduktion, und der bekommt von uns sechshunderttausend Mark und muß dir deine restlichen vierundsechzigtausend bezahlen! Wie findest du das?«

Ich lachte ihn noch immer aus, hielt das Ganze für zu phantastisch, um auch nur einen weiteren Gedanken daran zu verschwenden. »Gehen wir essen!« sagte ich, denn zwischen Karin und mir herrschte wieder einmal dicke Luft. Wir stiegen in meinen neuen Lancia Flaminia Gran Tourismo und brausten ins Kempinski. Und da sahen wir dann Hans Oppenheimer in der Hotelhalle sitzen, der dem »Atze« Brauner für zwei Millionen Mark sein Ruinengrundstück Kurfürstendamm 203–205 verkauft, damit gerade die marode ARCA-Film am Havelufer erworben hatte und nun ständig auf der Suche nach Produktionen war.

»Was halten Sie davon«, fragte ihn Rolf, »wenn wir Ihnen sechshunderttausend Mark bringen, eine Auftragsproduktion des Hessischen Fernsehen?«

Oppenheimer sprang auf und breitete die Arme aus: »Eine Platinuhr würde ich euch schenken! Auf meinem Rücken würde ich euch Weihnachten ins Palace nach St. Moritz tragen! Wo habt ihr den Zaster?«

Wir lachten und gingen in den Grillroom und Oppenheimer machte dem Kellner klar, daß die Rechnung an ihn ginge. »Die Herren wollen Kaviar!«

So lief das damals mit dem Filmgeschäft. Der Oppenheimer hat die Auftragsproduktion tatsächlich bekommen und, anstatt in original rollenden Schlafwagen, den ganzen US-Militärzug in seinen leerstehenden ARCA-Ateliers drehen lassen. Er entwickelte auch sogleich eine ungeheuere Aktivität, zu der ich eben nie in der Lage war, um andere den Film bezahlen zu lassen und das Bare vom Hessischen Rundfunk in die eigene Tasche zu stecken. So brachte er es z. B. fertig, nach München zu fahren und ausgerechnet der Ilse Kubaschewski einen Verleihvertrag für diesen hochpolitischen *Marienborn*-Film abzuschwatzen, obwohl feststand, daß der Film zuerst im Fernsehen laufen würde. Und dann flog er auch noch nach Paris und nach Rom und schloß zwei Co-Produktionsverträge ab.

Ich aber, der die Lust nach der Absage der UFA-Filmhansa schlagartig verloren hatte, mußte nun aus meinem Treatment ein Drehbuch machen. Einziger Trost: Ich hatte mich so ausführlich in die Geschichte hineingearbeitet, daß das Drehbuch selbst ein Kinderspiel wurde. Freund Rolf sah mir vom grünen Sofa aus argwöhnisch zu und wurde bei dem Tempo, mit dem ich die Drehbuchseiten herunterfetzte, immer mißtrauischer. Viel zu spät erst wurde mir klar, daß er wie ein Rennpferd vor einem Hindernis scheute, als er den Stoff plötzlich so, wie ich ihn im Treatment festgelegt hatte, nicht mehr überzeugend fand.

»Weißt du«, sagte er auf einmal, »dieser amerikanische Korrespondent Hartford B. Cowan, für den du Burt Lancaster haben wolltest, das ist doch ein weitgereister Mann ...«

»Na und?«

»Ich meine, der würde doch nicht in dem Militärzug nach Frankfurt fahren! Der würde doch fliegen ...«

»Das fragt doch kein Mensch«, sagte ich. »Der ist einfach in diesem Zug drin – und basta! Vielleicht hat er Angst vorm Fliegen. Das gibt's doch!«

»Ein um die ganze Welt sausender Zeitungskorrespondent hat Angst vorm Fliegen?«

Ich schob die Schreibmaschine von mir. »Was willst du?«

»Einen anderen Anfang«, nörgelte Rolf. »Wir beginnen einfach in Tempelhof. Da ist Nebel, und der Korrespondent hat Termine und muß zähneknirschend den Militärzug nehmen!«

»Das kostet zwanzigtausend extra!« sagte ich. »Ihr habt mein Treatment so, wie ich es geschrieben habe, gekauft, und jede weitere Arbeit muß extra bezahlt werden. Mach mich bloß nicht wahnsinnig jetzt mit neuen Ideen, Mann!«

»Oppenheimer zahlt«, sagte Rolf. »Tu mir den Gefallen und komm mit, wir machen eine Ortsbesichtigung im Flughafen Tempelhof ...«

Wie es der Zufall wollte, lag Nebel über Tempelhof, in der riesigen Abflughalle spielten sich chaotische Szenen ab. Ich stand mit Rolf auf den obersten Stufen der großen Eingangstreppe und spürte mein Herz plötzlich schneller schlagen.

»Du hast recht«, sagte ich, »das ist eine tolle Filmszene. Den Film mache ich. Aber nicht für dich und Oppenheimer und den Hessischen Rundfunk – den mach' ich für mich selbst! Das wird mein nächster Film: Nebel über Tempelhof!«

Nebel über Tempelhof

Natürlich schrieb ich ihm den Anfang, den er haben wollte, kassierte noch einmal 20 000 Mark, und mein Rolf war der erste, der diesen neuen Anfang wegwarf und *Verspätung in Marienborn* mit meinem ursprünglichen Anfang drehte, mit dem Blick von unten auf die fauchende, zischende, abfahrbereite D-Zug-Lokomotive auf dem Militärbahnhof Lichterfelde.

Nun hatte ich, auch ohne den Film selbst gedreht zu haben, mit den 30 000 der *Revue*, insgesamt 150 000 DM in der Tasche, was meinen lieben alten Bankier Otto Scheuermann, zumindest vorübergehend, in der Ansicht bestärkte, bei gewissen Filmleuten lohne es sich doch, Kredite zu gewähren. Mit den 200 000 aus Bonn, die ich nun umgehend anforderte, waren das 350 000 Mark.

In München hatte mich ein blondes Filmsternchen bewogen, mir ein Theaterstück anzugucken, in dem es mitspielte, und es war mir wie Josef von Sternberg ergangen, der sich Spolianskys *Zwei Krawatten* ansah, um sich einen Begriff von Hans Albers zu machen, statt dessen aber die Augen nicht mehr von dieser Marlene Dietrich lassen konnte – nur erging es mir umgekehrt: Statt das blonde Filmsternchen gebührend zu würdigen, verguckte ich mich in ihren Partner Harald Leipnitz. Der wirkte auf mich wie ein deutscher Jack Palance mit seiner Boxernase. Ich verabredete mich mit Harald und stellte fest, daß er noch nie einen Film gemacht hatte, nur Fernsehen, und im übrigen fleißig Theater spielte: Ein Junge aus Wuppertal, der bei Hans Caninenberg studiert hatte und mit seinem ganzen Auftreten mein zentrales Nervensystem traf.

»Kurt Hoffmann hat mich schon mal haben wollen«, sagte er, »für seine Tucholsky-Verfilmung von *Schloß Rheinsberg*, aber nach den Probeaufnahmen meinte er, ich müßte mir die Nase operieren lassen, sonst hätte ich keine Aussichten beim Film ...«

»Ich danke Kurt Hoffmann für seine Dämlichkeit!« sagte ich. »Denn ich werde Sie groß herausbringen!«

Nun rief ich Harald als ersten in München an und faselte ihm was von einem Berliner Geschäftsmann vor, der händeringend in Tempelhof auf die letzte Maschine aus Düsseldorf wartet, denn da sitzt seine Rettung drin, und die Maschine kommt nicht: Nebel über Tempelhof.

»Drehbuch gibt's noch nicht«, mußte ich gestehen, »aber das schaffst du auch ohne – ich schreibe von Tag zu Tag, und ich mache aus der Rolle auf jeden Fall die zentrale Figur des Films! Vertrag macht mein Produktionsleiter mit deiner Agentin!«

»Und wann soll das sein?« fragte Harald. »Ich inszeniere im Augenblick hier ein Theaterstück ...«

»Aber doch nur tagsüber?« fragte ich zurück. »Ich brauche dich jede Nacht hier im Flughafen Tempelhof. Du kommst mit der letzten Maschine und fliegst mit der ersten zurück ...«

»Na ja«, sagte Harald, »schlafen kann ich ja im Flugzeug. Okay, und wann geht's los?«

»Heute abend!« sagte ich.

Keine 48 Stunden waren seit unserem Besuch im Nebel-Chaos von Tempelhof vergangen. Ich glühte vor Begeisterung und wollte mir die so lange wie möglich erhalten, was hieß: sofort, heute nacht noch, anfangen! Ich hatte, in einer Silvesternacht in St. Moritz, einen gestandenen Wiener Kameramann kennengelernt, der »Skihaserl« filmte, aber behauptete, schon Schwenker von Willy Winterstein, dem großen alten UFA-Kameramann, gewesen zu sein. Hans Jura hieß der Mensch und bombardierte mich seitdem mit Ansichtskarten aus aller Welt, die stets mit der Frage endeten: »Wann machen wir einen Film zusammen?«

Jetzt rief ich ihn in München an: »Wenn Sie morgen früh hier sein können, sind Sie Chefkameramann!«

»Bin schon da!« rief er.

Felix Hock kam vorbei, der Ehemann einer Grotesk-Tänzerin namens Johanna König, die ich auf einer Hoffmeister-Tournee mit meiner rumänischen Geigerin Noucha Doina kennengelernt hatte und die in den siebziger Jahren als »Klementine« in der Waschmittelwerbung des Fernsehens berühmt wurde. Felix Hock war mir durch einen praktischen Verstand und finanzielle Pingeligkeit aufgefallen, außerdem unterhielt ich mich gern mit ihm über den Zweiten Weltkrieg, den er als Oberleutnant z. See auf Feindfahrt nach Japan schon im Hafen von Kiel mit Hilfe einer englischen Fliegerbombe beendet hatte:

»Deutschlands jüngster und letzter U-Boot-Kommandant!« nannte ich ihn und fragte ihn jetzt, ob er Produktionsleiter meines Films werden wollte.

»Hab' ich noch nie gemacht«, sagte Felix.

»Aber ich weiß, daß du auf Pfennige abrechnest, nicht wie die anderen Filmproduktionsleiter, auf 100-Mark-Scheine! Den Rest lernst du im Handumdrehen. Ruf mal die Berliner Flughafengesellschaft in Tempelhof an, ich brauche eine Drehgenehmigung für etwa sechs Wochen, nur Nachtaufnahmen!«

»Wann?«

»Heute!«

Und Felix griff sich das Telefon.

Zwischendurch rief die William Morris Agency aus Hollywood an, um mir mitzuteilen, daß Burt Lancaster nicht könne, ob es José Ferrer sein dürfe? »Aber ja!« sagte ich. »Immer her damit, und wie sieht's mit Michael Rennie aus, dem kernigen Briten? Ich habe eine schöne Rolle für ihn, die nur im Flughafen Tempelhof spielt!«

In meinen Film, so kalkulierte ich, muß unbedingt ein Touch von Internationalität rein, ein Hauch von »großer Welt«, noch dazu auf einem so großen Flughafen. William Morris versprach, Michael Rennie zu kontakten, der möglicherweise aber gerade in London drehe. »Um so besser!« sagte ich.

Doch ich verrate wohl nichts Neues mehr, wenn ich jetzt schon gestehe, daß auch Michael Rennie am Ende keine Zeit hatte, dafür aber kam José Ferrer, der große Broadway-Star, der 1950 schon für seinen *Cyrano de Bergerac* einen Oscar erhalten hatte. Er übernahm in *Verspätung in Marienborn* die Rolle des Auslandskorrespondenten, die Rolf Hädrich nur fliegend, aber auf keinen Fall zugfahrend sah, was mir letztlich den Tempelhof-Film bescherte. Ich führte Mister Ferrer groß zum deutschen Essen aus und lernte: Gib nie auf, wenn du einen Hollywoodstar angeln willst! Die Agenturen haben zwar meistens nur ein müdes Lächeln für ein deutsches Filmangebot übrig, doch die Schauspieler schmücken sich gern damit, halten jedes Angebot aus Europa für eine Bestätigung ihres Weltruhms und glauben aus unerfindlichen Gründen, daß »wahre Kunst nur aus *great old Europe* kommen kann.« Die vielen deutschen Emigranten und Orson Welles, vermute ich, haben dieses Gerücht in die Welt gesetzt.

»Mein Marktwert steigt, während wir hier essen«, vertraute mir José an

Mit der Frau meiner Träume, Louise Martini, am Ticket Counter in der Abflughalle Tempelhof.
Leider will mir überhaupt nicht einfallen, was sie in meinem Film spielen könnte.

und guckte dabei hinter jedem Rock im Kempi-Grillroom her. »Ist es wahr, daß deutsche Frauen besonders große Busen haben?« In Puerto Rico geboren, war er einst mit Rosemary Clooney, der flotten Sängerin, verheiratet gewesen und lechzte nun nach einem Gretchen. Und er schaffte es tatsächlich, nicht nur die interessanteste Figur im amerikanischen Militärzug zu werden, sondern sich auch einen dicken Busen zu erobern, den von Christiane Schmidtmer, und im Triumph nach Hollywood zu entführen, obwohl ein ganz anderer sie wohl auf die Besetzungliste des Marienborn-Films geschmuggelt hatte.

Zurück zu meinem Film, denn schon klingelte es wieder, und das Theater der Stadt Köln war dran: Louise Martini. In die war ich absolut verschossen, in ihre sinnliche Stimme, besser gesagt. Auf mehreren Autofahrten nach Wien, über die alte Bundesstraße 1 noch, hatte ich sie zum ersten Mal als Sprecherin einer Autofahrer-Sendung im Österreichischen Rundfunk gehört und jedesmal eine Erektion bekommen. Verdammt, dieses Weib wollte ich unbedingt dabeihaben in meinem Film, obwohl ich noch keine Ahnung hatte, was sie spielen könnte.

»Ich bin hier fest am Theater«, sagte sie, »und kann unmöglich weg ...«

»Das Wort kenne ich gar nicht!« rief ich, voll im Rausch. »Ich gebe Ihnen mal meinen Produktionsleiter!«

Zwei Tage später kam Louise angeflogen, und Felix Hock sagte: »Du bist wahnsinnig! Das kostet uns dreißigtausend Mark Ablöse beim Theater in Köln – und da ist noch nicht mal ihre Gage dabei! Was spielt sie denn?«

»Keine Ahnung, Hauptsache sie ist da!«

In den folgenden vier Wochen wurde mir beim Anblick der Martini jedesmal heiß und kalt. Sie schoß auf mich zu und wollte wissen, wann sie das Drehbuch bekäme, um ihre Rolle zu lernen. Anstatt ihr zu gestehen, daß es überhaupt noch keine Rolle für sie gäbe, setzte ich jedesmal eine geheimnisvolle Miene auf und sagte so Sachen wie: »Eine rote Lederjacke würde dir gut stehen!« Damit war sie beschäftigt, konnte durch die Geschäfte hetzen, auf der Suche nach einer sexy roten Lederjacke, die es nirgends gab. Für einen Schwarzweiß-Film!

Meine Frau drehte langsam durch. »All diese Leute! Ich werde noch wahnsinnig! Und mein Telefon ist auch dauernd belegt! Zieh schon ins Hotel, ich ertrage diesen Rummel nicht länger!«

Ich starrte ihre Freundin Christine Viertel an, die blonde Frau unseres Freundes, des Rechtsanwaltes und Notars Klaus Viertel, die auch in Dahlem wohnten. »Hast du nich'n dollen Nerzmantel übrig, Christinchen? Der Leipnitz brauch 'ne Freundin, der er den Nerz seiner Ehefrau mit zum Flughafen bringt, damit sie seinen Geldgebern einheizt. Ich sehe da eine hinreißende blonde Wienerin vor mir ...«

»Hab' ich«, sagte Christinchen, »ich kann euch auch sonst noch 'n bißchen was leihen, auch meinen Schmuck!»

Christine Viertel wurde die Kostümbildnerin meines Films und riß sich ein Bein aus, um alle zufriedenzustellen. Zwanzig Jahre später traf ich sie in meinem Fahrstuhl im Eden-Haus in Berlin, wo ich zwei Stockwerke über der Filmförderungsanstalt wohne. Sie hatte gerade ein Drehbuch bei der FFA abgegeben, war süchtig nach Film, aber geschieden.

Ich jammerte meiner Celia nach, die bei *Flucht nach Berlin* mein guter Geist gewesen war. Wo steckte sie eigentlich?

Wer könnte jetzt mein Scriptgirl spielen, möglichst auch Regieassistenz machen? Wolfgang Menge sagte: »Marlies würde gern mal beim Film mitmachen!« So wurde Marlies Menge mein Scriptgirl, nach dem Motto: »Alles, was du brauchst, ist Hingabe, eine schnelle Auffassung, Ausdauer!« Marlies hatte all das – bis auf die Hingabe und die Ausdauer: Nach dem ersten Schneefall, bei dem sie mit ihrem Wagen einen Motorradfahrer rammte, verlor sie die Nerven und schenkte sich den langen Weg jeden

Abend von Zehlendorf nach Tempelhof; außerdem hatte sie kleine Kinder zu Hause.

Aber wo bekamen wir eine Cutterin her, die mir nicht auf die Nerven fiel und auch noch das Script machen konnte? Mein zehn Jahre jüngerer Bruder Dieter, den ich zum Aufnahmeleiter ernannt hatte, behauptete, eine »ganz Tolle« zu kennen: Susanne Paschen, die im Studio Hamburg arbeitete. Spät in der Nacht trat Felix Hock an mich heran – wir drehten schon die zweite Nacht in der Abflughalle – und schüttelte den Kopf: »Die Paschen lebt jetzt in Paris! Ich bin doch nicht verrückt und schick ihr noch 'ne Flugkarte!« Im Vertrauen auf meinen Bruder sagte ich: »Schick ihr eine, sie muß morgen hier sein!«

Unser Schneideraum bei Geyer in Neukölln füllte sich schnell mit Material, und niemand war da, der es bearbeitete. Aber am nächsten Abend, ich war gerade mit einer Massenszene beschäftigt, schiebt sich eine unübersehbare Blondine durch die Menge auf mich zu, das Haar aufgetürmt wie eine von der Via Veneto, und stellt sich als »Susanne Paschen!« vor. Ich blicke mich nach meinem Bruder um – »Hej, Atze, deine Freundin ist da!« – und sehe gerade noch, wie der Bursche sich hinter einer Säule versteckt. Es stellt sich heraus: Er kennt die Blondine gar nicht, hat sie nur mal, über die Köpfe vieler anderer hinweg, in der Kantine des Studio Hamburg gesehen und sich in ihren Anblick verknallt. Schöne Bescherung! – Aber Susanne Paschen, bislang nur Cutter-Assistentin, stellt sich als eine echte Entdeckung heraus, ein Mädchen, das anpacken kann, eine Schneideraum-Begabung. Sie darf bleiben und wird meine unentbehrliche Assistentin, eine, die nicht lange fackelt, das langsam entstehende Drehbuch meistert, nie schlapp macht – und die einzige ist, die frühmorgens nicht ins nächste Bett fällt, wie all die anderen, sondern mich auch noch in den Schneideraum nach Neukölln begleitet und den ganzen Vormittag hindurch schneidet und Material bearbeitet.

Natürlich kommen wir uns »auch sonst« näher, ich quartiere sie neben mir im Park-Hotel Heinz Zellermayers ein und bringe es fertig, sogar den Heiligen Abend mit Susanne, statt mit meiner Familie, im Hotel zu verleben. Spätabends kommt durch Eis und Schnee Freund Schöppenthau ins Park-Hotel, um mir von der weinenden Familie zu erzählen, den Kinderchen, die »so auf ihren Papi warten«, aber mir graut davor, mitten im Film plötzlich auf Familie zu machen. Ich bleibe lieber mit Susanne im Bett, mit

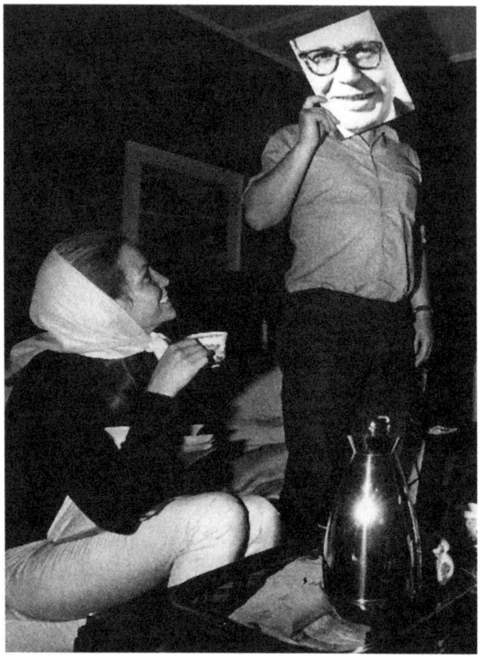

Die Blonde links, das ist Susanne Paschen, Scriptgirl und Cutterin unseres Films. Die Blonde rechts, die mein Foto bewundert, ist Alexandra Stewart aus Paris, die eine schöne Rolle mit Bruce Low spielt.

der habe ich mir viel mehr zu erzählen, unser einziges Thema heißt: Der Film, und wie wir weitermachen nach den Feiertagen. »Schöppe« zieht kopfschüttelnd ab. Was aber mein Bruder Dieter ist, der hat dann Susannes Schwester Dorothea geheiratet und zwei prächtige Kinder gezeugt.

Wir haben am 23. November 1962 angefangen zu drehen und sind nach 44 Nächten fertig. William Morris hat sich, wie gesagt, nicht in der Lage gesehen, mir den Michael Rennie aus London zu verschaffen, und ich gerate in die größte Verlegenheit, denn im Hotel sitzt ein blondes Geschöpf aus Paris, das Alexandra Stewart heißt, sich in mehreren großen Filmen bereits einen Namen gemacht hat und nur bereit war, in diesem »komischen« Film in Berlin mitzumachen, weil Michael Rennie ihr Partner sein würde. Jetzt muß sie erleben, daß ich einen glatzköpfigen Holländer zu ihr schleppe, jenen Bruce Low, der durch den Schlager *Es hängt ein Pferdehalfter an der Wand* in Deutschland berühmt geworden ist. Dem Bruce bin ich in der Hotelhalle mit seiner neuen Frau begegnet, und er faßt sich an den Kopf, als ich ihm vorschlage, ohne Toupet eine durchgehende Rolle in meinem Film zu übernehmen. Er wirft einen Blick auf Alexandra Stewart, bemerkt den Haß in ihren Augen und sagt: »No, Sir! Ohne mich!« Ich engagiere seine entzückende neue Frau noch als Ground-Hosteß dazu, um ihn weichzuklopfen, und dann spielt er mit der Stewart seine Szenen so gut – und auch Alexandra benimmt sich so professionell –, daß die Zuschauer später meinen, die beiden seien auch privat ein Liebespaar. Ich bedanke mich bei Alexandra Stewart mit einer herzhaften Umarmung und einem ungedeckten Scheck über 10 000 DM für zwei Nächte. (Aber Otto Scheuermann löst ihn ein). Alexandra sagt zum Abschied: »Wenn ich in Paris erzähle, daß ich eine deutsche Nouvelle Vague mitgemacht habe, glaubt es mir keiner!«

Wir finanzieren alles, nur keine Filme

Wir hatten, in der Tat, in den ersten Drehwochen ein bißchen viel Geld ausgegeben, und ich sah mich immer öfter jeden Morgen nach Drehschluß gezwungen, an den Kudamm zu Otto Scheuermann zu fahren, die Hände zu ringen und um Einlösung weiterer ungedeckter Schecks zu bitten. Wie bei allen Banken damals, verfuhr auch die Otto Scheuermann KG nach einem unumstößlichen Prinzip: Keine Filmfinanzierungen! Das Filmgewerbe und seine aalglatten Vertreter hatten zu viele Banken schon dazu verlockt, gutes Geld in schlechte Unternehmen zu stecken. Darum empfing mich, früh um halb neun, der alte Scheuermann jedesmal mit dem Ruf: »Wir finanzieren keine Filme!« – um mich dann aber doch in sein kleines Kontor zu winken und »Wollense'n Käffchen?« zu fragen. Während das serviert wurde, stand Otto, wie zufällig auf und schloß hinter der Sekretärin die sonst immer offenstehende Tür; es brauchte ja nicht jeder mitzuhören, was er mir zu sagen hatte. Für seinen Prokuristen, den Herrn Meyer-Lüders, war das Türschließen ein Alarmzeichen, er kannte das weiche Herz des Inhabers für gewisse Filmschurken. Und so holte dann der alte Herr, nervös nach der Tür schielend, die jeden Augenblick von Herrn Meyer-Lüders aufgerissen werden konnte, mit fahrigen Händen seine zerfledderte Brieftasche aus dem Rock, zeigte mir meine ungedeckten Schecks und hielt mir eine Strafpredigt. Dem Ritual folgend, streckte ich mit gesenktem Sünderhaupt die Hand nach den Schecks aus, murmelte »Das ist dann ja wohl das Ende, Herr Scheuermann!«

oder »Jetzt kann ich einpacken – alles war umsonst!« – nur um jedesmal zu erleben, daß er die Schecks brummelnd wieder in seiner Brieftasche verschwinden ließ und »Das ist das letzte Mal!« rief. An guten Tagen konnte es sogar passieren, daß er sich hinter seinem alten Schreibtisch hinunterbeugte, eine geheimnisvolle kleine Schublade aufzog und mir ein paar Tausendmarkscheine unter dem Schreibtisch zuschob. »Hauen Sie bloß ab!« sagte er dann unwirsch, wenn ich mich allzu beflissen bedanken wollte, sprang auf, schritt zur Tür, riß sie auf und rief laut: »Schreiben Sie sich das hinter die Ohren, Tremper – wir finanzieren alles, nur keine Filme!«

Otto Scheuermann hat mich nie im Stich gelassen.

Um so überraschter war ich, zehn oder noch mehr Jahre später aus dem Mund von Hans-Joachim Kulenkampff zu hören, ich hätte seinen Freund Fritz Rémond mit einem ungedeckten Scheck über 2000 Mark bezahlt. Die Sache mit Rémond, der mir eine Nacht lang für ein herrliches kleines Kabinettstückchen zur Verfügung stand, war die, daß er den Scheck ganz hinten in seiner Brieftasche versteckt und offenbar vergessen hatte. Viele Monate, wenn nicht ein paar Jahre später ging er mit Kulenkampff seiner heimlichen Leidenschaft nach – und verlor in der Spielbank in Homburg vor der Höhe wieder mal alles, kramte in sämtlichen Taschen nach und fand in der Brieftasche meinen Scheck, den ihm die Spielbank ein paar Tage später als »ungedeckt« wieder zuschickte. Es gab längst kein Tremper-Konto mehr bei Scheuermann ... Kulenkampff amüsierte sich mächtig über die Geschichte, die er mir nach einem Theater-Gastspiel in München erzählte, ich nicht. Ich zog im Geist den Hut vor dem längst verstorbenen Fritz Rémond, denn er hat sich nie bei mir gemeldet. Wahrscheinlich hatte er es ehrlich gemeint, als er mir nach der Drehnacht in Tempelhof auf die Schulter klopfte und sich für »das Vergnügen« bedankte, das ihm die Rolle bereitet hätte.

Ebenfalls 2000 Mark bekam die schöne blonde Wienerin Sylvia Lidi, die ich für die Rolle der Freundin von Harald Leipnitz einfliegen ließ. Das muß gleich in den ersten Drehtagen gewesen sein, an denen noch alles drunter und drüber ging. Ich bat Wolfgang Spier und Harald Leipnitz, mir die Dame abzunehmen und schon mal den Text mit ihr einzustudieren, den ich gerade geschrieben hatte. Eine halbe Stunde später zupften sie mich am Ärmel und zogen mich zur Seite. »Hör mal, das ist unmöglich mit dieser Wienerin, zahl sie aus und schick sie wieder nach Hause. Das wird nichts mit der ...«

Ich faßte mich an den Kopf und rief nach Felix Hock: »Ist die süße kleine

Schweizerin noch da? Laß sie fertigmachen, sie muß in fünf Minuten drehen!« Es handelte sich um eine Anschlußszene an den Eröffnungsauftritt von Haralds Freundin: Er kommt aus einer Telefonzelle gerannt, als er hört, daß entgegen allen Lautsprecherdurchsagen doch noch eine Maschine aus Westdeutschland gelandet ist. Er schiebt sich durch die Statisten und starrt angestrengt den ankommenden letzten Fluggästen entgegen, dabei muß seine Freundin ratlos neben ihm stehen. Während ich das drehte, bemerkte ich Wolfgang Spier in der Telefonzelle, die Leipnitz laut nicht vorhandenen Drehbuchseiten gerade verlassen hat, und der Wolfgang winkte mir aufgeregt zu. Aber die Kamera lief schon, Leipnitz kam angerannt, schob sich durch die Statisten, und die »süße kleine Schweizerin«, die Harald noch gar nicht kennengelernt hatte, stand neben ihm und sah ihn ratlos, aber goldrichtig, an.

Wolfgang Spier flüsterte anschließend schon wieder mit Leipnitz, und der nickte begeistert, und beide winkten mich wieder auf die Seite. Was denn nun? War auch die kleine Schweizerin – wie hieß sie noch? – nicht die richtige? »Ich habe eben mit Pfitzmann gesprochen«, sagte Wolfgang aufgeregt. »Er bringt Karin, müssen in zehn Minuten da sein!« Wolfgang Spier hatte im Theater des Westens gerade *My Fair Lady* inszeniert, mit Hubschmid als Higgins und Karin Hübner als Eliza, die zu dieser Zeit mit Günter Pfitzmann verheiratet war. »Karin Hübner würde die Rolle der Lisa spielen?« Ich wagte es kaum zu glauben. Die Hübner war nicht nur durch die Eliza-Rolle eine Sensation, sie war damals auch durch Bernhard Wickis *Wunder des Malachias* groß herausgekommen, und jeder riß sich um sie. Mir war klar, daß sie nicht meinetwegen, sondern wegen ihres Regisseurs Wolfgang Spier dazu bereit sein würde. »Jungs«, sagte ich zu Spier und Leipnitz, »ihr seid die Größten! Was würde ich ohne euch bloß tun!« Eine halbe Stunde später war alles »geritzt«, die »kleine Schweizerin« ebenfalls ausbezahlt und nach Hause geschickt, und Christine Viertel probierte verschiedene ihrer Nerzmäntel an Karin Hübner aus.

Nur mit der Filmschminke haperte es bei Karin: Sie kam immer sofort nach der *Fair Lady*-Vorstellung nach Tempelhof geeilt, mußte als erstes ab- und neugeschminkt werden, doch ihre Haut vertrug das viele Make-up nicht, die Neufassung blieb nicht haften. Zum Entsetzen meines Kameramannes entschied ich: »Dann spielt sie den Film eben mit der Bühnenschminke!« Und so geschah es und sah auch noch höchst reizvoll aus.

Ohne diese drei Schauspieler wäre ich mit der Endlosen Nacht *gnadenlos eingebrochen. Es sind, von links, Wolfgang Spier, Harald Leipnitz und Karin Hübner, die vor dem nächtlichen Drehbeginn auch noch die erste deutsche Eliza in Spiers* My Fair Lady-*Inszenierung spielte.*

»Was schreiben wir auf die Klappe?« fragte Hans Jura und klang wieder außerordentlich sarkastisch. Der Kerl, der mir jahrelang Ansichtskarten geschickt hatte, um auf sich aufmerksam zu machen, dem ich die Chance seines Lebens bot – einen richtigen Spielfilm als alleinverantwortlicher Chefkameramann zu drehen! –, war todunglücklich. Er war ruck-zuck nach Berlin gekommen, hatte zwei Assistenten mitgebracht und gleich ein Debakel erlebt, wie er meinte: Unser Kameraverleih Onasch hatte nicht alle die Objektive vorrätig, die Jura haben wollte. Zufällig hörte ich mit, wie er zu Felix Hock sagte: »Jo, an UltraScope-dreißiger hätt' ich haben können, aber wos will i mit dem CinemaScope-Format?!«

CinemaScope?

Ich war plötzlich elektrisiert und mischte mich ein: »Mensch, Hansel, eine großartige Idee! Wir drehen den Film auf CinemaScope-Format, riesengroß und breit! Die Halle bietet sich doch geradezu an dafür!«

Hans Jura verzog das Gesicht. Er sollte bis zum Ende der Dreharbeiten nur noch das Gesicht verziehen und wäre mir beinahe, aus Enttäuschung darüber, daß seine Chefkamera-Träume vor seinen Augen verwelkten, noch zum Trinker geworden. Das nächste Fiasko bahnte sich für ihn an, als wir am Abend eine Ortsbesichtigung vornahmen: die imposante Abflughalle mit ihrem glänzenden dunklen Fußboden, in dem sich tausend Neonlichter spiegelten.

»Na, so an Schaaaß!« bemerkte der Wiener. »Das g'hört alles ausgeschaltet! Da brauch ich mindestens zehn 20KW's, die ganz großen, um das auszuleuchten!«

Ich glaubte nicht recht gehört zu haben. »Bist du bescheuert?« fragte ich meinen Kameramann. »Ein schöneres Licht kann's doch gar nicht geben! Du kriegst zwei kleine Spotlichter, falls du für Großaufnahmen was brauchst, alles andere drehen wir bei der Originalbeleuchtung!«

Da sah er mich nur mitleidig lächelnd an und schüttelte den Kopf. »N-e-o-n-!!!« sagte er. »Als Laie weißt du natürlich nicht, was das heißt ...«

»Was heißt das?«

»Das heißt, daß das Neon ein einziges Flimmern ist, genau wie die Filmkamera, die in der Sekunde vierundzwanzig Bilder macht. Wannst Pech hast, flimmert sie dir genau vierundzwanzigmal in den toten Neon-Punkt hinein, und hinterher schaust' dir bei Geyer Schwarzfilm an – naaa, kan Neonlicht!«

»Ich riskier das«, sagte ich selbstbewußt. »Die Chance, daß wir genau zwischen das Neonflimmern geraten, ist kleiner als beim Lotto!«

Jura sah mich kopfschüttelnd an: »Aber i net! I moch man' ersten Film net bei hundertprozentigem Neonlicht!«

Und dann griff er, wie alle Kameraleute, die ihrem Regisseur etwas beweisen wollen, zur letzten Waffe, dem Belichtungsmesser. Mit dem stolzierte er wie ein General vor Felix und mir durch die Riesenhalle und kam aus dem Kopfschütteln gar nicht mehr heraus, blieb alle fünf Meter vor mir stehen und hielt mir stumm seinen Belichtungsmesser vor die Nase: »Null!«

Ich nahm die Brille ab und beugte mich tief über das Gerät: »Ich lese dreitausend Lux, du Schwindler!«

»Jo«, sagte er achselzuckend, »des les' i aach, aber wos i brauch', des san zehntausend Lux minimum!«

Die gleiche Katastrophe wie bei meinem ersten Film bahnte sich an. »Bevor ich diesen Kerl ebenfalls niederschlagen muß«, sagte ich zu Felix, »frag ihn doch mal, ob er schon mal was von dem neuen hochempfindlichen Kodak-Material gehört hat!«

Hans Jura winkte ab: »Damit kömma bei UltraScope gar nichts anfangen! Des reicht vielleicht grod amal, um bei dreitausend Lux zu drehen, aber bei UltraScope brauchst Tiefenschärfe, mußt' a Blende oder zwoa zugeben, sonst kriegst an grausam-bizarren Effekt in der Tiefe!«

»Was für einen Effekt?«

Jura wurde zum Schulmeister: »Du kriegst nicht eine einfache Unschärfe im Hintergrund, sondern eine verzerrte, die höchst komisch aussieht – wannst des aach willst, lachen dich die Kritiker aus!«

So ungefähr verlief die erste Drehortbesichtigung.

Ich zwang mich, nicht überzukochen und fragte Felix: »Hat er seinen Vertrag schon unterschrieben?«

»Das war das erste, was er getan hat!« antwortete mein Produktionsleiter. »Er bekommt pro Woche, beginnend ab heute Mittag, zwofünf, sein Schwenker einsfünf und der Assistent auch nochmal achthundert, macht zusammen viertausendachthundert Mark – wegen der Nachtarbeit!«

Heute bekommt ein durchschnittlicher Kameramann allein schon fünftausend in der Woche, und manche brauchen drei Assistenten. Ich nuschelte Felix ins Ohr: »Und einen Neuen schaffst du bis heute Abend wahrscheinlich nicht heran?« Er schüttelte den Kopf und meinte sehr richtig: »Um dasselbe zu erleben? Nee, wir müssen mit dem Jura zurechtkommen!«

Ich spekulierte auf die Hochachtung der Österreicher gegenüber dem »Altreich«, als ich Hans Jura in die Mangel nahm: »Ich bin der Produzent und bezahle euch alle, also sage ich auch, wo's langgeht, ist das klar? Wie alt bist du jetzt?« Er war bereits weit über vierzig. »Und du hast noch nie selbständig als Kameramann arbeiten dürfen?« fuhr ich fort. »Wie hoch rechnest du dir die Chance aus, so ein Angebot wie meines nochmal zu bekommen?« Jura zog die Schultern hoch und ließ sie wieder sinken.

»Mich interessieren weder die Kritiker noch dein Club der Kameraleute«, beendete ich das Gespräch. »Wir drehen bei Neonlicht, und du wirst dein Bestes geben! Wenn nicht, kannst du mit dem nächsten Flieger wieder abhauen. Und das ist mein letztes Wort. Drehbeginn ist 22 Uhr, hier an dieser Stelle. Ich hoffe, ich sehe dich heute abend!«

Hans Jura war da, völlig geschafft zwar, aber er war mit seinen beiden Jungs da, die Kassetten waren mit hochempfindlichem Kodak-Film gefüllt, zwei Super-80-Lampen standen bereit, und den Belichtungsmesser nahm er nur noch in die Hand, wenn ich nicht hinsah. Sogar einen Dolly, einen fahrbaren Kamerawagen, hatte er aufgetrieben, denn der lange und breite, vollkommen glatte Hallenboden eignete sich vorzüglich für Fahraufnahme. Der Dolly kostete nur viel Geld, und wir gaben ihn jeden Morgen der Firma wieder zurück, die ihn uns geliehen hatte, in der Hoffnung, ihn abends wiederbekommen zu können.

Ich habe mit meinem Hansl Jura, als es dann losging, nie mehr Schwierigkeiten gehabt, wir wurden sogar Freunde. Was auch damit zusammenhängen kann, daß wir von den Geyer-Kopierwerken niemals alarmiert wurden: »Ist nur Schwarzfilm drauf!« Das Neon-Flimmern erwischte unsere Kamera nie. Und was die Kritiker anging, die lobten den Chefkameramann-Anfänger in den höchsten Tönen, und die Jury des Bundesinnenministeriums verlieh ihm für seine erste selbständige Arbeit dann sogar den Bundesfilmpreis. Wahrscheinlich war sie auf den »bizarren Effekt« der UltraScope-Unschärfe hereingefallen.

Meinem Freund Georg Tressler gegenüber, dem *Halbstarken*-Regisseur, hatte der Jura sich sogar entblößt, als er zugab: »Bei dem verrückten Tremper habe ich tatsächlich noch etwas gelernt ...« Wahrscheinlich ließ er mich deswegen immer an die Kamera, wenn ein schwieriger Schwenk zu vollführen war.

Doch Hans Jura war nicht das größte Problem. Mit der Flughafengesellschaft hatten wir einen günstigen Vertrag über die Hallenbenutzung für 300 Mark pro Nacht abgeschlossen, der jedoch nicht die Benutzung der Ticket-Counters einschloß – die waren Sache der einzelnen Fluggesellschaften. Und denen konnten wir viel über »kostenlose Werbung« erzählen – als sie den Titel des Films hörten, schüttelten sie den Kopf. »Nebel«, sagte der Stationmanager von Panam, »das Wort kennen wir bei unserer Gesellschaft gar nicht!« Auch die Air France und British Airways verhielten sich daraufhin zugeknöpft. Ich mußte erst meine Verbindungen spielen lassen und sowohl den Kommandanten des militärischen Teils der Tempelhof Air Base, Col. Pieroczek, als auch den Chef des zivilen Teils, Col. Wertenbaker, alarmieren, um von den Fluggesellschaften wenigstens die Erlaubnis zu bekommen, daß ich »nach Beendigung des Flugverkehrs« hinter ihre Tresen durfte. Panam tat das äußerst widerwillig, die Briten geradezu enthusiastisch. Die liehen mir nicht nur eine echte Ground-Hosteß aus, die bewegten für mich sogar eine richtige Vickers Viscount auf dem Vorfeld hin und her, mit laufenden Turbinen.

Mit Wally Pieroczek hatte ich ausgehandelt, daß wir, nach vorheriger Anmeldung, sogar den militärischen Teil des Flughafens betreten durften. Aber der tüchtige Klaus Haase, mein Requisiteur (und Bruder meines ersten

Kameramanns Günter Haase), wurde trotzdem von der Air-Force-Police im Jeep gejagt und verhaftet, als er nachts um zwei Uhr auf dem Vorfeld eine Nebelgranate zündete.

Das nämlich war mein Hauptproblem: der Nebel. Den hatte es bei meiner ersten Ortsbesichtigung mit Rolf Hädrich gegeben, den gab es manchmal auch bei Tag, wenn wir nicht drehen durften, aber in keiner der 44 Nächte, in denen wir den Flughafen auf den Kopf stellten, ließ er sich sehen. Künstlerpech! Wir wußten zwar, daß es Nebelpfannen gab, aber die verströmten eine einzelne, dicke Wolke pro Pfanne, und wir hätten Hunderte von ihnen nebeneinander aufstellen müssen, um den Eindruck von totalem Nebel über Tempelhof zu erzeugen; soviel Geld, wie uns das gekostet hätte, konnten wir nicht ausgeben. Und wir hatten eine Neuheit aus Hollywood, die Hans Jura herbeischaffte: sogenannte Nebelfilter. Doch was die produzierten, war höchstens ein diesiges Bild.

Eine normale Filmproduktion hätte vier bis sechs Wochen Vorbereitungszeit gebraucht, um das auf die Beine zu stellen, was meine Leute, angetrieben von meinem Enthusiasmus, in zwei Tagen schafften. Eine »normale« Filmproduktion hätte ohne Drehbuch womöglich gar keinen Finger gerührt. »Ohne Drehbuch« heißt ja, daß du nicht weißt, was gedreht wird, ganz einfach.

Ich war der einzige, der es wußte, wenngleich manchmal im letzten Moment erst. Ich kam übernächtigt von einem kurzen Nachmittagsschlaf abends um neun, zehn Uhr in die Abflughalle, überreichte den Schauspielern, die ich bestellt hatte, höchstens fünf Drehbuchseiten und überraschte meinen Produktionsleiter mit der Mitteilung, daß ich einen schmucken Hotelpagen mit einem Strauß von hundert roten Rosen brauchte, und die Kamera hätte in einer Entfernung von fünf oder mehr Metern – gerade so weit, daß man die Leuchtschrift KLM über der Eingangstür noch im oberen Bildrand sehen könnte – Aufstellung zu nehmen. »Und zwar mit der Gummilinse! Wir fahren, wenn der Page den Rosenstrauß an der Eingangstür festgemacht hat, langsam groß heran an die Blumen!«

Das ist ein relativ einfaches Beispiel, das nur den Anruf von Felix im Hilton oder Kempinski erforderte, die Beschaffung eines gewaltigen Rosenstraußes abends um 22 Uhr, und den Blitzstart des Requisiteurs nach dem Schlüssel des KLM-Offices, denn ich wollte auch noch zeigen, daß die Leuchtschrift nicht mehr brannte. Und das war nur die erste Einstellung der Nacht, der mindestens noch zehn weitere Seiten folgen würden, von denen fünf noch nicht geschrieben waren.

Größer wurden die Anforderungen an alle, wenn mir plötzlich einfiel, daß ich zwei alte Damen, so von siebzig, achtzig Jahren brauchte, die einen alten Schlager singen sollten. Oder zwei nette kleine Kinder von sechs, sieben Jahren, die an der Hand von Werner Peters durch die Halle rennen und laut nach ihrer Mutter rufen sollten – Louise Martini.

Endlich, in den letzten beiden Nächten, war mir die Rolle für sie eingefallen, und zwar nur aus dem einen Grund, weil ich auch mein Maskottchen noch unterzubringen hatte, den Hauptdarsteller meines ersten Films *Flucht nach Berlin*, meinen Bulgaren Narciss Sokatscheff, genannt »Sofaschreck«. Der wimmelte dauernd im Park-Hotel Zellermayer herum und blickte mich vorwurfsvoll an, und dauernd rief ich ihm, im Vorbeilaufen, zu: »Du kommst schon noch an die Reihe, Soka!« Felix Hock hatte mir allerdings auch zugetragen, daß Soka um Louise Martini hermwimmelte, und da fiel endlich der Groschen bei mir: Ich ließ beide um Mitternacht in die Abflughalle kommen und erklärte ihnen, daß sie ein heißes Pärchen spielen würden – Louise eine ungetreue Ehefrau, die Mann und Kindern mit einem italienischen Romeo – Soka – davonläuft. Doch der Nebel hindert sie am Entkommen. Während sie warten, daß er sich lichtet, taucht der Ehemann mit den Kindern in Tempelhof auf, macht eine Riesenszene und bewegt die Mama, den »Itaker« schießen zu lassen und wieder mit nach Hause zu kommen.

Für den Ehemann hatte ich mir die Standardbesetzung des deutschen Spießers angelacht: Werner Peters, seit dem *Untertan* eine dolle Figur mit einem eigenen Synchronladen in Berlin. Auch er tauchte um Mitternacht in der Abflughalle auf und war bereit, sich für eine Stargage die Nacht um die Ohren zu schlagen. Die dazugehörigen Kinderchen fielen mir freilich erst ein, als ich Werner Peters mutterseelenallein durch die riesige Halle wandern sah. Weiß der Kuckuck, woher Felix Hock nachts um eins zwei kleine Kinder mit Wintermäntelchen nahm, besser gesagt, wie er es schaffte, die Eltern der Kinder zu überreden, sie aufzuwecken, anzuziehen und im Taxi nach Tempelhof zu bringen. Jedenfalls spielten sie ihre Rolle wie die Teufel und hatten für den Rest ihres Lebens etwas zu erzählen.

Problematischer war schon, den Auftritt von Werner Peters zu filmen, den ich mir ganz groß und geheimnisvoll vorstellte: Allein kommt er im

Geschwindschritt durch die um vier Uhr morgens leere Halle gerannt und sieht sich drohend um dabei. Das ging nur, wenn wir mit dem Dolly vor ihm herfuhren – aber den hatten wir gerade in dieser Nacht nicht bekommen, oder Felix hatte nicht daran gedacht, daß er benötigt werden könnte. Ich schnappte mir Klaus Haase und hielt ihm eine feurige Predigt über die Phantasie und Entschlußkraft, die man von einem Requisiteur verlangen müßte. »Und erzähl mir nicht, daß um diese Zeit alle schlafen – saus los und beschaff mir den Dolly!«

Eine Stunde später hoben sechs Männer den schweren Kamerawagen von einem Kleinlaster, und ich konnte mit dem Auftritt von Werner Peters beginnen. Wie hat der Haase das geschafft? Er war einfach quer über den Flughafen – über sämtliche Start- und Landebahnen – gerast, mit Hilfe jener Air-Force-Police, die ihn schon einmal verhaftet hatte, die er aber jetzt zu seinen Freunden zählte, und war, über die S-Bahngleise kommend, von hinten in das Filmstudio in der Oberlandstraße eingestiegen, wo Wolfgang Staudte mit der Knef und Sammy Davis jr. gerade *Die Dreigroschenoper* verfilmte, hatte offenbar sämtliche eisernen Ateliertüren aufgebrochen und mit schnell geheuerten Hilfskräften Staudtes Dolly entführt. »Aber bevor es hell wird«, sagte Klaus, während ich ihm die Wange tätschelte, »muß das Ding wieder in der Oberlandstraße sein!« Kunststück, im Januar wurde es spät hell, und um fünf Uhr mußten wir ohnehin aufhören, weil der Betrieb mit den um sechs Uhr startenden Frühmaschinen begann. Staudte fand den Dolly jedenfalls wieder vor, als er morgens zu drehen anfing, und hat nie erfahren, daß er mir zu einer ausgesprochen spannenden Szene verholfen hat.

Angesichts dieser Unternehmung war die Beschaffung eines Konzertflügels, morgens um drei Uhr, für Haase auch kein Problem mehr. Er marschierte nur in den Club oder die Offiziersmesse im militärischen Teil Tempelhofs, und seine Freunde von der Militärpolizei halfen ihm, das musikalische Schmuckstück hinüber in die Haupthalle zu rollen, direkt vor unsere Kamera.

Ein paar Wochen vorher hatte ich einige polnisch sprechende junge Leute entdeckt, die mit der letzten Maschine aus Frankfurt gekommen waren und uns interessiert zuguckten: Das Jazz-Quintett von Andrej Trzaskowski aus Krakau mit der blonden Sängerin Wanda Warska, die vom Jazz-Festival in Newport/Rhode Island kamen und nur ein Durchgangsvisum für West-Ber-

Werner Peters hat mit seinem höchst bürgerlichen, geradezu spießigen Aussehen eine Paradefigur des deutschen Films gemacht, nachdem er bei der DEFA in Staudtes Untertan *internationalen Erfolg erzielte und sich auch beim kleinen Tremper mit dem Geschwindschritt Anerkennung verdiente.*

lin hatten. Ich lud sie zum Frühstück in den kleinen Imbiß ein, der für uns die ganze Nacht offengehalten wurde, und anschließend auch noch ins Flughafen-Hotel Heinz Zellermayers, denn ich merkte, daß sie liebend gern noch ein bißchen in West-Berlin geblieben wären. »Vielleicht fällt mir was ein, und ihr könnt bei uns eine Szene spielen!?« Das wollten sie nur zu gern.

Bis mich Heinz Zellermayer eines Nachts besuchte und fragte: »Was sind das bloß für Polen, die du mir da im Flughafen-Hotel einquartiert hast? Die scheinen keine müde Mark zu haben und machen inzwischen Feuerchen auf dem Zimmer und kochen darauf!« Ach, du lieber Himmel! Ich ließ sie noch in der Nacht wieder in die Abflughalle bringen und drehte mit ihnen ein paar Szenen, zu denen der Flügel gebraucht wurde – Musike tut jedem Film gut. Wir konnten ihnen sogar noch fünftausend Mark zahlen, mit denen sie sich den Traum ihres Lebens erfüllen und einen gebrauchten Volkswagen kaufen wollten.

Ein problemloser Farbtupfer in der Geschichte, der beim Zuschauer jedesmal groß ankommt, wurde die sinnliche, ungemein verführerisch wirkende Hannelore Elsner, die in München mit dem späteren Klatschkolumnisten Michael Graeter zusammenlebte. Sie drehte gerade bei Wendlandt in einem Edgar Wallace und wurde sofort von mir »verhaftet«, als sie durch die Abflughalle schlenderte. »Ich soll mitspielen? ... Ja, ich weiß nicht, vielleicht, aber kann ich nicht das Drehbuch vorher lesen? Was soll ich denn spielen? ... Ich habe auch gar nichts zum Anziehen da ...«

»Du spielst ein Filmsternchen, das gerade von einem Edgar Wallace kommt, ihre Lohnsteuerkarte vergessen hat und darum kein Geld bei sich ... Zwei böse Jungs machen sich das zunutze. Also los, Schätzchen!«

Sie war wundervoll, spielte genau auf der Grenze zwischen »Was tue ich eigentlich hier?« und »Mal sehen, was das wird!« und hätte wahrscheinlich auch noch den Bundesfilmpreis bekommen, wenn mir zu der Geschichte noch mehr eingefallen wäre.

An dieser Stelle habe ich zwei Stunden unterbrochen, um den genialischen Dr. Dieter Wedel zu treffen, der spätestens mit dem *Großen Bellheim* berühmt geworden ist. Ich erzählte ihm, daß ich gerade über meinen Tempelhof-Film schriebe, und da fängt er an zu lachen und sagt plötzlich: »Da habe ich als Student an der Berliner FU ein paar Mark als Statist verdient! Ich war in der großen Abflughalle in Tempelhof und habe gesehen, wie Sie da auf dem Dolly herumkutschiert sind. Das hat mir toll gefallen!« Hat er vielleicht auch gesagt, ich hätte ihn animiert, Regisseur zu werden? Ich weiß nicht, jedenfalls hat er Hannelore Elsner erst zehn oder zwanzig Jahre später kennengelernt und ist der Vater ihres Sohnes geworden. Wie das Leben so spielt.

Lubitsch-Preis für Walter Buschhoff

Die scharfe, blonde Statistin beispielsweise, die jede Nacht erschien und, wenn sie nicht gebraucht wurde, in einem Mutter-und-Kind-Aufenthaltsraum der Damentoiletten schlief, bis der Pfiff des Aufnahmeleiters ertönte, wunderte sich nicht schlecht, daß sie eines Nachts in einem prächtigen Appartement des Kempinski landete – und auch noch in den starken Armen von Mario Adorf! Dem war das gleiche wie den polnischen Musikern passiert: Mit der letzten Maschine zu einem Synchrontag in Tempelhof eintreffend, hatte er zugesehen, wie in der Abflughalle ein Film gedreht wurde, und war von mir angesprochen worden: »Ach, Mario, kannst du nicht eben mal deine Nase an diesem Schaufenster hier reiben und Alexandra Stewart zuwinken?«

Adorf, kein Neuling in dem Gewerbe, hatte höflich abgelehnt: »Ich bin nur eine Nacht in Berlin und will mich vor dem Schlafengehen noch ein bißchen umsehen – du verstehst schon! Nichts für ungut, aber ich weiß doch, wie lange das dauert, tschüs, Kinder!«

Doch da kannte er uns schlecht: Der Produktionsleiter hatte kurz mal in die Damentoilette hineingepfiffen, und eine scharfe Blondine war aufgetaucht, dem Mario das »Umsehen« vor dem Schlafengehen ersparend, und dem Star aus Rom blieb gar nichts anderes übrig, als seine prägnante Nase nun doch am Schaufenster der KLM zu reiben und Alexandra Stewart zuzuwinken – »danke, das war's auch schon, Mario, und viel Vergnügen!«

Natürlich hat er sich später geärgert, als er den Film zu sehen bekam und seinen Namen groß als »Gaststar« auf dem Plakat gedruckt fand. Ich gebe zu, so etwas tut man nicht, obwohl das »Honorar« für seine kurze Mühe recht ansehnlich ausgefallen ist.

Oder diese hinreißend aussehende Evelyn Renziehausen, die nachts um eins plötzlich in der Abflughalle auftauchte und auf ihren langen Beinen einen hübschen Burschen hinter sich herzog: »Kennen Sie mich noch, Herr Tremper? Ich war mal sonntags zum Crocketspiel in Ihrem Garten, mit diesem amerikanischen Produzenten Walter Wood, wissen Sie noch? Ich bin jetzt Schauspielerin und wollte fragen, ob Sie noch jemanden gebrauchen können?«

Aber ja, antwortete ich, stellt euch da hinten an die Säule und küßt euch leidenschaftlich, wenn es »Achtung, Aufnahme« heißt, mir wird schon was einfallen. Zwei Stunden lang hat dieses wilde Geschöpf mit ihrem Freund an wechselnden Säulen stehen und sich küssen müssen, bis sie so um drei Uhr morgens die Geduld verlor. Da gellte ein gequälter Aufschrei durch die Halle, und Evelyn Renziehausen verschwand so einfach, wie sie gekommen war, ihren Küsser hinter sich herziehend. Das hätte sie nicht tun sollen: in dieser Nacht hat sie ihre Tochter empfangen, aber davon später.

Was hat sie noch gerufen, Felix? »Sie sind mir zu unseriös, Herr Tremper!« hat sie geschrien. Und das waren wir wohl auch, keine Frage. Aber wenn du unter diesen Umständen einen Film drehst, kannst du nicht auch noch »seriös« bleiben. Wir konnten uns gerade mal noch bemühen, jedem Mitwirkenden sein zugesagtes Geld zu geben, mehr war nicht drin in diesem »Omnibus-Film«, wie das zufällige, von äußeren Umständen bedingte Zusammentreffen mehrerer Schicksale im Fachjargon genannt wird. Die spontane, von grotesken Zufälligkeiten bestimmte Art meiner Inszenierung ließ den alten Filmhasen unter den Mitwirkenden natürlich die Haare zu Berge stehen. Andere wieder lebten schier auf in dem Schwebezustand, etwas Geheimnisvolles spielen zu müssen, ohne zu wissen, warum.

So ein Film, ohne Drehbuch, inspiriert von im Augenblick stattfindenden Ereignissen, ziehe ich heute noch jedem genau geplanten, eisern festgeschriebenen Film vor. Nicht nur die Berufskritiker, auch der Zuschauer fühlt sich von der Spontaneität angesprochen. Das erfordert ein bißchen mehr Geduld bei allen Beteiligten, auch ein bißchen mehr Geld, denn zu Requisiten, die nach Mitternacht beschafft werden müssen, gesellen sich horrende Trinkgelder, das ist nun einmal so. Doch das alles wird aufgewogen, durch den Zwang, mit der Produktion selbst »schlank« zu bleiben, nicht für jede Handreichung jemand einstellen zu müssen.

Zwei Beispiele: Wann immer ein neuer Schauspieler auftauchte, wurde er mit größter Neugierde von meinem Stab betrachtet – was der wohl spielen wird? Und es wurden Wetten, besonders unter Juras Kameraleuten, abgeschlossen, daß der Regisseur selbst noch nicht wüßte, was er mit dem oder der Neuen anfangen sollte. Es wurde jedesmal mucksmäuschenstill, wenn Hans Jura lauthals die Frage stellte: »Was schreiben wir auf die Klappe, Will??« Denn die Cutterin mußte ja eine Nummer oder sonst einen Anhaltspunkt haben, um sich in den Dutzenden von Szenen, die täglich aus der Kopieranstalt kamen, noch zurechtzufinden. Ich schaute dann nachdenklich in die Luft, bewegte wie im Selbstgespräch die Lippen – es wurde noch stiller um mich herum – und sagte mit großer Sicherheit: »Das ist die zwohunderteinundneunzig, erste Einstellung!« (Nachdem Susanne Paschen in ihrer Nummernliste stumm auf eine freie Stelle gedeutet hatte). Prompt kam die Antwort von Jura: »Gestern nacht haben wir die fünfhundertelf bis fünfhundertachtzehn gedreht! Bist du sicher?«

Sicher? Sicher war gar nichts. Das Teuflische an so einer Arbeitsweise war, daß außer mir niemand wußte, wer vor vierzehn Tagen an einer bestimmten Säule gelehnt hatte – und jetzt fehlte, wenn ich eine Szene im unmittelbaren Anschluß daran drehte. Darum hatte ich immer ein paar Herumlungerer dabei, wie Maxe Strassberg, die mir mit einem Zwischenschnitt aus der Verlegenheit helfen konnten. Natürlich lungerten die aus gutem Grund herum: weil sie hofften, daß ihre große Rolle endlich beginnen würde, sobald sie vor die Kamera gebeten wurden.

Kürzlich sah ich den Film wieder einmal im Fernsehen und entdeckte unter den »Herumlungerern« sogar jenen Jim Carson, Chef der Berliner CIA, der sich neugierig mal hatte sehen lassen und gleich als geheimnisvoller Statist mißbraucht wurde. Er schlendert in mehreren Einstellungen, »harmlos« tuend, durchs Bild. Ein anderer »Zwischenschnitt« wurde der Filmarchitekt Dieter Barthels aus Hamburg, der tagsüber in den ARCA-Studios die D-Zugwagen für Rolf Hädrichs *Verspätung in Marienborn* baute – der Anlaß für meinen *Nebel über Tempelhof* befand sich immer noch in der sorgfältig geplanten Vorbereitungsphase. Weil der Filmarchitekt Barthels aber irgendwie nach nichts aussah, sah ich mich um und entdeckte unter den Zuschauern meinen Freund Cay Graf Brockdorff aus der Frankfurter United Press-Zentrale, der einen interessanten Hut auf dem Kopf trug. Ich strapazierte mein Glück eindeutig, als ich Cay »für einen kurzen Moment« um seinen feschen Hut bat, denn als Tage später der Filmarchitekt anschlußhalber noch einmal gebraucht wurde, erschien er ohne den Hut des Grafen Brockdorff. Requisiteur Haase trieb zwar um Mitternacht einen Hutladenbesitzer auf, der gleich mit mehreren Kartons Hüten angehetzt kam, aber der auffällige Grafenhut war nicht darunter. Felix organisierte, daß Cay von Brockdorff seinen Hut noch in der Nacht am Panam-Counter in Frankfurt abgab, in der Hoffnung, daß der erste Panam-Pilot, der morgens nach Berlin startete, ihn mitbringen würde. Als der Hut dann schließlich in Tempelhof landete, waren wir nach Hause gegangen, und als wir abends wieder erschienen, war der Filmarchitekt nach Hamburg geflogen. Diese Farce mit dem Hut des Grafen Brockdorff hat mich wahrscheinlich Tausende von Mark gekostet und gestaltete sich schwieriger als der Diebstahl des Dollys, nachts um drei Uhr. Noch heute, wenn ich den Cay oder den Dieter treffe, fragen sie nach dem Hut.

Das zweite Beispiel betrifft Rolf Hädrichs Freundeskreis, der mir im Laufe der Jahre wie selbstverständlich ebenfalls zuflog. Der Schauspieler Walter Buschhoff mag hierbei für viele stehen. Er hatte mir in München mal aus einer schwierigen Situation geholfen, als er mir, ohne eine Miene zu

Links probiert Hannelore Elsner ihren ersten Auftritt. Rechts markieren Bigi Lampe, Karin Tremper, Heinz Zellermayer und Cay Graf Brockdorff mit seinem aufregenden Hut nächtliches Flughafenpublikum, das auf das Ende des Nebels wartet.

verziehen, einen Tausender zusteckte. Natürlich wollte ich mich revanchieren und engagierte ihn für einen Kurzauftritt in einer Telefonzelle. Das Gespräch, das er dabei vor der Kamera führte, entwickelte sich, aus reiner Spiellaune, so saft- und kraftvoll, daß ich seine Rolle fortschrieb und immer weiter fortschrieb. Und nie wußte mein guter Walter mit seinem stark hessisch gefärbten Idiom, was er da eigentlich tut. Hätte er die Erfahrung der Evelyn Renziehausen gehabt – gar keine nämlich –, wäre er mir in der ersten Nacht mit weitaus größerer Berechtigung schon davongelaufen: »Sie sind mir zu unseriös, Herr Tremper!« So aber spielte er nicht nur eine Hauptrolle in meinem Film, er sahnte auch bei der Premiere noch kräftig ab, als der Club der Berliner Filmjournalisten ihm den hochbeachteten Ernst-Lubitsch-Preis für eine Szene verlieh, die allein durch seine Spielfreude Aufsehen erregte.

Und natürlich mußte auch Rolf Hädrich ran und sich in der Rolle eines Kneipenwirts die Nacht um die Ohren schlagen. Lauter gute Erinnerungen. Die ungute bescherte mir mein Freund Joe Hembus, der über den Filmtitel *Nebel über Tempelhof* den Kopf schüttelte und ihn mit intellektueller Überheblichkeit »zu direkt, zu profan« fand. »Tempelhof, das ist Berlin, und was du mit einem Berlin-Titel erlebt hast, weißt du ja wohl noch. Die Leute in Westdeutschland wollen von der Krisenstadt nichts mehr wissen! – Nein, der Film muß *Die lange Nacht* heißen, besser noch *Die längste Nacht*, am besten *Die endlose Nacht* – das ist es, glaube mir!«

Ich ließ mich leider beschwatzen, denn ich hielt viel von Joe und seinem journalistischem Gespür. Aber noch heute kommen die Leute, wenn sie über den Film reden, und fragen mich: »Wie hieß doch wieder dieser Film in Tempelhof, mit dem Nebel, du weißt schon!«

Die endlose Premieren-Nacht

Als wir Ende Januar 1963 endlich fertig waren, redete alle Welt über den Film. Der erste Verleiher, der sich für das Produkt interessierte, war Erich Müller, Generaldirektor des amerikanischen Columbia-Verleihs in München. Er kam schon, als wir noch drehten, und als ich ihm bei Geyer in Neukölln eine erste zusammengeschnittene, aber noch nicht gemischte Fassung vorführte, klopfte er mir auf den Rücken: »Prima! Den nehme ich!« Und bot 300 000 Mark. Die hatte ich dringend nötig. So hoch etwa waren die Schulden, die nach der leichtsinnigen Verausgabung meiner eigenen 300 000 angelaufen waren. Aber ich wollte erstmal sehen, ob nicht ein zweiter Verleih mehr bieten würde. Und sie kamen alle – und alle boten eine Garantie von 300 000 DM. Ich hätte schon ziemlich verblödet sein müssen, um nicht zu merken, daß sie sich untereinander abgesprochen hatten. Hier ein Auszug aus dem Artikel, den ich darüber im Programmheft der *Endlosen Nacht* schrieb:

»Meine Freunde sagen: ›Du hast Nerven! Wenn nun kein Verleiher kommt? Wenn du auf dem Film sitzenbleibst?‹

Aber das gibt es nicht, daß keiner kommt. Der deutsche Film kann nicht nur aus amerikanischen Filmen bestehen. Die Verleiher setzen sich in Trab, sowie sie hören, daß irgendwo ein deutscher Film gedreht wird, und sie sind meistens auch alle ungeheuer interessiert, denn der Schwachkopf, der da mit eigenem Geld Filme produziert, ist ›billig zu schießen‹, für vielleicht nur dreihunderttausend Mark.

Jeder andere deutsche Film aber, der in der althergebrachten Form durch den Verleih auf Kiel gelegt wird, kostet den Verleiher mindestens für eine halbe Million Wechsel. Und zwar ohne daß vorher schon etwas auf der Leinwand zu besichtigen ist. Darum bin ich ein Geschäft für die Verleiher.

Als sie kamen, um sich die halbfertige Endlose Nacht anzusehen, wußte ich das alles noch nicht so genau. Ich war noch nervös, gespannt, ob ihnen der Film auch gefallen würde.

Aber als dann einer nach dem anderen aufstand und rief: ›Den Film kaufe ich!‹, ohne ein Wort über seine Qualität zu verlieren, ging mir ein Licht auf ... Ich fand heraus, daß ihnen die Qualität des Filmes im Grunde ganz egal war – Hauptsache, hier war ein neuer deutscher Film, der nichts oder vergleichsweise nichts kostete. Nun, ich war dicht daran, auch noch mein eigener Verleiher zu werden, als Hanns Eckelkamp (Atlas-Film-Verleih) aufkreuzte. Er sah als letzter den Film, aber er war der erste, der in der Lage war, ein Wort über die Machart, den Inhalt des Films von sich zu geben, bevor über Geld gesprochen wurde.

Ein Verleiher, der etwas von den Filmen versteht, die er verleiht? Das ist mein Mann, sagte ich mir. Fabelhaft, der bekommt den Film, was immer er zahlen will.

Und dann bot er mir den besten Vertrag von allen. Das ist das Schönste an der Geschichte.

PS: Mein Bankier hat Spaß an der Sache gefunden; er will mich weiter finanzieren – wenn auch nicht unbedingt meine Filme. Da ich identisch bin mit meinen Filmen, täuscht er sich.«

Ich glaube, es war Wenzel Lüdecke, mein alter *Halbstarken*-Produzent, der mich mit Hanns Eckelkamp zusammengebracht hatte. Denn dem Wenzel hatte ich, noch vor Erich Müller, immer wieder zusammenhängende Teile der Rohfassung vorgeführt, und dem Guten hatte ich, bei jedem zustimmenden Räuspern, sofort wieder zehn- oder zwanzigtausend Mark aus den Rippen geleiert. Er hatte ein starkes Interesse daran, sein Geld wiederzubekommen.

Eckelkamp war damals die große Hoffnung des »Jungen Deutschen Films«, der sich in Oberhausen gerade formiert hatte und nach finanzieller Förderung schrie. Nach Herbert Veselys Verfilmung von Heinrich Bölls *Das Brot der frühen Jahre* war ich der zweite, der sich mit Recht »Jungfilmer« nennen durfte. Und all die vorwiegend in Schwabing beheimateten Jungfilmer standen vor Eckelkamps Haustür in Duisburg Schlange und verführten den »einzigen deutschen Verleiher mit Geschmack«, seine spärlichen Gewinne in ihre Projekte zu investieren, so daß Eckelkamps Atlas das Gewicht der vielen Plotten in kurzer Zeit nicht mehr tragen konnte und zusammenbrach. Aber damit eile ich der Zeit weit voraus.

Kaum war *Die endlose Nacht* verleihmäßig untergebracht, fing ich an, über eine glanzvolle Premiere nachzudenken und kam auf die naheliegendste Idee: Tempelhof selbst, die Abflughalle! Für den anschließenden Kinostart hatte Eckelkamp das altehrwürdige Marmorhaus am Kurfürstendamm, direkt gegenüber der Gedächtniskirche, bekommen, doch obwohl es in den 18 Nachkriegsjahren schon x-mal renoviert und umgebaut worden war, besaß es immer noch keine CinemaScope-Vorführung. Nun sah ich ziemlich dumm aus mit meinem deutschen UltraScope, aber das interessierte mich eigentlich auch schon nicht mehr. Ich wußte, wenn der fertige Film erst einmal in die Hände des Verleihs und der von ihm gebuchten Kinos gerät, machen die sowieso damit, was sie wollen. Man nahm am besten ganz schnell Abschied von seinem Werk.

Aber die riesige Abflughalle als Kinovorführsaal! Das war etwas! Ich lud als ersten Axel Springer ein und hatte gleich eine Bitte. Zu den 500 Sesseln und Stühlchen, die ich hineinstellen lassen wollte, und zu den Stewardessen, die als Platzanweiserinnen fungieren sollten, wünschte ich mir eine Sonderausgabe der *BZ*: Reporter sollten den Aufmarsch der Prominenz fotografieren und darüber berichten, bis es dunkel werden und der Film beginnen würde. Dann sollten sie mit ihrem Material ganz schnell ins Druckhaus Tempelhof rasen und vier *BZ*-Seiten, nämlich die erste und die letzte, samt Vorder- und Rückseite, produzieren, in der Druckerei im Erdgeschoß warten, bis 1000 Exemplare angedruckt waren, und sich die Zeitungsbündel (mit der richtigen, vollproduzierten *BZ* auf den Innenseiten) schnappen und rechtzeitig zur Schlußmusik meines Films wieder in der Abflughalle erscheinen, wo die Stewardessen, wenn es hell werden würde, die Gäste mit ihren Fotos in der *BZ* von morgen überraschen sollten.

»Eine glänzende Idee!« sagte der Verleger. »Ich bin schon beim Überschlag – mehr als zwanzigtausend Mark wird uns das nicht kosten. Eine tolle Reklame!«

»Besonders, wenn die fünfhundert Premierenbesucher sich, mit der schnellen *BZ* in der Hand, nach Ihnen umdrehen, Herr Springer, und Ihnen anerkennend zunicken!«

Da wurde er etwas kleinlaut: »Ich kann leider nicht dabei sein, ich habe englische Gäste in Hamburg ... schade!«

»Warum packen Sie die nicht in Ihren Aero-Commander und lassen sich von Jack Bennett eben mal nach Tempelhof fliegen?« schlug ich vor.

Springer seufzte: »Da haben die doch nichts von, die verstehen doch kein Deutsch ... Aber überlegen Sie mal, ob Sie nicht mein PR-Berater werden wollen!«

Darüber konnte ich nur lachen, dezent natürlich. »Hauptsache, die *BZ* ist rechtzeitig mit der Sonderausgabe für *Die Endlose Nacht* da!«

»Mein Wort!« sagte Axel Springer.

Die *BZ* war pünktlich da und erregte, als es wieder hell wurde, wahre Begeisterungsstürme. Vom Film, den die Herrschaften gerade lebhaft beklatscht hatten, war kaum noch die Rede. Natürlich marschierten auch sämtliche Schauspieler auf der eigens aufgebauten langen Bühne auf und verbeugten sich, um sich anschließend unters Premierenpublikum zu mischen.

Und natürlich hatte Eckelkamp auch die hundert Erstaufführer unter den deutschen Kinobesitzern einfliegen lassen. Ich bekam von einem scharf messingsch näselnden Herrn einen Brief des Regierenden Bürgermeisters in die Hand gedrückt, in dem Willy Brandt sich für die Einladung bedankte und für sein Nichtkommenkönnen entschuldigte. »Aber ich schicke Ihnen meinen besten Mann«, schrieb er, »unseren neuen Wirtschaftssenator Prof. Karl Schiller. Geben Sie ihm eine der reizenden Damen vom Film an die Seite, und Sie werden sich wundern, wie flott die s-t-eifen Hamburger tanzen können – Ihr Willy Brandt.« Er konnte auch launig sein, unser Willy.

Und er hatte recht: Karl Schiller war im Handumdrehen umringt von »reizenden Filmdamen«, kam zwar nicht zum Tanzen, aber um fünf Uhr morgens noch sah ich ihn vor einer Damentoilette auf Evelyn Renziehausen warten, die uneingeladen zur Premiere des »unseriösen Herrn Tremper« gekommen war.

Es wurde eine wahrhaft endlose Premierennacht, aus den Lautsprechern ertönte unsere Filmmusik von Peter Thomas, in Zellermayers Imbiß knallten die Champagnerkorken, Kinobesitzer von weit und fern lagen sich mit Eckelkamp in den Armen und buchten fleißig unseren Film, hatten alle den Eindruck gewonnen, mal wieder »so'n richtigen Kintop« erlebt zu haben.

Damals wurden die Bundesfilmpreise noch zu den Filmfestspielen Ende Juni verliehen: Hans Jura, das habe ich schon gesagt, bekam ihn für die beste Kamera (dabei hatte er in den letzten beiden Drehwochen nur noch, voll des süßen Weines aus der Wachau, in Zellermayers Imbißstube deprimiert vor sich hingelallt), Peter Thomas, auch das sagte ich schon, bekam ihn für die beste Filmmusik und Harald Leipnitz, darüber freute ich mich am mei-

In der ersten Reihe der Deutschen Oper in Berlin saßen an einem Sonntagmorgen im Sommer 1963 die Bundesfilmpreiskandidaten und hörten sich die Festreden an.
Der dritte von rechts, das bin ich, der vierte ist mein Kameramann Hans Jura. Hinter der Begum im weißen Kleid warteten Harald Leipnitz und Komponist Peter Thomas, um auf die Bühne gerufen zu werden.

sten, bekam ihn als »bester Hauptdarsteller«. Wir hatten wochenlang vorher schon einen blauen Brief vom Bundesinnenministerium erhalten, in dem angefragt wurde, ob wir einen Preis entgegennehmen würden, und hatten alle natürlich postwendend zugesagt. Nur Harald Leipnitz hatte offenbar keinen Brief bekommen, was mich erbitterte, denn der Freund hatte wirklich unglaubliche Strapazen auf sich genommen und entscheidend zum Gelingen des Wahnsinnsunternehmens beigetragen.

Erst am Tag vor der Filmpreisverleihung durch Bundesinnenminister Höcherl in der neu entstandenen Deutschen Oper in der Bismarckstraße rief er plötzlich an und schrie: »Ich habe auch einen! Meine Frau hat ihn für etwas Amtliches vom Finanzamt gehalten und ganz hinten, hinter den

Kaffeetassen, versteckt! Glaubst du, daß die in Bonn meine Zusage noch akzeptieren?«

Aber natürlich taten sie das.

Anschließend feierten wir wieder einmal ein großes Fest in unserem Garten am Gadebuscher Weg, und meine Frau zog ihren Scheidungsantrag nochmal zurück.

PS: Ach so, das hätte ich beinahe vergessen: Auch ich bekam den Bundesfilmpreis in Silber für die Produktion von *Die Endlose Nacht* und den von der *Zeit* gestifteten Preis der deutschen Filmkritik für die beste Regie des Jahres 1963. An den Kinokassen aber hat der Film gerade mal sein Geld, und nicht mehr, eingespielt.

ZWISCHENSPIEL: RUNTER KOMMEN SIE IMMER

Immer, wenn ich meinen eigentlichen Beruf wieder einmal längere Zeit vernachlässigt hatte, begann ich um so intensiver, ihm nachzulaufen. Bei George Wertenbaker im Tempelhofer Flughafen-Büro stand die interessanteste Lektüre, die ich mir denken konnte: die gesammelten Abschlußberichte der Federal Aviation Agency über aufgeklärte Flugzeugabstürze. Auch das deutsche Luftfahrt-Bundesamt in Braunschweig veröffentlichte seine Absturz-Ermittlungen von Zeit zu Zeit, aber im deutschen Luftverkehr passierte natürlich viel weniger als im amerikanischen.

Eines Tages, wieder mal in München, erzählte ich Hagen und Prinz ein paar tolle Geschichten daraus, und da sie als ehemalige Berliner auch oft genug geflogen waren und immer noch fliegen mußten, waren sie natürlich hochinteressiert an einer Serie, die ich kurz und bündig »Runter kommen sie immer« nannte. Hagen und Prinz machten jetzt die *Quick* für Kenneweg. Ich beschwatzte sie, mich nach New York und Washington zu schicken und anschließend auch noch zu Boeing in Seattle und flog wieder einmal, mit den Händen in den Hosentaschen, in denen sich ein paar tausend Dollars befanden, über den Atlantik. Eigentlich hatte ich ja auch noch einen Vertrag als Autor mit dem *Stern*, aber wer bei Henri Nannen nicht ständig präsent war, der wurde leicht vergessen. Und ich hatte ein paar Gründe, mich über den *Stern* zu ärgern, der über meine *Endlose Nacht* nichts berichtet hatte – im Gegensatz zu *Flucht nach Berlin* – und mein Treatment *Verspätung in Marienborn* sogar abgelehnt hatte. Wer mich mit schöner Regelmäßigkeit immer noch aus Hamburg anrief, das war Wilfried Achterfeld, der mit Andy Odenwald das Ressort »Kultur« betreute. Was diese beiden Jungs zu bieten hatten, war allerdings nichts Weltbewegendes. An die Beerdigung von Veit Harlan in Capri erinnere ich mich, an ein Stück über die Kessler-Zwillinge und an mehrere Berichte über interessante amerikanische Filme, die in London gedreht wurden. Doch auch dies brachte Geld, oder sorgte zumindest dafür, daß die nach wie vor vom *Stern* eintreffenden monatlichen Garantiehonorare abgedeckt wurden.

Zwei Ereignisse sind mir von dieser USA-Reise in Erinnerung geblieben: In New York geriet ich in eine nächtliche Razzia, nahm in einer langen Schlange Festgenommener Aufstellung, und als ich an der Reihe war, in die Grüne Minna zu steigen, und nach meiner Nationalität befragt wurde, antwortete ich nicht: »West-Germany«, sondern »West-Berlin« – und der Sergeant, der die Liste der Festgenommenen führte, blickte ein zweites Mal hoch, musterte mich zum ersten Mal mit Interesse und murmelte dann: »Shove it!« Ich war so überrascht, daß ich nicht abhaute, sondern »Pardon?« sagte. Nun machte er sogar eine energische Handbewegung und wiederholte: »Get lost, Mister!«

Auch im Federal-Aviation-Building in Washington genoß ich als West-Berliner – und ausgestattet mit einer Empfehlung Wertenbakers – eine absolute Vorzugsbehandlung, wurde von einem hilfreichen Sachverständigen zum anderen gereicht und am Ende sogar von dem Präsidenten dieser Bundesbehörde, Najeeb E. Halaby, zu sich nach Hause eingeladen. Der Mann hatte eine große Familie, mehrere halberwachsene Söhne und eine reizende Tochter, der ich anschließend beim Abwasch in der Küche half – das einzige, womit ein Europäer den Amerikanern imponieren kann. Präsident Halaby klopfte sogar ans Glas und brachte einen Toast auf seinen Besucher aus, der mit den Worten begann: »Seit Christmas habe ich die Familie nicht mehr zu einem Essen vereint an diesem Tisch gesehen. Doch als sie hörten, ein Journalist aus West-Berlin sei unser Gast, da kamen sie alle, meine vielbeschäftigten Söhne ...!« Wohin ich da geraten war, wurde mir erst einige Jahre später bewußt, als ich in der Zeitung las, die Tochter, der ich beim Abwasch geholfen hatte, sei Königin von Jordanien geworden.

Aus der Serie über Flugzeugabstürze ist dann doch nichts geworden. Hagen und Prinz verloren die Geduld, als ich zum zweiten Mal hinüberflog, um der weltgrößten Flugzeugfirma in Seattle einen Besuch abzustatten. »Weißt du, was du bisher ausgegeben hast?« regte sich Günter Prinz auf. »Zweihunderttausend Mark! Wenn ich die erste Folge deiner Serie nicht innerhalb von zehn Tagen kriege, kannst du sie vergessen!« Ich hatte in Washington soviel Hochachtung vor der staatlichen Kontrolle der Sicherheitsbestimmungen bekommen, daß ich davor zurückschreckte, die in dür-

Im Cockpit der Lufthansa-Boeing 707, in dem ich auf dem Observer Seat oft mit Käptn Klaus Eidner nach New York gejettet bin, um Runter kommen sie immer *zu schreiben, das Buch, das niemals fertig wurde.*

ren Worten wiedergegebenen Fehler aus den Untersuchungsberichten einfach zu wiederholen, ich wollte sie mit Fleisch und Blut füllen, selber mit den Piloten-Witwen sprechen, deren Männern ein verhängnisvoller »Error« vorgeworfen worden war. Kurz, ich verstrickte mich zu tief in mein Thema.

»Unmöglich!« sagte ich darum zu Prinz und packte mein ganzes Material in einen Koffer, um sofort wieder Henri Nannen anzurufen. Der zeigte sich sogleich interessiert, verlangte aber auch einen Schnellstart. Ich setzte ihm auseinander, warum die zwei oder drei Abstürze, die ihm sofort einfielen, für mich nicht in Frage kamen: »Sie reden von Chartermaschinen, Henri, und die interessieren mich nicht! Chartergesellschaften kann man von Haus aus als ›unsicher‹ bezeichnen (das war Anfang der sechziger Jahre, heute sind auch Chartergesellschaften so sicher wie Linienmaschinen) – ich aber lege mich mit den großen, und nur mit den allergrößten Airlines an, mit Lufthansa und Panam, mit United Airlines und TWA! Und da muß alles aufs i-Tüpfelchen stimmen! Nur dann machen wir Eindruck!«

Um es gleich zu sagen: Auch Nannen sprang mir ab, beauftragte meinen Freund Ulrich Blumenschein, und der fing sofort mit einem Charterflug in Italien an, wo die Maschine schon beim Landeanflug auf Neapel ein Rad verloren hatte. Nannen ließ nur nochmal Rolf Gillhausen, einen seiner Stellvertreter, anrufen und fragen, ob er meinen Titel »Runter kommen sie immer« haben könnte. »Für 5 000 Mark«, sagte ich. Und die kamen postwendend.

Ich aber begrub meine Ambitionen als Unfall-Detektiv und gewann den Eindruck, daß ich mich nicht mehr fürs Illustriertengeschäft eignete. Ich schrieb nicht mehr so hemmungslos wie am Anfang über Menschen und Ereignisse, die ich nur aus Recherchenberichten kannte. Jedenfalls nicht bei einem Thema, das mich persönlich stark berührte. Und jetzt, wo ich das schreibe, fällt mir auch ein, wie ich überhaupt dazu gekommen war, zu George Wertenbaker zu gehen und in seinen Unfallberichten zu stöbern: Die *Revue* hatte mich mal nach Athen geschickt, um die Geliebte des jungen griechischen Königs zu interviewen. Das war Aliki Vouyuklaki gewesen, die sie die »griechische Marilyn Monroe« nannten. Vor dem Rückflug über Wien hatte ich, in einer dieser Unglücksmaschinen »Elektra« sitzend, auf dem Flughafen von Athen zweierlei erlebt: Obwohl die Maschine voll besetzt aus Kairo kam und niemand in Athen auszusteigen brauchte, war ein Tankwagen vorgefahren und hatte in Eile angefangen, die »Elektra« zu betanken. International gilt aber die Vorschrift, daß Flugzeuge nur betankt werden dürfen, wenn sich keine Passagiere mehr an Bord befinden. Daß ich auch noch zusah, wie während des Tankens ein kleiner Hund aus dem Gepäckraum geholt wurde, der völlig steif gefroren war und von einem Angestellten mit Gewalt wieder in Bewegung gesetzt wurde, würde bloß einen Tierschützer interessieren. Das geschah mit einer »Elektra« der ansonsten für ihre Qualität bekannten holländischen KLM.

Und ich hatte auf einem Flug in einer Caravelle der jugoslawischen Airline Yak von München nach Paris mitangesehen, wie eine Stewardeß in der Kombüse ein offenes Feuerchen entfachte, um eine Kaffeekanne heißzumachen, weil die Kaffeemaschine offenbar nicht mehr funktionierte. Von dem Panam-Purser will ich da gar nicht mehr reden, der vor meinen Augen die Klappe über dem Sitz des Passagiers vor mir mit Klebestreifen verschloß, weil sie dauern von selbst aufging und die Sauerstoffmaske herausgefallen kam. Gut für den rauchenden Passagier.

So hatte mein Interesse für Flugzeugabstürze und Sicherheitsbestimmungen an Bord begonnen, zu dem mein Freund Jack O. Bennett, der berühmteste Berliner Panam-Pilot, nur sagte: »Das ist noch gar nichts. Ich könnte dir stundenlang von Dummheiten unserer Angestellten erzählen. Aber deswegen stürzt eine heutige Maschine nicht ab – deswegen stirbt vielleicht der eine oder andere Passagier. Wirklich gefährlich wird es erst, wenn vier oder fünf Fehler sich zu einer Kettenreaktion verbinden ...«

Meine Freundin Ada Tschechowa, die Tochter Olgas und Mutter Veras, starb an nur drei Fehlern, zusammen mit allen anderen Passagieren einer Lufthansa, direkt über dem Flughafen von Bremen, wie einwandfrei aus dem Untersuchungsbericht des Bundesluftfahrtamtes in Braunschweig hervorgeht. In Deutschland herrschte am 28. Januar 1966 eine Grippewelle, als Ada in München die zweimotorige Convair-Metropolitain zu einem Flug über Hannover nach Bremen bestieg. Auch die Lufthansa hatte Grippeausfälle unter ihrem fliegenden Personal und mußte den Rest ihrer Standby-Piloten zusammenkratzen.

Der Dispatcher, der dabei einen 48jährigen Kapitän alarmierte und ins Cockpit der kleinen Propellermaschine beorderte, hielt sich gewiß an seine Vorschriften. Er brauchte nur zu überprüfen, ob der Pilot eine Zulassung für den verwendeten Flugzeugtyp besaß, und die hatte er. Doch er hatte immer noch keine für Düsenmaschinen. Ein 48 Jahre alter Verkehrspilot aber gehört in die Kategorie der Intercontinental-Piloten, die Jumbos nach Australien steuern. Die Prüfung für diese höchste Flugzeugführerklasse hatte der Grippe-Ersatzmann jedoch nicht bestanden. Er war sogar durch die nächstniedrigere der Europa-Piloten gefallen, die nach London, Paris und Rom fliegen dürfen. Er besaß tatsächlich nur die Zulassung, die ihn befähigte, eine kleine Zweimotorige durch Deutschland zu steuern: Fehler Nummer eins, der allenfalls dem Lufthansa-Psychologen anzulasten wäre.

Fehler Nummer zwei wartete bereits im Cockpit: Ein sehr junger 2. Pilot der Lufthansa, ein Grünschnabel, der sich beim Anblick des alten Piloten seinen Teil gedacht haben mag. Vielleicht erinnerte sich unser 48jähriger auch noch an die letzte Flugtauglichkeitsprüfung des Lufthansa-Arztes, bei der ihm eine Brille verschrieben worden war, mit der Anweisung: Ist bei

Start und Landung zu tragen. Vielleicht setzte er sie beim Start pflichtgemäß auf, vielleicht auch nicht. Als man seine Leiche auf dem Flughafen von Bremen untersuchte, steckte die Brille jedenfalls in der oberen Rocktasche, neben dem Revers. Was zumindest beweist, daß er sie bei der Landung in Bremen nicht aufgesetzt hatte.

Und jetzt muß ich mich korrigieren: Der dritte Fehler, der bei der Landung passierte, hatte doch wohl etwas mit einem vierten Umstand zu tun, der zu einem fünften, fatalen führte; Jack Bennett hat recht. Die Metropolitain kam in Bremen etwas zu hoch hereingeschwebt, was sich an diesem Tag verbot, denn die einzige Landebahn war, wegen einer Baustelle, um ein Viertel verkürzt worden; die Crew wußte das. Nun brauchen wir uns nur noch die Situation im Cockpit bei diesem Landeanflug auf Bremen vorzustellen: Der viel zu alte Kapitän übernimmt, wegen der verkürzten Landebahn und weil er weitaus mehr Flugstunden, also Erfahrung, besitzt, das Steuer. Aber er geniert sich offenbar vor dem blutjungen 2. Pilot, der rechts neben ihm sitzt, die Brille bei diesem Manöver aufzusetzen – welchen Grund könnte er sonst gehabt haben, sie in der Tasche zu lassen? Und er verpatzt prompt die Landung, kommt zu hoch herein, erkennt seinen Fehler und startet, vielleicht auch durch den Flughafen-Turm aufmerksam gemacht, schneidig durch, gibt den Propellern »volle Pulle« und zieht die Maschine dabei in eine jähe Linkskurve. Will er seinem Co-Piloten beweisen, was er für ein toller Flieger ist? Seine Linkskurve gerät ihm zu steil, er legt die Maschine so sehr auf die Flügelspitze, daß der Luftwiderstand abbricht und die Zweimotorige wie ein Stein herunterfällt. Aus. Sie sind alle tot, auch Ada Tschechowa. Eine Kettenreaktion von vier, nein fünf Fehlern.

Auf die Aufklärung eines anderen unnötigen Absturzes, der in die Luftfahrtgeschichte eingegangen ist, war ich besonders stolz, denn drei Gerichte in Genf, Bern und Folkstone/England bemühten sich umsonst darum. Ich hingegen übte mich in meinem Lieblingssport »Deduktion«, ohne den Schreibtisch zu verlassen, kam auf die richtige Lösung und brauchte nur einen Vormittag auf dem Flughafen Genf, um sie bestätigt zu finden. Es handelte sich um den skurrilen Fall der Notlandung einer ebenfalls zweimotorigen Propellermaschine der Marke Convair-Metropolitain der Swiss Air wegen Benzinmangels, nach der eine Mutter und ihr Kind den Tod durch Ertrinken im Ärmelkanal gefunden hatten. Die Maschine war abends, so um 22 Uhr herum, in Genf nach London gestartet, ohne aufgetankt zu haben.

In den drei Gerichtsverhandlungen war es immer wieder um die Frage gegangen: »Warum haben Sie, nachdem Sie gerade aus London zurückgekehrt waren, aufzutanken versäumt?« Und der Schweizer Pilot wie auch sein Co-Pilot hatten sich in allen drei Verhandlungen mit dem Hinweis auf eine defekte Benzin-Anzeigung herausgeredet sowie auf das Mißverständnis, jeder habe vom anderen geglaubt, schon aufgetankt zu haben. Die Frage, die keines der drei Gerichte zu beantworten versuchte, mußte für mich also lauten: Wie war es zu dem »Mißverständnis« unter den Piloten gekommen, das zwei Todesopfer kostete und dem internationalen Schweizer Erkennungszeichen »HB« den Spottnamen eintrug: »Haschte Benzin?«

Ich brauchte einen ganzen Tag, um den Untersuchungsbericht vorwärts und rückwärts zu lesen, und dann nur noch zehn Minuten, um herauszufinden, was an diesem 19. Juni 1954 in Genf losgewesen war. Einem Deutschen fiel es leichter als Schweizern und Briten, sich bei dem Datum etwas zu denken: In der Schweiz fand die Fußballweltmeisterschaft statt, an der wir zum ersten Mal nach dem Krieg wieder teilnahmen durften, und wir waren Weltmeister geworden. Ich flog nach Genf, spazierte auf dem Flughafen herum, der sich inzwischen, wie alle Flughäfen, gewaltig verändert hatte, fand aber noch ein paar alte Angestellte und ließ mir von ihnen zeigen, wo auf dem Vorfeld Mitte der fünfziger Jahre die Swiss Air ihre Maschinen parkte, wenn sie von einem Europaflug zurückkehrten. Und dann fragte ich auch noch nach der Weltmeisterschaft von '54, und ob sie keine Fernsehapparate gehabt hätten – am 19. Juni abends hatte die Schweiz gegen Jugoslawien gespielt. »Doch, doch«, versicherten mir mehrere von der Bodentruppe, unabhängig voneinander, »da stand früher hier so eine Baracke, ein Aufenthaltsraum für das Vorfeld-Personal, da hatten wir einen Fernseher drin!«

Nun war mir alles klar, die Auskunft ergänzte den umfangreichen Untersuchungsbericht aufs Trefflichste: Die Metropolitain war gegen 21 Uhr, aus London kommend, gelandet, der Bus für die Passagiere war vorgefahren, sie waren von Bord gegangen – und hinter ihnen auch die beiden Piloten. Und während, wie üblich, das Reinigungspersonal in die Maschine kletterte, war auch der Shell-Tankwagen gekommen und hatte auf die Piloten gewartet. Denn betankt werden durfte die Zweimotorige nur in Anwesenheit eines Piloten. Die aber waren einen Kaffee trinken gegangen und anschließend in die Baracke, zum Spiel der Schweiz gegen Jugoslawien.

Und das hatte sich so lange hingezogen, daß die Passagiere für den letzten Abendflug nach London schon an Bord gegangen waren, bevor der Schlußpfiff ertönte. Dann endlich waren Pilot und Co-Pilot an Bord gestürmt.

Fehler Nummer zwei: Auch die Tankwagen-Besatzung hatte sich erst ein bißchen die Beine vertreten und war dann ein paar Meter weiter gefahren, zu einem zweiten, gerade gelandeten Flugzeug, das aufgetankt werden mußte. Von dort aus – einer Entfernung von 60 Metern – sah dann die Tankwagen-Besatzung, wie ihre Metropolitain, die sie jeden Tag für den letzten Flug nach London versorgte, sich plötzlich in Bewegung setzte und mit Vollgas zur Startbahn rollte.

»Und?« habe ich einige Shell-Leute befragt. »Ist keiner eurer Kollegen auf die Idee gekommen, dem Swiss Air-Manager Bescheid zu sagen? Eure Kollegen wußten doch, daß die Metropolitain viel zu wenig Treibstoff an Bord hatte?«

Diese Schweizer! Sie sahen sich an und hoben die Schultern: »Ist doch nicht unsere Sache!« Und: »Wer legt sich schon gern mit Piloten an?« Der Stationsmanager hätte die Metropolitain bequem über Funk noch zurückbeordern können. So aber flogen die Piloten, über Fußball redend wahrscheinlich, seelenruhig weiter und wurden erst unruhig, als ausgerechnet hoch über dem englischen Kanal, so gegen halb eins in der Nacht, ihre Motoren zu stottern anfingen. Der Propellerflug nach London dauerte damals, von Genf aus, beinahe drei Stunden.

Von hier an genügt der Unfallbericht, der als erstes vermerkt, daß der Schweizer Pilot »zwei Meilen vor Folkstone, bei ruhigem Wetter und glatter See, aber vollkommener Dunkelheit« eine erstklassige Wasserlandung hingelegt habe. Aber dann fiel auch die Notbeleuchtung an Bord aus, und die Piloten bewiesen Kaltblütigkeit. Während der Co-Pilot über einen batteriebetriebenen Sender »Mayday! Mayday!« funkte und seine Position angab – die Lichter der englischen Küste waren bereits zu sehen –, kümmerte sich der Erste Pilot nur um seine eigene Lage, zog die Uniformhose aus und hängte sie, auf die Bügelfalten achtend, an der Wand hinter sich korrekt auf, bevor er auf Strümpfen durch das kleine Cockpit-Fenster auf die Tragfläche hinaus kroch und mit seiner Taschenlampe den ersten näherkommenden Motorbooten aus Folkstone sein schwimmendes Flugzeug meldete. Die Frage, ob er nicht bemerkt habe, wie hinter ihm die Einstiegtreppe der Metropolitain herunterklappte und eine schreiende Frau mit ihrem Sohn im

Arm von einem völlig durchgedrehten Purser in die dunkle See hinausgeworfen wurde, stellte keiner der drei Untersuchungsrichter. Der Purser nämlich war nach der glatten Notlandung und dem Notstrom-Ausfall durch den Gang nach vorne geeilt und plötzlich ins Leere getreten, in ein dunkles Loch gefallen, das die harte Landung in den Flugzeugboden gerissen hatte, und strampelte, bis zum Hals im Nordseewasser hängend, um sein Leben. Nachdem er sich aus der nassen Falle wieder herausgearbeitet hatte, verlor er jedoch die Nerven und schrie nur noch: »Raus hier! Ganz schnell raus hier! Wir versinken!« In der ausbrechenden Panik, stellten die Gerichte fest, sei alles drunter und drüber gegangen, und der Purser habe den nächstbesten Passagier gegriffen – die Frau mit ihrem kleinen Sohn – und habe sie aus der Einstiegtür ins Wasser geworfen. Und das waren dann auch die einzigen an Bord, die naß wurden; ihre Leichen schwemmten am nächsten Tag an die holländische Küste. Alle übrigen Passagiere, wie auch die Mannschaft, stiegen trockenen Fußes in die herbeigeeilten Rettungsboote, die Piloten zuerst.

Als ich diese und andere Geschichten neun Jahre später zu Papier brachte, war der 1. Pilot noch in Acht und Bann, der Co-Pilot aber steuerte bereits die Firmen-Maschine der Krupps. Und als ich Berthold Beitz, dem Generalbevollmächtigten der Krupps, zu seinem Mut gratulierte, sagte der: »Was soll's! Das ist ein erstklassiger Pilot, und eines ist doch sonnenklar: Ohne Benzin wird der nie wieder losfliegen!« Wiederum neun Jahre später hörte ich, der Pilot sei nun Chef- oder Checkpilot bei der Lufthansa-Tochter Condor und kontrolliere die anderen Piloten.

Mein deutscher Lieblingspilot aber wurde der Lufthansa-Kapitän Klaus Eidner, mit dem ich in der Boing 707 einige Male nach New York und zurück geflogen bin, auf dem Observer-Seat, direkt hinter ihm. Eidner war, wie Jack Bennett, zum Fliegen geboren, gewissenhaft bis zum Exzeß und trotzdem ein »Draufgänger«, der als junger Bomberpilot im Rußland-Feldzug mit seiner He 111 abgeschossen und bei Nacht im Dachstuhl eines Bauernhauses gelandet war. Wie Jack Bennett sagte: »Alle Vorschriften der Fluggesellschaften sind für schlechte Piloten gemacht, für Zögerer und Zauderer, die über die Landebahn hinausschießen und regelmäßig Bruch machen ...«

Obwohl ich beim Anflug auf den überfüllten New Yorker Luftraum auch schon mal bemerkte, daß Klaus Eidners weißes Hemd plötzlich Schweißflecken auf dem Rücken bekam, als Kapitän, Co-Pilot und Bordingenieur die Köpfe zusammensteckten und nach links und rechts und oben und unten aus dem Cockpit starrten, um nicht zu nahe an andere Maschinen zu geraten, die ebenfalls dem Kennedy Airport zusteuerten. »Ich denke, das macht das Radar für euch?« rief ich alarmiert. Klaus wiegte nur den Kopf und murmelte zwischen zusammengebissenen Zähnen: »Besser ist besser – die Lotsen auf Kennedy sind in dieser *rush hour,* wo alle gleichzeitig ankommen, heillos überfordert. Wir haben in diesem Monat schon genug *near missings* gehabt ...«

Vielleicht schreibe ich das Buch *Runter kommen sie immer* doch nochmal. Ich kann's nicht lassen, immer weiter Material zu sammeln, und kenne kein aufregenderes Thema.

MEIN DRITTER FILM:
PLAYGIRL

Eva Renzi war der absolute Star des Films Playgirl, *und sie wußte das. Nie hat ein anderes Mädchen mit einem einzigen Film im Rücken eine so raketenartige Karriere gemacht – und sich selbst auch wieder ruiniert.*

Das Ärgernis

Ich kriege einen Schlag auf die Brust, meine Hände zucken instinktiv hoch, ich halte einen pitschnassen Hund fest, der mich auch noch ankläfft. Ich drehe mich um und sehe eine lange Mädchengestalt davonrennen, mitten auf dem belebten Tauentzien, in der Nähe des KaDeWe. Ich renne mit dem Hund in der Hand hinter der Attentäterin her, erwische sie – und stehe einer nicht weniger nassen Evelyn Renziehausen gegenüber, die mich von sich stößt und sofort loskeift.

»Rühren Sie mich nicht an! Sie sind an allem schuld! ... Sie sind schuld daran, daß ich jetzt schwanger bin! ... Ich war gerade im KaDeWe und habe mir ein Abschleppseil gekauft« – sie trägt es, noch verpackt, in der Hand – «und hänge mich jetzt auf! ... Ich bin gerade in den Landwehrkanal gesprungen, weil ich Schluß machen wollte, aber mein Hundchen hat so geheult, daß ich wieder an Land geschwommen bin!« – Nun endlich nimmt sie mir das nasse Bündel ab – »Wenn Sie mich in der Nacht in Tempelhof nicht so verletzt hätten, wäre das alles nicht passiert! Sie sind verantwortungslos, Herr Tremper! Sie haben kein Gewissen, keine Moral! Ich hätte nie an Sie glauben dürfen, ich war dumm ...!«

Eine kleine Menschenmenge sammelt sich um uns. Die nasse Evelyn ist, unübersehbar, schwanger. Und ein, zwei Kavaliere fangen schon an, eine drohende Haltung gegen mich einzunehmen, sich einzumischen: »Erst seinen Spaß haben mit so'nem armen Ding, und sie dann sitzenlassen – das haben wir gern!« Typische Berliner, müssen sich um alles kümmern, was sie nichts angeht.

Ich ergreife die einen Kopf größere Renziehausen und zerre sie mit. Nur weg hier, sonst gibt's noch eine Rempelei, und ich fange mir Ohrfeigen. Diese Tante ist ja wohl wahnsinnig geworden! Wieso bin ich schuld an ihrer Schwangerschaft?

Es ist April 1963, die Tempelhof-Premiere liegt erst ein paar Wochen zurück, im Marmorhaus läuft immer noch *Die Endlose Nacht*, die Sonne scheint, aber gleich wird es wieder regnen, die Straßen sind noch naß vom letzten Guß. Ich überrede Fräulein Renziehausen, in meinen Wagen zu steigen und nach Hause mitzukommen. Sie hat selbst keinen Wohnsitz mehr, übernachtet mal hier, mal da, hat aber ihr freches Mundwerk nicht verloren. »Mercedes!« sagt sie schnippisch, als wir einsteigen. »Typisch!« Ich lasse sie erzählen, und sie hat eine gute Art drauf, zu formulieren, ist vielleicht dumm in ihren jähen Entschlüssen, aber sonst hochintelligent. Es macht plötzlich Spaß, ihr zuzuhören. Sie ist damals, es muß im Dezember gewesen sein, mit ihrem jungen Begleiter, einem Schauspielschüler, aus der Abflughalle in Tempelhof verschwunden, weil sie noch auf eine Party bei Jürgen Bud-Monheim auf der Insel Schwanenwerder eingeladen waren. Jürgen ist ein Herrenreiter und Sportflieger, der im Krieg einen Arm verloren hat und sein Handicap mit extremen sportlichen Betätigungen kompensiert. Ich kenne ihn oberflächlich. Er hat mich 1950 mal vom Kontrollpunkt Dreilinden bis nach Braunschweig in seinem Jaguar mitgenommen, und ich habe Höllenängste bei seinen einarmigen Fahrkünsten ausgestanden. »Du hast dich also von Monheim schwängern lassen!« sage ich.

Doch da explodiert sie gleich wieder: «Quatsch! Mit dem Jürgen doch nicht! Den kenn' ich doch schon länger!« Da waren noch mehr Herren beim Roulettespielen in Jürgens toller Villa. Sie nennt eine ganze Reihe bekannter Berliner Namen, die ich hier lieber verschweigen will, denn Evelyn behauptet, daß sie ihr weißen Rum aus Wassergläsern zu trinken gegeben hätten – »und danach kann ich mich an nichts mehr erinnern!« Sie habe erst kürzlich bemerkt, daß sie schwanger sei, und habe alle möglichen Herren besucht, die damals bei Monheim dabei waren, aber jeder habe empört abgestritten, ihre hilflose Lage ausgenutzt und sich an ihr vergangen zu haben. »Doch das Merkwürdige ist«, sagt sie, »daß jeder mir Geld zugesteckt hat. Ich brauchte für die Abtreibung 600 Mark, und alle haben mir mehr gegeben!«

Wirklich merkwürdig, denke ich, und überlege längst, wie ich aus dieser Geschichte einen Film machen könnte, Titel: *Das Ärgernis*. Ich sehe sogar das Plakat schon vor mir: Ein süßes nacktes Baby auf einem Eisbärenfell, darüber der schreckliche Titel. Als wir im Gadebuscher Weg ankommen, weiß ich sogar, wie ich den Film anfangen werde: Ein Wirtschaftswunderehepaar liegt im Garten seiner Grunewaldvilla nach einem fetten Mittagessen prustend in zwei Liegestühlen. Es klingelt, und da die Hausgehilfin frei hat, erhebt sich die Ehefrau aus dem Liegestuhl und öffnet die Haustür. Großaufnahme auf den tollen Kopf der Renziehausen, die höflich fragt: »Ach, bitte, wohnt hier Herr Soundso?« Gegenschuß auf die Ehefrau, die mißtrauisch sagt: »Ja, wohnt hier – in welcher Angelegenheit wollen Sie ihn sprechen?«

Gegenschuß auf Renziehausen, und während die Kamera langsam von ihrem Gesicht auf den dicken Bauch hinabschwenkt, hören wir ihre Stimme im Off: »In einer persönlichen ...«

Aber zuerst hatte ich einmal alle Hände voll damit zu tun, meiner Frau Karin zu versichern, daß die Schwangere, die ich ihr als neuen Hausgast brachte, nicht von ihrem Mann schwanger war. Zum Glück konnte ich ihr klarmachen, daß ich mit der Renziehausen lediglich einen neuen Film mitbrachte. Evelyn wurde im ersten Stock einquartiert, und Karin nahm unsere Kinder und flüchtete gleich zu einem vorgezogenen Sommerurlaub nach Kampen. Was mir nur allzu recht war, ich konnte Felix anrufen: »Wir drehen wieder!«, mich auf ein Drehbuch stürzen und die ganze Sache diesmal etwas gediegener vorbereiten. Vor allem konnte ich Evelyn Renziehausen in Ruhe etwas besser kennenlernen. Sie war die Tochter eines bekannten Berliner Feinkosthändlers vom Südstern, auch dort aufgewachsen, der sich in hohem Alter durch seine Spielleidenschaft noch ruiniert hatte. Die Mutter Evelyns, zum Beispiel, hatte er auch in einer Spielhölle in der Potsdamer Straße kennengelernt, und das war wohl nicht die beste Ausgangsposition für das Kind. Offenbar gab es zwischen Vater und Mutter einen viel zu großen Altersunterschied, den die jüngere Frau dazu benutzte, den alten Herrn kräftig auszunehmen. Dazu kam noch, daß die Mutter im Krieg nicht nur in einer Hinsicht unter die Räder geraten war – sie hatte ein Bein verloren und humpelte auf dem verbliebenen gelegentlich auf den Strich. Evelyn verbrachte fast ihre ganze Kindheit in Internaten, unter Ordensschwestern, und entwickelte eine überaus lebhafte Phantasie, die nie ganz der Wirklichkeit standhielt. Das alles hat sie mir nicht etwa in den Wochen und Monaten, die wir zusammen waren, freiweg erzählt. Das habe ich mir im Laufe der Jahre zusammenreimen müssen. Was sie, besonders am Anfang unserer Beziehung, zu erzählen wußte, waren zum größten Teil reine Hirngespinste, leicht zu erkennen, an denen sie gleichwohl eisern festhielt. Was an Realem am Ende herauskam, war die Geschichte einer jungen Überlebenskünstlerin *par excellence*.

Ich schrieb am *Ärgernis* und hatte alle Hände voll damit zu tun, meine Protagonistin nicht selbst zu meinem privaten Ärgernis werden zu lassen. Sie lag faul in der Sonne und blätterte in den neuen Illustrierten, kommentierte auf unverfrorene Art das Weltgeschehen, sprang in Hubschmids Pool auf der anderen Seite der Mauer zum Nachbargrundstück – Paul drehte irgendwo – und legte sich nackt und naß zu mir ins Bett, ohne daß es je zu sexuellen Intimitäten zwischen uns kam. Evelyn war an Sex mit Männern wenig interessiert, weil sie immer an Männer geriet, von denen sie etwas wollte, ohne dafür etwas geben zu wollen. Das hielt sie, sehr richtig, für eine Form von Prostitution und wehrte sich mit Händen und Füßen dagegen. Sie war immer auf der Suche nach Idealen, und daß es irgendwo auf der Welt einen geben müßte, der mit ihr einen Film machen wollte, auch ohne sich körperlich an ihr gütlich zu tun, daran glaubte sie fest. Ich wurde das beste Beispiel für ihre Theorie. Ich war in kurzer Zeit völlig vernarrt in ihr traumhaftes Aussehen, ihre Lebendigkeit und Intelligenz, aber sie blieb für mich ein Objekt. Noch mehr vernarrt war ich in die Vorstellung, einen guten Film mit ihr zu machen, und tat alles, um das Projekt auf die Beine zu stellen.

Natürlich ging der Besucherbetrieb am Gadebuscher Weg, auch ohne meine Frau, weiter wie gehabt. Und jeder, der vorbeikam, erfuhr von der Geschichte, die ich mit der Renziehausen vorhatte: Ich wollte zuerst die zweite Hälfte des Films drehen, die immer runder werdende Schwangere, die potentielle Liebhaber durch ihren Anblick erschreckt und zur Herausgabe größerer Beträge animiert, bis zur Geburt eines Kindes und einem Happy Ending, das ich mir noch nicht vorstellen konnte. Dann wollte ich sechs Wochen Pause einlegen und, mit der wieder schlanken Mutter, den Anfang drehen.

Zuerst erschienen sogenannte Produktionsnotizen über das Vorhaben in allen möglichen Tageszeitungen. Dann kamen auch Interviews mit meiner geplanten Hauptdarstellerin, und schließlich verfaßte meine alte Freundin Cornelia Herstatt in der Frauenzeitschrift *Constanze* einen bösen Artikel, in dem sie mir vorwarf, »geschmacklos« und »unappetitlich« zu sein, weil ich keine Schauspielerin verwenden wollte, der wir ein Kissen unters Kleid binden müßten, sondern eine richtige Schwangere. Heute ist die Empörung darüber kaum noch nachzuvollziehen, damals schlugen die »Wogen der Entrüstung« hohe Wellen.

Ich beschloß, erst mit dem vorführbereiten Film in der Hand wieder an die Öffentlichkeit zu treten und auch meiner Darstellerin einen Maulkorb zu verpassen. Dazu war es freilich notwendig, sie erstmal unter Vertrag zu nehmen. Also rief ich die Münchner Agentin Ilse Alexander, Witwe des in den dreißiger und vierziger Jahren wohlbekannten Bonvivants Georg Alexander, nach Berlin und diktierte ihr einen Exklusivvertrag mit Evelyn Renziehausen, dessen Schlußparagraph klipp und klar festlegte, daß alle vorangegangenen Paragraphen nichtig seien, falls die Schauspielerin sich bis zur Premiere nicht an das »absolute Schweige- und Fotografierverbot« hielte.

Evelyn unterzeichnete artig, umarmte ihre Agentin und verabschiedete sich, während ich mit Ilse noch ein Stündchen allein verbrachte und über die Filmbranche redete. Dann stiegen wir in meinen Wagen, und dann hätte sie beinahe ihren Rückflug verpaßt, denn an der nächsten Ecke der Straße Im Dol parkte ein Wagen, in dem ein Pärchen saß: Der New Yorker Starfotograf Peter Basch mit Evelyn Renziehausen! Mit Peter hatte ich mich im Jahr zuvor, während eines Aufenthaltes in New York für die *Quick*, angefreundet, und es war sonnenklar, daß er mich sofort anzurufen hätte, wenn er nach Deutschland, besonders nach Berlin, kommen sollte. Ich sagte zu Ilse: »Moment mal!« und parkte meinen Wagen direkt vor dem Peters, ließ mir von Ilse ihr Vertragsformular geben, stieg aus und hielt es Fräulein Renziehausen vor die Nase.

»Was willst du denn?« regte sie sich auf. »Wir besprechen hier nur ein paar Titelbilder, die wir für den Film vorgesehen haben, das ist doch nicht verboten!?«

»Doch«, sagte ich, »das ist seit einer Stunde strengstens verboten!« – und zerriß den Vertrag vor ihrer Nase in kleine Schnipsel. Indessen Peter Basch ausstieg und die große Freundschaftsnummer abzog: »Mein Lieber! ... Ich hätte dich sowieso heute noch angerufen! Ich war nur so irre beschäftigt, weißt du ...«

»Das sehe ich«, antwortete ich ihm. »Du parkst seit mindestens einer Stunde fünfzig Meter vor meiner Haustür ... aber jetzt kannst du deine Fotos ja machen. Fräulein Renziehausen hat keine Verpflichtungen mehr ...«

So starb *Das Ärgernis* auf die albernste Art und Weise.

Lass es mal regnen, was dann?

Das war der Titel des nächsten Films, den ich machen wollte. Die Geschichte ist schnell erzählt und stammte von Wolfgang Neuss und mir. Sie handelte von einem »Kiestreter«, wie die Berliner die Kellner in gewissen Vorgartenlokalen nennen, von denen es in der Stadt der 70 Seen mehr als genug gibt. Aber, um es gleich zu sagen, mit Kabarettisten sollte man keine Filmthemen planen. Mehr als ein Haufen zweifelhafter Gags kommt dabei nicht heraus. Darum spielte der Kellner, der schwere Tabletts über kiesbelegte Gartenlokale schleppt, im weiteren Verlauf der Geschichte auch keine Rolle mehr.

Vielmehr nahm ich mir die Verhältnisse auf der Großbaustelle des Europa-Centers von Karl-Heinz Pepper zur Brust. Dort klauten die Bauarbeiter wie die Raben das Baumaterial, schleppten es nach Hause und bauten sich ihre eigenen Häuschen. Die Schlußszene stand von Anfang an fest: Bauherr Pepper wird bei dem alkoholtriefenden Richtfest von einem lallenden Polier angesprochen, der ihn einlädt, sich nun auch sein kleines Häuschen mal anzuschauen. Hach, wie komisch! Und dazu auch noch Neussens politische Holzhämmer ...

Aber *Laß es mal regnen, was dann?* wurde zum geflügelten Wort in meinen Kreisen. Es paßte auf alles, sogar auf die nächtlichen Treffen meines Nachbarn mit der Schauspielerin Renate Ewert, bei denen Renatchen stets nackt auftrat, nur mit ihrem Leopardenmantel bekleidet.

Die kleine, süße, sehr erfolgreiche Renate, hatte sich in Paul Hubschmid, den Professor Higgins in der deutschen Erstaufführung des Erfolgs-Musicals *My Fair Lady*, verknallt und verfolgte ihn jeden Abend nach der Vorstellung im Theater des Westens, vom Bühneneingang bis zu seinem Haus in Dahlem, in ihrem kleinen weißen Alfa Romeo-Zweisitzer, nackt, im Leopardenmantel. Ohne ihren Namen zu nennen, erwähnt Hubschmid diese Verfolgung durch eine »Unbekannte« auch in seinen 1994 bei Bertelsmann erschienen Memoiren *Schöner Mann, was nun?*, beschreibt das Scheinwerferblinken der hinter ihm herfahrenden Verehrerin, und daß sie an den Kreuzungen vor der roten Ampel neben ihm hält und ihn angurrt. Aber daß ich der Leidtragende dieser beginnenden Affäre wurde, das schreibt »Paule« nicht.

Und damit meine ich nicht, daß Renate Ewert nach ihren Verfolgungsjagden zu mir, dem Nachbarn, zu kommen pflegte, um sich über die Sturheit dieses Professor Higgins auszuweinen. Der Anblick ihres rassigen nackten Körpers unter dem eben mal kurz geöffneten Leopardenmantel verursachte mir kein Leid, ebensowenig, was sich nächstens bei mir abzuspielen begann, als Hubschmid schließlich die Nerven verlor und kapitulierte. Als er immer später von der Abendvorstellung nach Hause kam, weil er schwach geworden war und Renatchen nicht mehr hinter sich herfahren, sondern gleich in seinen hübschen kleinen Mercedes steigen ließ. Er fuhr diesen eleganten, offenen 230er, den Nadja Tiller im *Mädchen Rosemarie* für alle Nutten populär gemacht hatte, wenngleich seiner nicht rot war, sondern silbergrau. Aber für einen fast zwei Meter großen Mann doch ein bißchen eng, wenn er mit der zierlichen Renate im Grunewald ein lauschiges Plätzchen ansteuerte. Außerdem herrschte nicht jede Nacht gutes Wetter, und Renate sah sich des öfteren mit dem Problem konfrontiert: »Laß es mal regnen, was dann?« Dann kroch Paul Hubschmid aus seinem engen Zweisitzer und begann das Verdeck zu schließen, wodurch es noch enger auf den Sitzen wurde. Aber so kam ich wenigstens, der ich bequem zu Hause in meinem Miller Chair vor der Glotze lag, zu einem kleinen Vergnügen, bevor ich »Leidtragender« wurde.

Denn die Enge seines Mercedes hinderte das ungleiche Liebespaar Abend für Abend an der Ausübung eines »normalen« Verkehrs, der »schöne Mann« mußte seiner hitzigen Begleiterin die ganze »Arbeit« überlassen, was ihm regelmäßig guttat, aber nicht ihr. Außerdem fühlte er sich danach – und nach der anstrengenden Higgins-Vorstellung – so entspannt, um nicht zu sagen erschöpft, daß er nur eines noch im Sinn hatte: sein schönes großes Bett. Also ließ er sofort den Wagen wieder anspringen, wendete und raste nach Hause. Seine nächtliche Verführerin zu fragen, ob er sie zuerst nach Hause bringen dürfte, hatte er sich von der ersten Nacht an ersparen können, denn Renatchen antwortete jedesmal: »Ich gehe noch zu Will. Der arbeitet immer lange ...«

So setzte Nachbar Paul sein nicht entspanntes Abenteuer regelmäßig an meiner Ecke ab, bevor er in die lange Einfahrt zur Siemens-Villa bog, in der er wohnte, während ich die angenehme Aufgabe vor mir hatte, bei der hochgekochten Renate für Abkühlung zu sorgen. Das war, wenigstens am Anfang der Affäre, eine ganz neue Erfahrung für mich, nämlich eine höchst erfreuliche, denn wo bekam ein Mann schon frei Haus geliefert, wozu er sich normalerweise erstmal stundenlang bemühen muß? Ich hätte meinem Freund Hubschmid dankbar sein müssen für das Geschenk, aber auch ich war ja verheiratet, genau wie mein Vorarbeiter, und der Besuch Renates verlief nicht immer so glatt wie gewünscht.

Meine Frau, die wegen der Kinder früh herausmußte, schlief meistens schon im ersten Stock – mein Schlafzimmer lag im Erdgeschoß –, oder sie spielte irgendwo in der Nachbarschaft, bei Christine Viertel meistens, Gin Rommé mit Ursula Hubschmid, oder die Damen waren ins Kino gegangen. Meine Frau war die erste, die Ursula auslachte, als die den Verdacht äußerte, ihr Mann habe etwas mit der Renate Ewert angefangen: »Eher mit meinem Mann! Die Ewert sitzt doch jeden Abend, wenn ich nach Hause komme, bei *uns* herum!« Worauf Pauls Frau sie fragte: »Läßt du dir das gefallen? Warum schmeißt du das Luder nicht raus?« Und Karin antwortete: »Da hätte ich ja viel zu tun! Bei meinem Mann sitzen doch dauernd die komischsten Leute rum, der schreibt wieder irgendeinen neuen Film, und mit der Ewert spricht der nur über eine Rolle!«

Renate Ewert wohnte eigentlich in Hamburg und kam nur zum Drehen nach Berlin, wo sie sich allerdings nun schon merkwürdig lange aufhielt.

Ursula Hubschmid, eine geborene von Teubern aus Köln, war die Tochter eines Luftwaffengenerals und hatte ihren Paul schon im Krieg geheiratet. Sie kümmerte sich so rundum um ihren Mann, daß man schon sagen konnte: Sie beherrschte ihn. Und er ließ sich das, seinem friedfertigen schweizerischen Naturell folgend, gern gefallen und gab ihr nie Anlaß, an seiner ehelichen Treue zu zweifeln – bis diese Geschichte mit Renate passierte. Und so eine alte Ehefrau merkte natürlich etwas, da konnte Frau Tremper reden, was sie wollte. Wenn es nicht die Ewert war, dann war es jemand anderes, der ihren Paul während der *My Fair Lady*-Aufführung total veränderte.

Ich fand soviel Gefallen an der Situation, daß ich alles riskierte, und Renatchen schon aus dem Leopardenmantel half, wenn meine Frau noch gar nicht zu Hause war – ihr auch schnell wieder hineinhalf, wenn Schritte vor dem Haus ertönten oder ihr Wagen in die Garage fuhr. Ich fand, daß es für einen Mann kein größeres Triumphgefühl gibt, als eine Frau in Sekundenschnelle zum Höhepunkt zu treiben. Das ging am Ende, als Renates Besuche schon zur Gewohnheit wurden, soweit, daß ein Funke genügte, um sie zur Explosion zu bringen. Ein ganz besonderer Funke allerdings: Es kratzte

Ursula Hubschmid empfängt ihren Paul mit Blumen, das war nichts Neues. Neu war der argwöhnische Blick, den sie hinzufügte. So begann eine Tragödie seltenen Ausmaßes.

an der Terrassentür, ich sprang aus dem Sessel und öffnete, sie hauchte: »Sind wir allein?« – und machte einen Bogen um meine ausgestreckten Arme, warf den Leopardenmantel ab und fing schlurfend, wie eine Greisin, an, sich in ihren hochhackigen Pumps über meinen Spannteppich zu schieben. Dabei rief sie mit trunkener Stimme: »Setz dich wieder!«

So schlurfte sie mit Nachdruck um meinen Schreibtisch herum, einmal, zweimal, trat dann nackt vor mich hin, nahm ihre kleinen festen Brüste in die Hände und ächzte: »Schnell!« Ich tippte mit beiden Zeigefingern auf die Brustwarzen, ein elektrischer Funke sprühte, und Renate erschauerte und ließ sich, heftig keuchend, vor mir auf den Teppich sinken, hatte einen Orgasmus, und was für einen! Der Nylonteppich lud sich, bei bestimmten

Witterungsverhältnissen, elektrisch auf, und Renate lud sich durch ihr Schlurfen mit den Schuhsohlen ganz bewußt noch mehr auf. Jeder kennt das. Es war toll, und einmal hat sie das sogar in einem Augenblick noch getan, ohne ihren Mantel auszuziehen, ihn nur offenhaltend, als die Schritte meiner Frau schon auf dem Steinboden vor der Tür erklangen.

»Was denn nu' los?« rief Karin erschrocken, als sie Renate auf dem Teppich liegend entdeckte, den Mantel wieder fest um sich gewickelt.

»Es geht schon!« keuchte die. »Ich habe manchmal solche Anfälle – entschuldigt!«

»Zieh doch mal den Mantel aus!« rief Karin. »Brauchst du'n Schluck Wasser?«

»Nee, laß«, antwortete Renate, während ich ihr wieder auf die Beine half, »ohne Mantel friere ich doch abends so ...«

Solche Szenen, hart an der Entdeckung, machten Renatchen einen Heidenspaß. Doch um die Wahrheit zu gestehen, ohne Paul Hubschmids Vorarbeit wäre ich nie auf den Gedanken gekommen, noch einmal mit ihr zu schlafen. Das war 1959 schon geschehen – und damit die Spannung raus. Was mich erregte, war die besondere Situation, in der wir uns dabei befanden.

All diese Selbstmorde

Ursula Hubschmid also roch den Braten. Sie war eine der witzigsten Frauen, die damals in Berlin eine Rolle spielten, hatte ein untrügliches Gespür für Menschen und konnte ätzend werden, wenn ihr jemand auf die Nerven ging. In der Filmbranche, in der ihr Paul seine Brötchen verdiente, fand sie die Zielscheiben für Spott und Sarkasmus zuhauf. Aber in diesem Sommer 1963 veränderte sie sich, ohne daß es uns sonderlich auffiel. Ihr ganzer Kosmos, in dem sich alles um Paul drehte, geriet durcheinander. Die Selbstverständlichkeit, mit der sie seine Karriere zwanzig Jahre lang mit festen Händen gelenkt hatte, verlor sich langsam. Ihr Zynismus wurde böse. Sie fuhr ihrem Mann, auch wenn fremde Leute dabei waren, über den Mund und machte ihn neuerdings lächerlich. Und das zu einem Zeitpunkt, als seine Karriere den Gipfel erreicht hatte. Paul schluckte das; er wird seine Gründe gehabt haben. Ich war nicht dabei, wenn die beiden ihre Eheprobleme besprachen, aber ich bekam mit, wie sie zu meiner Frau sagte: »Er lügt neuerdings. Und das ist in unserer ganzen Ehe noch nicht passiert. Ich möchte wissen, woher er die Stirn hat, mich anzulügen ...!«

Erzähl ich hier nur Klatsch? Ich hoffe nicht, denn aus der Komödie, die wir uns alle vorspielten, wurde auf einmal eine Tragödie, die uns allen furchtbar an die Nieren ging. Ohne diese Wendung würde ich die Hubschmids ebenso wenig erwähnen wie viele andere, deren Geschichten auch nicht langweilig waren.

Eines Nachts kam Renate über die Wiese, ließ es sprühen und funken und sagte aufgeregt, daß Paul mit der *My Fair Lady*-Produktion nun bald nach Wien ginge. »Und er will mich unbedingt dabei haben! Seiner Frau hat er schon gesagt, daß sie in Berlin bleiben soll ... Der denkt doch hoffentlich nicht an Scheidung? Wenn ich eines hasse, dann Scheidungsgrund zu sein ... Ich will der Ursula auch nicht wehtun. Glaubst du, sie hat schon was bemerkt?« So ungefähr redete sie. Und ich sagte, was ich dauernd zu Renate sagte: »Laß doch das bleiben! Was findest du denn an dem Paul so aufregend?«

Ihre Antwort war mir auch längst bekannt und das gleiche, was Ursula auf diese Frage gesagt hätte: »Er sieht doch so toll aus! Wenn es einer Frau gelingt, sich so einen Mann zu angeln, hinter dem alle Weiber her sind, dann läßt sie ihn so schnell nicht wieder los ...«

» ... wenn er dir dazu noch aus der Hand frißt!«

Renatchen nickte begeistert, schlug mir auf die Schulter und stieß einen unartikulierten Schrei der reinen Wollust aus. Sie war mehr als intelligent, sie war klug, kannte ihr Geschlecht und wußte den Genuß, den ihr die Eroberung des schönen Paul bot, zu schätzen. Leider kannte sie Männer nicht, die zu spät aufwachen und dann zu allem fähig sind.

Als Paul mit der ganzen Truppe ins Theater an der Wien zog, war Ursula dabei – aber Renate längst in Wien. Ich hatte Ferien, las in den Zeitungen von dem großen Erfolg der Wiener Premiere und interessierte mich für andere Probleme. Und dann kam die schaurige Nachricht: Ursula hat sich umgebracht! – Unmittelbar darauf: Sie lebt noch, ist aber im Koma und die Chance, daß sie überlebt, gering.

Renate Ewert war von der Wiener Polizei pudelnackt – nur in dem obligatorischen Leopardenmantel – in ihrem kleinen weißen Alfa Romeo gestoppt worden, als sie bei Rot über eine Innenstadt-Kreuzung raste – zum selben Zeitpunkt, nach Mitternacht, als Paul Hubschmid zu seiner Frau ins Hotel Bristol heimkehrte, die üblichen fadenscheinigen Erklärungen abgebend. Ursula konnte sich den Rest an fünf Fingern abzählen, als sie beim Frühstück schon die Schlagzeilen der Morgenblätter las. Es hatte diesmal mehr als die übliche Auseinandersetzung gegeben, und als Paul am Nachmittag aus dem Hotel stürmte, war Ursula wieder ins Bett gegangen – um nicht mehr aufzuwachen.

»Wie durch ein Wunder«, so schrieben die Zeitungen später, war Ursula nach einer Woche im Krankenhaus noch einmal zu sich gekommen und ein paar Tage später zur Regenerierung in ein Sanatorium nach Bayern gefahren. Auch ihre Nebenbuhlerin hatte sich vor den Reportern nach Bayern abgesetzt und nur ihrer Mutter in Hamburg anvertraut, wo sie sich versteckt hielt. Hubschmid hingegen spielte den »Hartgesottenen« und führte sich, als seine Frau aus dem Koma erwacht war, wie ein Wilder auf. Wie er später sagte, hatte er die »Erpressungsversuche« Ursulas satt, »diese ständigen Selbstmord-Drohungen!«, und hatte sich auf die Suche nach Renate gemacht. Er wußte, daß die Mutter der einzige Mensch war, dem Renate sich rückhaltlos offenbarte, hatte sie in Hamburg angerufen und gedroht, daß er die Abendvorstellung platzen ließe, wenn die Tochter nicht zu ihm zurückkehre. In ihrer Not hatte die Mutter Renates Versteck verraten, das Conti-Hotel in München, und Hubschmid hatte eine Privatmaschine geheuert, war nach München geflogen, hatte Renate, wie ein »Verrückter tobend« gezwungen, mit ihm wieder nach Wien zu kommen, und hatte pünktlich mit der Abendvorstellung begonnen; der charmante, zuverlässige Professor Higgins.

Und dann brachte Ursula Hubschmid sich endgültig um.

Ich schlief morgens noch, als an meinen Fensterladen gebummert wurde, öffnete und sah einen kreideweißen Peter Krause vor mir stehen. Unseren Freund, den Antiquitätenhändler, der auch ein Intimus der Hubschmids war, ein überaus gepflegter, stets tip-top gekleideter Homosexueller, ungekämmt, im Trenchcoat, unter dem sein Pyjama hervorguckte.

»Komm schnell!« stammelte er. »Sie hat's schon wieder getan!«

Ich wußte sofort, wen er meinte. Am Tag zuvor erst war die Rechnung des Blumengeschäfts in der Post gewesen für die hundert roten Rosen, die ich Ursula nach Wien geschickt hatte. Am Tag vorher, oder zwei Tage vorher, war sie von der bayerischen Schönheitsfarm nach Berlin zurückgekehrt, hatte angerufen, sich aber nicht gezeigt. Ich wußte nur, daß Karin sie abends noch bei Christine Viertel gesehen hatte und daß kein Wort über ihren Wiener Selbstmordversuch gefallen war. »Sie hat sich gottseidank wieder gefangen!« hatte mir Karin berichtet. Und jetzt – »wirklich tot?« fragte ich Peter Krause, und der fing an zu weinen und nickte verzweifelt.

Ich zog mir den Bademantel an und rannte über meine Wiese an die Mauer zum Nachbargrundstück, zögerte aber, drüber zu springen, als ich das Blaulicht eines Rettungswagens sah, der auf dem kleinen Platz vor dem Eingang stand. Peter Krause lief außen herum, ich blieb wie gelähmt stehen.

Peter, der Sohn der Hubschmids, erzählte mir, daß er am späten Abend nach Hause gekommen sei, noch Licht in Pauls Arbeitszimmer gesehen habe, die Tür öffnete und seine Mutter, mit dem Rücken zu ihm, am Schreibtisch sitzen sah, Briefe schreibend. »Gute Nacht, Mami!« habe er gerufen, »Ich gehe ins Bett!« und sie habe sich nicht einmal mehr nach ihm umgedreht, sagte er, nur genickt und so etwas wie »Schlaf schön!« gerufen. Anschließend muß sie sich eine ganze Klinikpackung Schlaftabletten in eine Kanne Tee geschüttet haben. Als die Haushälterin um sieben kam und nach ihr guckte, war sie bereits tot.

Ich weiß auch, was in Wien geschah, als die Nachricht im Laufe des Vormittags bekannt wurde: Renate flüchtete sich auf der Stelle in eine Klinik und ließ, aus Angst vor Reportern, das Telefon abstellen. Franz »Zwetschi« Marischka, ihr Uraltfreund, kümmerte sich um sie und saß an ihrem Bett, als das Telefon dann doch einmal klingelte, Paul Hubschmid war dran. Und der nun beschimpfte seine Geliebte, die er gegen ihren Willen nach Wien zurückgeholt hatte, mit den übelsten Ausdrücken, die in dem Vorwurf gipfelten: »Du bist schuld am Tod von Ursula!«

Ich habe dem Paul damals den Schock zugute gehalten, unter dem er stand, als ihn die Nachricht erschütterte, daß Ursula nicht nur Selbstmordversuche unternahm, sondern es nun auch wirklich getan hatte. Ich wußte, wie sehr ihn Ursula die ganzen Jahre hindurch quasi entmündigt hatte und konnte mir vorstellen, daß Renate Ewert wie ein Erdbeben auf den Schweizer Spießer gewirkt hatte – der nun zusammenbrach und sich auf die Position zurückzog: »Wenn du mir nicht nachts aufgelauert hättest, wäre das alles nicht passiert!«

Renatchen konnte es nicht fassen, und mehr als das: Franz Marischka, der sie seit vielen Jahren in- und auswendig kannte, sagte zu mir: »Ich war entsetzt, als sie den Hörer auflegte. So vernichtet, so ganz und gar am Boden zerstört, hatte ich meine Renate noch nie gesehen. Sie war fassungslos, die Tränen schossen ihr aus den Augen. Sie hatte so eine Gemeinheit noch nie erlebt, sie nicht für möglich gehalten, von einem Mann, in den sie vernarrt gewesen war!« Franz nahm sie aus der Klinik und mit nach Hause, nach München, wo er sie in seiner Wohnung versteckte.

Es verging noch ein Jahr apathischen Lebens für Renate. Sie verließ kaum noch das Bett, und auch ich hörte nichts mehr von ihr. Sie, die vorher einen Film nach dem anderen gedreht hatte, die in ihren Aktivitäten nicht zu bremsen gewesen war, hochbegabt und wohlgelitten überall, sie schien jeden Lebenswillen verloren zu haben, wusch sich nicht mehr, kämmte sich nicht mehr, sah nicht mehr in den Spiegel und lehnte alle Angebote ihrer Agentin stumm ab. »Sie verkam mir unter den Händen zu einer Mumie!« sagte Franz. Er war der einzige, den sie noch um sich ertrug. Und auch der einzige, der sich selbstlos um sie kümmerte.

Eines Tages bot ihr Wolf C. Hartwig, der Filmproduzent, eine Filmrolle in Beirut an – als Partnerin von Paul Hubschmid. Offenbar hatte er gerüchteweise etwas von ihrer Verbindung gehört. »Und da raffte Renate sich noch einmal auf«, sagte Franz, »und sie bekam wieder so etwas wie Lebenswillen, schaute in den Spiegel, ging in die Badewanne, verabredete einen Termin beim Friseur ...« Aber dann gestand Hartwig, daß er sein Angebot nicht aufrechterhalten könnte. »Hubschmid hat gesagt: Wenn diese Person mitspielt, können Sie mich vergessen!«

Und da brachte auch Renate Ewert sich um.

Renate Ewert, schon vom Tod gezeichnet, mit ihrem »Kümmerer« Franz (»Zwetschi«) Marischka, der die letzten Monate aufopfernd mit ihr verbrachte.

»Ich weiß nicht, wie es geschah«, sagte Franz zu mir. »Ich kam nach Hause, und sie lag tot im Bett. Ich glaube, sie hat einfach aufgehört zu atmen. Sie wollte nicht mehr leben ...«

Ich war auf der Beerdigung und drückte Renates Mutter die Hand. Ich wußte nicht, was ich ihr sagen sollte. Die arme Frau war vom Schmerz überwältigt, sah versteinert zu, wie ihr Kind verbrannt wurde. Kurz darauf brachte auch sie sich um. Und dann kam die Nachricht aus Hamburg, daß Renates Vater, der frühere Getreidehändler aus Ost- oder Westpreußen, den Tod seiner geliebten Frau nicht verwinden konnte und sich ebenfalls umgebracht hatte. Nur mein Nachbar war mit der Beerdigung seiner Frau ohne tragische Folgen fertig geworden und drehte einen lustigen Film nach dem anderen. Es geht nichts über ein gesundes Schweizer Gewissen.

Harry liebt Romy

Ich schrieb den ganzen Winter über, in Ermangelung eigener zündender Ideen, Drehbücher für Horst Wendlandt und seine RIALTO-Film, von denen zwei auch verfilmt wurden: *Zimmer 13* nach Edgar Wallace und *Wartezimmer zum Jenseits* nach James Headly Chase. Mit Horst, dem Halbrussen, Sohn des nach der Schlacht von Tannenberg bis in die Mark Brandenburg getriebenen Kriegsgefangenen Gregor Gubanow, verband mich eine Freundschaft, die auch nicht zu Ende war, als wir einen eigenen Film in Hollywood machten. Aber darauf komme ich noch.

Mein bewegendstes Erlebnis, das ich nie vergessen werde, spielte sich auf einer abendlichen Nachhausefahrt von Wendlandt ab, mitten auf dem Südwestkorso, kurz vor dem Breitenbachplatz. Ich saß lässig hinter dem Steuer meines Mercedes, rauchte und hörte mir verträumt meine Lieblingssendung im AFN an: *Sweet and Lovely*, die stets zwischen sieben und acht lief. Auf einmal wurde die jäh unterbrochen, und eine aufgeregte männliche Stimme rief: »The president is shot!« – und schwupp, lief die Musik einfach so weiter. Ich dachte noch, was war denn das? Als erneut unterbrochen wurde und eine Sondermeldung aus Dallas, Texas, durchkam, die vom Attentat auf Präsident John F. Kennedy berichtete. Na, Sie können sich vorstellen, was da los war!

Ich raste nach Hause, fand aber meine Frau nicht vor, die wieder bei irgendwelchen Freundinnen steckte, und rief Nachbar Hubschmid an, den ich seit der Beerdigung Ursulas noch nicht wieder gesprochen hatte. Ich kannte die näheren Umstände seiner beendeten Affäre mit Renate Ewert noch nicht, scheute mich auch, nach ihr zu fragen, aber jetzt, durch den Mord an Kennedy, verloren solche Rücksichtnahmen ihre Bedeutung, wurden von dem Weltereignis überschattet.

Paul hatte noch nichts von Dallas gehört und schien auch jäh erleichtert, daß er nicht über Ursula oder Renate reden mußte. Mir kam der Vergleich mit einer brennenden Ölleitung in den Sinn. Die Kennedy-Explosion löschte das heikle Thema einfach aus, wie das Dynamit, das brennende Ölquellen ausbläst. Überall suchten die Menschen an diesem Abend des 23. November 1963 die Nähe anderer Menschen, um über das Ungeheuerliche in Texas zu diskutieren, kamen sich auf diese ungewöhnliche Weise einander nahe, entwickelten Freundschaften oder begruben frühere Spannungen, die auf einmal nichtig wurden. In Berlin war es jedenfalls so. Wir hatten unseren »Ehren-Berliner« verloren.

Wenn ich den Beginn meiner Freundschaft mit Harry Meyen datieren soll, fällt mir nur das Attentat auf Kennedy ein. Wie haben nächtelang zusammengesessen und über nichts anderes geredet. Und als das Thema seine Wirkung langsam verlor, hatten wir uns daran gewöhnt, Tag und Nacht zusammenzuhocken und auch andere gemeinsame Interessen zu erörtern. Harry war damals der Liebling des Berliner Boulevard-Theaterpublikums, der »König des Kurfürstendamms«, wie Friedrich Luft ihn nannte. Was er auch inszenierte, es funktionierte prächtig, und meistens waren das die Stücke von Neil Simon, dem amerikanischen Erfolgsautor: *Barefoot in the Park, Plaza Suite, The Odd Couple, The Sunshine Boys*, um ein paar nur zu nennen, die mir gerade einfallen.

Harry Meyen war Halbjude und hieß in seiner Jugend Haubenstock, glaube ich, wie sein Stiefvater, der legendäre Pressechef der Scala in der Martin-Luther-Straße. Er war in Hamburg aufgewachsen, dort auch als junger Schauspieler schon sehr erfolgreich gewesen, hatte die attraktive Bühnenschauspielerin Anneliese Römer geheiratet und war mit ihr nach Berlin gekommen, wo sie Mitglied des Barlog-Ensembles am Schiller-Theater wurde. Und Harry hatte sich hier die Sprechweise und Attitüde eines englischen Lords zugelegt, gab sich arrogant und einsilbig, ungemein trocken und ausgesprochen zynisch, wenn er die richtigen Zuhörer fand. Es war erschreckend zu sehen, wie er Paul Hubschmid zum Beispiel zurechtstutzte, wenn der zu einem Höhenflug starten wollte. Vor mir verhielt er sich freilich ganz anders, wenn er allein mit mir war, und das waren wir meistens, wenn er nach einer Vorstellung in der Komödie, im Theater am Kurfürstendamm oder im Schloßpark zu einem »Whiskey mit Leberwurstbrot« nachts durch den Garten geschlichen kam. Ich war, in gewisser Weise, fasziniert von dem Burschen und seinem Oscar-Wilde-Lebensstil. Er redete über das Theater, als wäre er im Londoner Westend zuhause, las alles, was ihm »very British« vorkam, und verfolgte offensichtlich einen ganz bestimmten Lebensplan. Was mir, da ich viel zu sehr mit mir selbst beschäftigt war, gar nicht aufgefallen wäre, wenn er nicht hartnäckig immer mal wieder nach meinem »Lebensplan« gefragt hätte. Er wollte nicht glauben, daß ich »Filme machen und Bücher schreiben« wollte und ansonsten nichts »Höheres« im Sinn hatte. Von seinem eigenen Plan sprach er nie, aber es muß ihn gegeben haben, und er suchte ihn auf dem direktesten Weg zu realisieren, über die Bekanntschaft mit »berühmten Leuten«. Daß Axel Springer regelmäßig zu uns kam, daß der amerikanische Botschafter uns gelegentlich zum Abendessen einlud, daß Willy Brandt mir leutselige Briefe schrieb und gewisse Chefredakteure mich duzten, all das imponierte ihm über die Maßen.

So war er auch Feuer und Flamme, als er eines Tages wieder einmal unangemeldet durch den Garten kam und Jean-Pierre Ponelle bei mir sitzen sah, den Bühnenbildner, und ich Harry sogleich einschloß in den Plan, für den ich Ponelle gerade begeistert hatte: »Wir machen, wie die Italiener, einen Episodenfilm – jeder dreht vierzig Minuten, und jedesmal handelt es sich um ein interessantes Weib: Der erste dreht die Anmache, der zweite den Beischlaf, der dritte, wie die erste Bumserei schief geht!«

Wie die Schuljungen hoben sie den Zeigefinger und riefen, beinahe unisono: »Ich die Vögelei!«

Jean-Pierre hatte darüber hinaus die Idee, daß jeder von uns sein »Traumweib« besetzen sollte. Da er mit der hocherotischen Margit Saad verheiratet war, oder vielleicht auch erst im Begriff, sie zu heiraten, waren wir überrascht, den mir noch unbekannten Namen der Wienerin Erika Pluhar zu hören. Noch mehr überraschte uns Harry allerdings, der »Romy« sagte und, als ich lachte, sich vehement für sie als »ernsthafte Schauspielerin«

einsetzte. »Mann«, rief ich, »du brauchst keine ›ernsthafte Schauspielerin‹, du brauchst eine erotische! Du willst mir doch nicht sagen, daß dir bei dieser Sissi der Knopf von der Hose springt!« – Bei ihm schon, meinte Harry Meyen und war direkt ein bißchen beleidigt. Ich entschied mich spontan – »mit deiner Erlaubnis, Jean-Pierre!« – für Margit Saad. Das waren die Pläne im Sommer 1964, und Rolf Hädrich sollte als vierter im Bunde noch dazukommen. Ich bin sicher, wir hätten einen tollen Episodenfilm gemacht, aber alle vier waren wir zu sehr mit aktuellen Arbeiten beschäftigt. Wir trafen uns noch ein paar Mal, und dann schlief die Idee ein.

Als sie noch nicht ganz eingeschlafen war, traf ich mich mit Harry zufällig in München, wo ich für *Twen* gerade etwas schrieb. Zu diesem Zeitpunkt stritt ich mich mit ihm noch über die letzte Episode, in der das erste Beisammensein des Paares schiefgehen sollte. Ponelle hatte sich inzwischen für die erste, das Kennenlernen, entschieden. Ich wollte die letzte Episode, in Erinnerung an mein Erlebnis mit Noucha Doina, unbedingt selbst machen und hatte Harry erzählt, wie das damals schiefgegangen war. »Aber das ist doch Quatsch!« behauptete er. »Mit einer Frau, auf die ich heiß bin, kann ich immer, was soll´s!«

Ich beschloß, ihn reinzulegen. Durch meinen Münchner Freund Franz Spelman hatte ich gerade eine rothaarige Schlesierin kennengelernt, die in Paris wahrscheinlich auf den Strich ging oder Callgirl war; jedenfalls schweinigelte sie, was das Zeug hielt, und hatte eine schamlose Art, sich sogar vor dem Zimmerkellner zu produzieren. Sie tauchte am Nachmittag, während ich noch beim Schreiben war, wieder im Regina-Palast-Hotel auf, und ich hatte meine Idee: »Leg dich bitte nackt auf das Bett hier, und wenn gleich mein Freund Harry kommt, dann lädst du ihn zu einem schnellen Fick ein, weil ich ja noch schreiben muß – okay?« Sie war sofort bereit.

Als Harry kam, stutzte er bei ihrem nackten Anblick, guckte schnell weg und trat zu mir an den Schreibtisch. Ich sagte: »Ich brauch noch zehn Minuten, Harry. Warum steigst du in der Zwischenzeit nicht mal schnell über die Dame, sie kann leider nur französisch, aber sie ist heiß, sag ich dir, du wirst dir die Nülle versengen!«

Nun guckte Harry, etwas verlegen doch, zwischen uns hin und her, und meine rothaarige Schlesierin stöhnte in schlechtem Deutsch: »'eiß, 'eiß!« Ich saß mit dem Rücken zum Bett und drehte mich erst um, als die Bettfedern ächzten. Harry hatte einen strammen Hintern, aber wohl so seine

Schwierigkeiten. Ich hörte ihn ständig mit ihr flüstern, und als sie dann anfing zu lachen, war es ganz aus. Hochroten Kopfes stieg er von ihr runter und wieder in seine Hosen. Für Porno eignete er sich absolut nicht.

Die Salzburger Inszenierung

Zur Eröffnung des Europa-Centers war Harry von »Daddy« Blatzheim als Tischgast Romy Schneiders eingeladen. »Sie hat sich das so sehr gewünscht!« flüsterte ihm Romys Mutter Magda Schneider zu. Aber es war wohl so, daß Mutter Magda sich Harry gewünscht hatte. Romy wußte zuerst nichts mit ihm anzufangen.

Am Tag danach war wieder mal Mittagessen bei Trempers angesagt, Harry brachte seine Frau Anneliese Römer mit und sagte schon bei der Vorspeise: »Ich muß nachher mit Will was besprechen. Wir gehen ein paar Schritte – ihr ruht euch ein bißchen aus!« Womit die Damen gemeint waren.

Als wir dann über die Clayallee in den Grunewald hineinspazierten, blieb Harry stehen, faßte mich am Arm, sah mir in die Augen und sagte ganz ernst: »Ich brauche deinen Rat! Was würdest du davon halten, wenn ich Romy heiraten würde?«

»Romy Schneider?« Ich lachte. »Wie kommst du denn auf *die* Schnapsidee?«

»Ich liebe sie«, sagte Harry weitergehend, und noch einmal: »Ich liebe sie seit Jahren ... Ich war heute nacht bei ihr im Kempi ...«

Meinte er das ernst? Er meinte es ernst. Denn als ich, an einen Scherz immer noch glaubend, einwarf: »Du liebst sie seit Jahren? Das hast du aber ganz schön geheim gehalten! Was sagt denn Anneliese dazu?« – da blieb er wieder stehen, holte seine Brieftasche hervor und kramte in einem Geheimfach herum, fischte einen Zeitungsausschnitt heraus und hielt ihn mir vor die Nase: Ein Leserbrief, zerfleddert und schon ein paar Jahre alt, aus dem Berliner *Abend*, in dem ein gewisser Harry Meyen, Berlin-Grunewald, sich mit geradezu schwülstigen Worten für Romy Schneider einsetzte, die in einer Filmkritik wohl ein bißchen durch den Kakao gezogen worden war. Ich weiß noch, er endete mit den Worten: »Für mich ist Fräulein Schneider eine ganz große Künstlerin.«

Mit Romy Schneider beim dritten oder vierten Besuch in unserem Garten. Rechts Harry Meyen. Das Bild hat Axel Springer junior, alias Sven Simon, noch heimlich geschossen. Später knipste er dann ganz offiziell und veröffentlichte die Fotos.

»Das hast du geschrieben?« sagte ich ungläubig.

Auch Romy hatte es wohl nicht glauben wollen, als er ihr seinen Leserbrief zeigte. Harry sagte, sie hätte ihn nach dem Mittagessen in einem der elf Blatzheimbetriebe des Europa-Centers mit ins Kempinski genommen, sie seien auf ihrem Zimmer gelandet und ins Bett gegangen, ruck-zuck. Und nun liebe Romy auch ihn.

Für mich kam das Ganze so überraschend, daß ich Harry erst ernstzunehmen begann, als wir von diesem historischen Spaziergang wieder zurückgekehrt waren. Denn da entdeckte meine Frau Karin einen Hut in der Ablage am Eingang, der Harry Meyen gehörte. »Hat er den vielleicht absichtlich hiergelassen?« fragte Karin ahnungsvoll. Wie alle Frauen, hielt sie das Unmögliche sofort für denkbar. »Die arme Anneliese!«

Gegen 18 Uhr tauchte Harry schon wieder in unserem Garten auf, und diesmal brachte er – »Hallo allerseits!« – seine neue Braut mit, Romy Schneider in einem Chanel-Kostüm, ziemlich aufgedonnert. Wir schienen verlegen reagiert zu haben, denn Romy sagte sehr lieb: »Ich weiß, ihr seid mit Anneliese, seiner Frau, befreundet. Aber das muß euch nicht peinlich sein, wir gehen ja gleich wieder. Wo die Liebe eben hinfällt!« setzte sie, etwas kindlich kichernd, hinzu. Na ja, wir haben uns zusammengenommen und ein Stündchen wie normale Menschen geplaudert, von wegen: »Wie lange bleiben Sie in Berlin, Fräulein Schneider?«

Das war die Zeit, Mitte der Sechziger, als noch niemand über ein »Fräulein« lachte und aufrührerische Weiber nicht Feministinnen, sondern auf altenglische Art »Sufragetten« genannt wurden. Romy war keine. Romy war grenzenlos verliebt und zärtlich auch zu den Freunden ihres neuen Liebhabers. Nach einer halben Stunde wollte sie geduzt werden, busselte meinen vierjährigen Sohn Philip ab und wollte ihn gar nicht mehr vom Schoß lassen. »Harry, ich will ein Kind!« forderte sie lachend. Harry verzog das Gesicht und sprach bereits über gemeinsame Theaterauftritte in Berlin. Er spielte gerade in der Komödie *Tausend Clowns* und drohte schon dauernd, daß er demnächst absolut keine Zeit mehr für uns habe, weil er sich vorbereiten müsse auf seine erste Inszenierung für die Salzburger Festspiele. Ich hatte noch keine Ahnung, was er da machen sollte, und auch heute fällt mir das Stück nicht mehr ein. Ich wußte nur, daß unser Freund Leonard Steckel die Hauptrolle spielen würde.

Das war Harrys Erfolgsgeheimnis: die gründliche Vorbereitung. Im Winter waren wir in New York gewesen und hatten uns Herb Gardners *A Thousand Clowns* angeguckt, und dabei war ich für zwei Stunden Mittäter an Harrys späterem Berliner Erfolg geworden. Er hatte mir nämlich sein kleines Sony-Tonbandgerät unter den Trenchcoat geschoben, den ich auf den Knien liegen hatte – was streng verboten ist am Broadway: »Keine Fotos! Keine Tonaufnahmen!« warnen Schilder in jedem Theater. Wir saßen ziemlich weit vorne, und das Band zeichnete die ganze Inszenierung auf, jeden Lacher, jede Pause, den ganzen Ablauf. Das studierte Harry dann in Berlin so präzise, daß er, als er das Stück inszenieren mußte, es auswendig kannte und den New Yorker Erfolg haargenau kopieren konnte. Das Wort »Raubkopierer« war noch nicht erfunden.

Ich beschwerte mich erst in der Pause: »Du spinnst wohl!« habe ich zu Harry gesagt. »Wenn sie mich mit dem Sony erwischen, rufen sie womöglich die Polizei!« Worauf Harry trocken, wie immer, erwiderte: »Dann sperren sie einen neugierigen Journalisten ein, der sein Tonbandgerät mitlaufen läßt, weil er nicht genug englisch versteht und sich das Stück im Hotel noch mal genau anhören will – aber keinen bekannten Theaterregisseur aus Berlin, der das Stück demnächst inszenieren soll!« Was Logik betraf, war Harry Meyen kaum zu schlagen.

Ich habe mich an diesem ersten Tag mit Romy schon etwas früher zurückgezogen, weil ich noch etwas schreiben mußte, und auch Harry sprang bald in seinen grauen Jaguar, denn er mußte spätestens um 19 Uhr im Theater sein. Mit Romy wollten wir dann später in der Weinstube Habel am Roseneck essen gehen. Ich hämmerte, hechelnd und stöhnend wahrscheinlich, meinen Text in die Schreibmaschine und merkte gar nicht, daß Romy mein Arbeitszimmer betreten hatte, sich lautlos von hinten an mich heranschlich, die Arme um mich legte und mir mit heißem Atem ins Ohr flüsterte: »Bin ich immer noch eine dumme Liese?« Und dann griff sie einfach in die Tastatur und tippte mitten in einen Satz, den ich gerade geschrieben hatte: »Hast du das nicht mal über mich geschrieben?«

Mir wurde heiß und kalt, denn natürlich erinnerte ich mich daran, daß Henri Nannen mitten in der »Sternchen«-Serie zu mir gekommen war und »mindestens zwei Folgen auch über Romy Schneider« hatte haben wollen. »Moment mal!« hatte ich ihm geantwortet. »Das ist eine Serie über ›Sternchen‹ – Romy aber ist längst ein Star, wenn nicht sogar der größte!« Was den Nannen nicht interessierte: »Wir stehen vor einer Preiserhöhung und müssen den Leser zwingen, uns auch in der Woche darauf wieder zu kaufen, 20 Pfennige zuzulegen. Dazu brauche ich eine Geschichte, an der er kleben bleibt! Also, machen Sie schon keine Mätzchen und komponieren Sie mir zwei saftige Romy-Stücke!«

Wer war ich schon, um einem Mann wie Henri Nannen zu widersprechen? Ich fluchte zwar, aber ich schickte meine Rechercheure Rademann & Heidemann gemeinsam auf die Jagd nach »saftigem« Romy-Stoff. Und was sie anschleppten, war wirklich toll. Romy Schneider bot ja Zeit ihres Filmlebens die wunderschönsten Angriffsflächen, aber mein Kommentar »Romy ist eine dumme Liese« war im Kontext des Vorangegangenen eher noch liebevoll zu verstehen gewesen. Das gab ich ihr, angesichts meines verunzierten Manuskripts, dann auch zu bedenken. Sie lachte und verschloß mir den Mund mit einem Kuß.

Als wir zum Essen gingen, stieß mich Karin in die Seite und deutete stumm zur Garderobenablage: Da hing doch tatsächlich schon ein zweiter Hut von Harry. Der Junge machte ernst. Jeden Tag lud er Romy jetzt bei uns im Garten ab und begründete das mit ihrer Angst vor Fotografen. Gut und schön, aber es gab einen Fotografen, vor dem auch Harry kuschte: Axel Springer junior. Der erschien plötzlich, unangemeldet wie sein Vater, und entdeckte das geheimnisvolle Liebespaar in unserem Garten, holte seine Kameraausrüstung aus dem Wagen und fing hemmungslos an zu fotografieren. Romy schien das recht zu sein, aber Harry geriet in eine Krise.

»Hör mal«, nahm er mich zur Seite, »kannst du nicht mit dem Axel reden, daß er die Fotos nicht veröffentlicht? Wenn Anneliese die sieht, kriege ich einen Höllenkrach!«

»Du machst mir vielleicht Spaß!« gab ich zurück. »Du schmust vor seinen Augen mit Romy Schneider herum, dein Wagen steht jede Nacht bis ins Morgengrauen auf dem Parkplatz vom Kempi, und jetzt soll er seine Fotos nicht mal veröffentlichen dürfen?«

»Ach, Anneliese denkt doch, daß ich mit Juhnke und Nossek im Kempi nach der Vorstellung Skat spiele, das geht schon in Ordnung. Aber Fotos von uns in deinem Garten – das kann euch doch auch nicht recht sein, wenn Anneliese das sieht!?«

Ich ging mit Axel ins Haus und redete ihm ins Gewissen: »Du mußt noch ein bißchen warten mit einer Veröffentlichung. Harry bekommt Schwierigkeiten mit seiner Frau – und ich auch. Also, laß das sein, Junge! Romy haut morgen wieder ab nach Paris, kommt aber in vierzehn Tagen wieder, und dann geben wir dir das Liebespaar exklusiv! Dann kannst du Romy sogar in der ersten Reihe bei *Tausend Clowns* fotografieren und auf der Liebesbrücke im Tiergarten!«

»Ach, nööö«, sagte der Schnösel, »die Fotos habe ich jetzt schon der *Bild am Sonntag* versprochen ... Außerdem, wer weiß denn, ob Romy wirklich in vierzehn Tagen zurückkommt?«

Ich untersagte ihm, weiter bei uns zu fotografieren, und drohte ihm mit Hausverbot. Ich mußte massiv werden: »Du bist doch angeblich Fotograf geworden, um von deinem Vater unabhängig zu sein? Aber, warum lassen sich Harry und Romy hier von dir fotografieren? Weil du Axel Springer heißt! Also, erzähl mir nichts mehr von deiner Unabhängigkeit! Du reitest doch ganz schön auf dem Nimbus deines Vater mit!«

Da ging er beleidigt.

Am Abend rief Axel senior an: »Ich will mit der Geschichte nichts zu tun haben. Mich hat heute Harry Meyen angerufen. Ich soll meinen Zeitungen verbieten, Fotos von ihm und Romy Schneider zu drucken. Ich denke nicht daran, meinen Zeitungen etwas zu verbieten. Der soll sich von meinem

Sohn nicht fotografieren lassen, habe ich ihm geraten. Nimm ihm den Film ab, habe ich zu Meyen gesagt. Zertrümmere seine Kamera. Hau ihm in die Schnauze. Aber laßt mich in Ruhe!«

Der Senior scheint dann doch ein Wort eingelegt zu haben, oder der Junior besann sich, jedenfalls erschien *Bild am Sonntag* ohne Fotos aus meinem Garten. Und Romy fuhr weg und kam prompt 14 Tage später wieder, immer noch lichterloh für Harry brennend. Sie brachte Neuigkeiten mit: »Ich habe im Park über Saint-Tropez ein Traumhaus gemietet! Da verbringen wir alle zusammen den Sommer! Das wird herrlich ...«

Harry ließ sich in einen Liegestuhl sinken und öffnete einen roten Schnellhefter. »Ich muß an meinem Stück arbeiten, Romy! Ich komme gern mit nach Saint-Tropez, aber ich brauche eine stille Ecke für mich allein und keinen Zirkus, Schätzchen. Wir nehmen den Will mit, damit du jemand zum Reden hast, und wir gehen abends schön essen, aber das ist auch alles!«

Romy schmollte. Karin lehnte es gleich ab, mitzukommen. »Wir sind in Kampen gebucht, außerdem nehmen wir das Kindermädchen mit. Ich denke nicht daran, meine Brut mit dem Kindermädchen allein nach Sylt fahren zu lassen und mich mit euch in Saint-Tropez rumzutreiben!«

Harry kam nach der Vorstellung allein vorbei, hängte seinen besten Wintermantel an die Garderobe – in meinem Schlafzimmer hing bereits einer, standen Dutzende Schuhe herum, lagerten fünf weitere Hüte, mindestens 20 Hemden und jede Menge Krawatten – und wurde ganz ernst. »Du darfst mich nicht im Stich lassen! Das ist nicht irgendein Stück, auf das ich mich vorbereiten muß, das ist meine erste Inszenierung in Salzburg! Du mußt dich in Saint-Tropez um Romy kümmern! Sie ist wie ein Kind und begreift nicht, was ich da vor mir habe – mir genügt aber, daß ich nachts mit ihr schlafe ...« Ich versprach ihm, dabei zu sein. Er raste wieder ins Kempinski. Sein heimlicher Umzug machte mir Sorgen. Sah Anneliese nicht, daß sein Kleiderschrank langsam leer wurde, daß er im warmen April mit seinen Wintermänteln aus dem Haus ging und nachts ohne zurückkehrte? »Das ist 'ne Künstlerin«, meinte Karin »die kümmert sich nicht so um seine Klamotten wie ich mich um deine!« Dennoch, ich war darauf gefaßt, plötzlich Anneliese vor der Tür stehen zu sehen: Was treibt ihr eigentlich hinter meinem Rücken?

Harry hatte noch ein paar Tage *Tausend Clowns* zu spielen und Anneliese erzählte er, daß er gleich am nächsten Morgen mit mir nach Saint-Tropez fliegen wollte, um »konzentriert am Stück zu arbeiten«. Danach wollte er gar nicht mehr nach Berlin zurückkommen, sondern gleich nach Salzburg weiterreisen, »um ein Gefühl für die Atmosphäre zu bekommen«. Und Anneliese glaubte ihm das alles. Schließlich kam er und sagte: »Ich gehe nach der letzten Vorstellung nicht mehr nach Hause, habe Anneliese gesagt, daß wir um fünf Uhr aufstehen müssen, um die erste Air France nach Paris zu bekommen – ich schlafe bei euch ein paar Stunden im Gästezimmer!«

Axel junior tauchte wieder auf und forderte sein »Exklusivrecht«. Inzwischen war Romys neues Verhältnis bei allen Klatschjournalisten rum, nur Anneliese ahnte noch nichts. Ich sagte zu Harry: »Geh mit ihr im Tiergarten spazieren, ich sorge dafür, daß Axel nur eine lange Brennweite benutzt und ganz aus der Distanz fotografiert. Wenn Anneliese dann am Sonntag die Zeitung liest, sind wir schon über alle Berge und es handelt sich um nichts anderes als um ein bißchen Händchenhalten. Das darf ja noch erlaubt sein, zumal du mit Romy Theater spielen willst ...«

So geschah es, doch er konnte nicht an sich halten – oder Romy wollte es so –, und Axel junior erwischte beide auch beim leidenschaftlichen Küssen. Amen. Damit war der Eklat da.

Und schon rückte mir Günter Prinz auf die Bude, der mit Karl-Heinz Hagen bekanntlich die *Quick* machte. Beide suchten mehr denn je nach guten Stories, weil sie ja auch noch *Twen, Revue* und *Bravo* am Hals hatten; ihr Verleger hatte Helmuth Kindler die letzteren abgekauft. Ich wehrte mich, erzählte von unserer Flucht nach Saint-Tropez, ließ mich beschimpfen und mir schließlich einen Fototermin für *Twen* abringen, weil das ja ein Monatsblatt war und erst im Juli erscheinen würde.

Willy Fleckhaus, der große, um nicht zu sagen berühmte Art-Director von *Twen,* kam Stunden später mit seiner rechten Hand Christian Diener angeflogen und sah skeptisch zu, wie Axel junior das Pärchen durch den Blumengarten seines Vaters in der Bernadotte-Straße im Grunewald dirigierte. Willy flüsterte mir ins Ohr: »Hör mal, das ist doch Scheiße, ein Straßenfotograf! Wir brauchen künstlerische Bilder für *Twen,* die nur Christian machen kann!«

Ich flüsterte mit Romy, die *Twen* fabelhaft fand. Und Romy ließ sich dann herab, Fleckhaus und Diener ebenfalls für eine Fotosession nach

Saint-Tropez einzuladen. Aber die Filmrollen von Axel junior nahmen sie trotzdem mit, dessen Fotos erschienen drei Tage nach der *Bild am Sonntag* in der *Quick*.

Karajan am Apparat

Früh um fünf holte ich Harry aus unserem Bett, und in Tegel brachte uns der Air France-Chef von Berlin persönlich an die Caravelle nach Paris. Wir hatten kaum abgehoben, da zog Harry wieder den roten Schnellhefter aus dem Koffer und sagte: »Entschuldige, aber ich muß das Stück endlich zu Ende lesen!« Nur um drei Minuten später zu fragen: »Glaubst du, daß Romy uns in Nizza abholt?« Sie war am Tag vorher vorausgeflogen, »um das Haus schön zu machen!«

So ging das bis Paris und nach Nizza: Harry las ein paar Zeilen, hob dann den Kopf, schaute verträumt irgendwohin und seufzte: »Was für eine Frau!« Wir waren allein in der 1. Klasse, so störten die Seufzer wenigstens keine Mitreisenden. Nur auf dem Weiterflug von Paris nach Nizza war die 1. Klasse voll, und wir wurden vom Thema Eins auch mal abgelenkt, als Harry, der Fußballfan, direkt hinter uns Pelé sitzen sah. Ich schnappte mir meine Leica, und es gelang mir, sie am ausgestreckten Arm weit von mir haltend, ein Foto zu machen, auf dem wir alle drei drauf waren: Harry, ich und dazwischen der berühmte brasilianische Stürmer. Auch Harry konnte Kind sein: Das erste, was Romy in Nizza zu hören bekam, war Harrys aufgeregte Äußerung: »Wir sind mit Pelé geflogen, und Will hat ein Foto von uns gemacht!«

»Wer ist Pelé?« fragte Romy.

Ach, war das ein Herzen und Küssen auf dem Weg nach Saint-Tropez! Ich durfte Romys Karre fahren, einen französischen Klein-Lieferwagen, den sie ihrem Gärtner abgenommen hatte, weil sie Harrys umfangreiches Gepäck unterbringen mußte. Aber Harry, der schamhafte, drehte mir den Rückspiegel dauernd weg.

Das märchenhafte Haus im Park über Saint-Tropez, für das Romy 50 000 Francs im Monat zahlte, war mehr als eine Sünde wert, auch wenn Magda Schneider, Romys Mutter, zu den Hausgästen gehörte. Ich bekam ein schön abgedunkeltes Zimmer zur Riesenterrasse heraus und legte mich erstmal in die Sonne. Und dann kamen auch schon Fleckhaus und Christian Diener vorgefahren und mußten ziemlich lange auf der Terrasse warten, bis sich das Liebespaar hinter den geschlossenen Jalousien von Harrys Schlafzimmer Guten Tag gesagt hatte. Harry erschien mit dem roten Schnellhefter und sagte unwirsch zu den *Twen*-Künstlern: »Ich darf Sie um Beeilung bitten, ich muß mein Theaterstück noch lesen!« Während Romy die Ausgelassenheit selbst war und zu jeder Verrenkung bereit, um ihrer Lieblingszeitschrift zu gefallen.

Als ich zum Nachmittagskaffee wieder auftauchte, schienen alle glücklich miteinander zu sein, auch Mami Magda. Nur Harry lag abseits und blätterte angestrengt in seinem roten Schnellhefter, beantwortete selbst Mama Schneiders Kuchenangebote ziemlich unwirsch und zog sich schließlich in sein Schlafzimmer zurück. Die arme, glückliche Romy! Sie hatte keinen blassen Dunst von Harrys Problem, wußte nichts von seiner Art der Vorbereitung, war nur ausgelassen vor Freude über seine – unsere? – Ankunft und wollte offenbar die ganze Welt daran teilnehmen lassen. Denn sie telefonierte den ganzen Tag und erzählte jedem von ihrem neuen Glück, und daß sie Ferien machen würde und alle ihre Lieben um sie herum wären, mich großzügig einschließend. Ferien, das bedeutete für die Schauspielerin mehr als sich ausruhen. Als Klosterschülerin schon hatte sie immer nur von Ferien zu Ferien gelebt, und nun war sie eine berühmte Filmschauspielerin, konnte sich alles leisten und genoß die Freizeit bis zum nächsten Filmangebot. Obendrein war sie, tief getroffen, der Affäre mit Alain Delon gerade entronnen, hatte sich schwere Gedanken über ihre Zukunft gemacht, mit Frankreich eigentlich schon wieder gebrochen, denn Frankreich, das war Delon, und nun kehrte sie triumphal, mit einer neuen Liebe beschenkt, zurück und wollte sie natürlich der ganzen Welt zeigen, kurz: Sie konnte, wie es so treffend heißt, »das Wasser nicht halten«.

Zwar versprach sie Harry dauernd, ihn nicht weiter zu stören, aber dann klingelte das Telefon wieder, und sie schrie von der Terrasse: »Harry, es ist Eddie, er lädt uns zum Abendessen bei Lupo ein – einverstanden?« – »Wer ist Eddie?« kam die gequälte Stimme Harrys aus seinem Zimmer. »Eddie Barclay, Schätzchen! Der Plattenproduzent! Der größte Musikmanager!« – »Ich bin doch kein Sänger!« antwortete Harry erbost. »Aber er ist der König von Saint-Trop!« entrüstete sich Romy. Und so mußten wir am ersten Abend alle zu Eddie Barclay essen gehen, zu einer schrecklichen Knoblauch-Orgie.

Am nächsten Tag das gleiche Spielchen: »Harry, Herbert ist am Telefon, wir sollen mit ihm auf seinem Boot fahren!« – »Wer ist Herbert?« die gequälte Stimme aus dem Schlafzimmer. »Na, Karajan, du Blödmann! Schon mal was von ihm gehört?« – Ich erwartete Harrys Antwort: Bin doch kein Musikus! Aber ich täuschte mich, Karajan war zu berühmt. Und Harry kam ohne seinen roten Schnellhefter aus dem Schlafzimmer auf die Terrasse und wollte wissen, woher Romy den Herbert kenne. Mich haben sie übrigens nicht mit auf Karajans Boot genommen, aber ich durfte Harrys Stellvertreter spielen, als, wieder ein paar Tage später, Romy an seine Schlafzimmertür klopfte, und er es, unter Hinweis auf seinen roten Schnellhefter, ablehnte zu öffnen. »Geh doch zu Will, Herrgott! Begreifst du nicht, daß ich arbeiten muß?«

Darauf klopfte es an meiner Tür, ich rief: »Es ist offen, komm rein, Romy!« – und sie betrat das abgedunkelte Zimmer pudelnackt und tiefbraun gebrannt, und setzte sich zu mir auf die Bettkante. Auch ich lag nackt auf dem Bett, hatte nur, als es klopfte, einen Zipfel der Überdecke schnell um mich geschlungen, was Romy wiederum interessant zu finden schien, denn sie begann sofort, an der Überdecke zu zupfen, sprang auf und eilte an das offene Fenster hinter den herabgelassenen Jalousien und schrie: »Harry, was ist? Der Will hat schon einen Ständer!« Nur um Harrys unliebenswürdige Antwort zu hören: »Viel Vergnügen!«

Danach kam sie zum Bett zurückgetänzelt und warf sich, provozierend keuchend, auf mich und, als ich sie mit Gewalt runter schob, legte sie sich eng neben mich, drehte mir aber den Rücken zu und kicherte vor sich hin, bis sie mich fragte: »Würdest du mich einem roten Schnellhefter vorziehen?« Aber als ich ernst zu machen begann, rückte sie doch schnell wieder ein Stückchen weg. Sie spielte die Verwegene, ohne es ernsthaft zu sein, hatte in den paar Jahren mit Alain Delon ihre ganze Klostererziehung über Bord geworfen und fühlte sich als »Frau von Welt«, die uns deutsche Spießer nur mit Hohn betrachtete.

Michèle Morgan ist müde

An meinem letzten Abend in Saint-Tropez tauchte dann auch noch Paul Hubschmid auf, der mit Michèle Morgan in Nizza einen französischen Film drehte, wir gingen alle in den Ort hinunter essen, und als wir bei einer Flasche Champagner in Romys großem Wohnraum saßen, holte ich die Leica heraus und fing an, ein paar Fotos zu machen. Dabei hatte ich den Eindruck, daß Romy durchaus bereit gewesen wäre, eine kleine Orgie zu entfesseln. Sie saß Paul und mir direkt gegenüber, mit Harry auf einem Sofa und schmiß dauernd die Beine hoch und nestelte auch ständig an Harrys Hose herum. Doch der schlug ihr auf die Finger und fand es angebracht, sich bei Madame Morgan für Romy zu entschuldigen. Schließlich deutete Michèle auf ihre Armbanduhr und fragte Hubschmid, ob er auch müde sei. Paul sprang sofort auf und verabschiedete sich, nahm die blonde Französin an der Hand und stieg in seinen kleinen, eleganten Mercedes.

Jetzt, wo ich das aus der Erinnerung hole, fällt mir ein, daß Romy die Fotos, die ich von ihr und Harry an diesem letzten Abend machte, für intimer gehalten haben mag als sie tatsächlich waren. Ich kam nach Berlin zurück, ließ den Film entwickeln und legte den Stoß Vergrößerungen auf meine Schreibtischkante. Am Abend darauf kam Wilfried Achterfeld vom *Stern* vorbei, sah die Fotos da liegen und suchte sich ein paar heraus: Romy, hoch das Bein! Da ich ein schlechtes Gewissen dem *Stern* gegenüber hatte, weil er von mir nicht bedient worden war, während die *Quick* schon zwei Seiten gebracht hatte und auch *Bild am Sonntag* schon einige, gab ich sie Wilfried ohne Bedenken mit. Es gab keine Reaktion von Romy oder Harry, der längst in Salzburg angekommen sein mußte, als der *Stern* mit einer Aufmacherseite erschien, auf der Romy mit erhobenem Bein und der Überschrift »Hurra – der Meyen ist gekommen!« zu sehen war.

Um es gleich zu sagen: Harry, der vom Erfolg in Berlin verwöhnte Regisseur, erlebte in Salzburg eine Pleite, bekam vernichtende Kritiken. Es war das eingetreten, was er die ganze Zeit in Saint-Tropez befürchtet hatte: Er war unvorbereitet gekommen und hatte auf die Schnelle etwas zusammengeschludert. Wie er mir später erzählte, hatte er vor seiner Abreise nach Salzburg Romy dringend gebeten, in Saint-Tropez zu bleiben und erst zur Premiere nachzukommen. »Und sie hatte es mir hoch und heilig versprochen ...!«

Aber von Leonard Steckel, seinem Hauptdarsteller, erfuhr ich bald darauf, daß Harry sie bereits am zweiten Probetag, ganz hinten im Zuschauerraum versteckt, entdeckt hatte. »Der arme Junge war nur noch ein Nervenbündel!« Zumal er nun auch nachts nicht mehr dazu kam, seinen roten Schnellhefter zu studieren, denn Romy okkupierte auf der Stelle das

Doppelbett in seinem Hotelzimmer und folgte ihm tagtäglich zu den Proben ins Schauspielhaus. Er behandelte sie, so Leonard Steckel, »wie ein Stück Dreck«, aber sie scheint auch das genossen zu haben.

An dem Tag nach der Salzburger Premiere kam meine Frau Karin in den Garten gerannt und schrie: »Harry kommt zu Anneliese zurück! Er trifft um zwei Uhr in Tempelhof ein! Anneliese ist ganz glücklich über seinen Mißerfolg und holt ihn am Flughafen ab!«

Auweia. Damit war die Affäre Romy also beendet. Doch nicht ganz, wie sich herausstellen sollte. Harry kam zwar ohne Romy nach Berlin zurück, aber mit ihrem Premierengeschenk am Handgelenk, der flachsten goldenen 50 000-Francs-Patek-Philippe. Und er begann seiner Frau nun eine wirklich schändliche Rolle vorzuspielen, die des vom Schicksal unverdientermaßen Gekränkten, der zwar die Kraft noch hatte, zu ihr zurückzukehren, im übrigen aber nicht mehr fähig ist, glücklich zu sein, der nur noch leidet, leidet wie ein Hund. Ich war nicht dabei, aber die Frauen um mich herum schienen aufs beste informiert über das, was im Hause Meyen-Römer vorging. Er sitze, hieß es, von früh bis spät nur noch in seinem Lieblingssessel und starre die Wand an, höre und sehe nicht mehr, was um ihn herum vorgehe, und spreche angeblich auch mit Anneliese kein Wort mehr. Wenn sie ihn frage, was er essen wolle, zucke er nur mit den Schultern oder murmele tonlos »kein Hunger« vor sich hin. Anneliese sei zwar glücklich über seine unerwartete Rückkehr, die er in einem Telefonat mit ihr von einem Salzburger Postamt angekündigt habe, da ihm Romy »nicht vom Pelz« ginge – das hörte ich die schöne Maria Holst am Garagentor zu Karin sagen, und Maria mußte es wissen, denn ihr Mann Rudi Röttgers war der Arzt, den Anneliese um Hilfe rief.

Es schien in Berlin nur noch ein Thema zu geben, jedenfalls unter den Weibern. So eine Love-Story wirkte wie eine kräftige Brise Ozon auf die eingeschlafenen Ehefrauen, und das Sonderbare daran war, daß sie mich von ihrer Tuschelei ausschlossen, weil ich ja einer der Mittäter war, in Saint-Tropez zugesehen hatte. Aber auch Harry schloß mich aus, kam nur noch einmal, nach Mitternacht, durch den Garten und drückte mir einen dicken, versiegelten DIN A 5-Umschlag in die Hand: »Würdest du das für mich aufheben?« Ich fragte ihn, was er nun machen wolle, ein neues Stück bei den Wölffers am Kurfürstendamm? Er sah mich an, als ob ich den Verstand verloren hätte. »Nach Salzburg ... bei den Wölffers?« Es klang wie »Nach

Karajan ... bei 'ner Dampferkapelle?« Und tatsächlich, im Jahr darauf hat er bei Liebermann in Hamburg den *Tannhäuser* inszeniert – oder war das in München zuerst der *Lohengrin*?

Schlaraffia an der Spree

Bei Wally und Christina Pieroczek auf der anderen Straßenseite war wieder mal eine Cocktailparty im Gange, die kein Ende nehmen wollte. Die ganze amerikanische Kolonie gab sich ihrer Lieblingsbeschäftigung hin: saufen. Gegen elf Uhr nachts trat ich, nach Luft schnappend, auf den Gadebuscher Weg hinaus und hörte das Telefon in meinem Haus klingeln. Ich wußte, wenn ich rennen würde, legte der Anrufer bestimmt in der Sekunde auf, in der ich nach dem Telefon griff. Also ging ich langsam, ganz langsam über die Straße und durch den Garten in mein Arbeitszimmer. Das Telefon klingelte und klingelte und klingelte. Ich nahm den Hörer ab, und eine kesse weibliche Stimme sagte: »Du weißt bestimmt nicht, wer hier dran ist!«

»Nee.«

»Na, macht nichts. Ich wollte mich nur von dir verabschieden, denn ich verlasse morgen Berlin ...«

»Aha.«

» ... und gehe an den Broadway. Ich habe genug von dieser dämlichen Stadt. Die geht doch sowieso den Bach runter. Ich habe jetzt die Nase voll von Berlin ...«

»Na, toll«, sagte ich. »Und wenn du dich jetzt nicht identifizierst, lege ich auf. Alles Gute am Broadway!«

»Warte mal. So redet man doch nicht mit einer ›großen Liebe‹! Erkennst du mich wirklich nicht wieder – ?«

»Adieu!«

»Evelyn ist hier! Evelyn Renziehausen, Mensch!«

»Ach ... Eine ›kleine Liebe‹ zumindest ... Und was willst du am Broadway?«

»Na, Karriere machen! Was denn sonst?«

Ich sah auf die Uhr. Es war genau 23 Uhr. Ich sagte: »Komm doch noch vorbei. Ich bin ganz allein. Meine Frau ist auf einer Party, bei den Amis.

Komm und laß dich anschauen. Für'n Abschiedskuß wird deine Zeit noch reichen! Nimm ein Taxi!«

Eine Viertelstunde später bremste ein Taxi vor der Tür, und Evelyn kam hereingestürzt: »Hast du mal fünf Mark?«

Nichts hatte sich geändert. Oder doch: Diese Renziehausen sah besser aus denn je, hatte den restlichen Babyspeck verloren, war jetzt 21 oder 22 und blühte aus allen Poren.

Ich sagte: »Broadway, ja? Du spinnst, wie immer. Ich schlage dir was Besseres vor: Wir drehen einen Film zusammen ...«

»Ja? ... Was denn? ... Und wann?«

»Morgen früh«, sagte ich. »Die Geschichte eines Mädchens, das nach Berlin kommt, der Rest fällt mir von selbst ein!«

Ich blätterte in meinem Adreßbuch unter G wie Geyer und rief den Geschäftsführer der Kopieranstalt zu Hause an: »Habe ich noch Kredit bei Ihnen? Ja? Morgen abend kommen die ersten Muster! Vielen Dank und schlafen Sie gut!«

Ich rief bei Felix Hock an: »Beschaff uns eine Arriflex-Handkamera. Und einen Kameramann. Und Ton. Wir treffen uns morgen früh um zehn bei mir. Finde mir einen freien Schauspieler, der Auto fahren kann!«

»Sonst noch was?« fragte Felix Hock. »Soll ich auch ein Drehbuch mitbringen? Hast du Geld für Kodak, den Rohfilm?«

Zwischendurch klingelte das Telefon, Benno Bellenbaum war dran, der Kerl mit den langen Koteletten, der in der *Endlosen Nacht* zeitweise den Ton gemacht hatte, oder sagen wir: den Tongalgen gehalten, ein kräftiger Bursche.

»Du suchst'n Kameramann? Ich bin Kameramann!«

»Seit wann denn das?«

»Ich hab 'ne Arri und 'n paar hundert Meter Film und 'n weißen Opel Kapitän, ich stehe dir mit allem zur Verfügung, Wolfgang Lührse macht meinen Assistenten und kann auch den Ton übernehmen!«

»Morgen früh, Punkt zehn, bei mir im Gadebuscher Weg!«

Narciss Sokatscheff rief an: »Was soll ich spielen?«

»Was hast du für 'ne Hutgröße, Soka?« Ich hätte da noch ein schickes Ding von Harry herumliegen.

Felix rief an: »Naftali Schönberg kann Aufnahmeleitung und Ton machen, wir kriegen die Ausrüstung von Onasch«.

»Und wie heißt 'n der Film? Alle fragen mich nach dem Titel! Neuss hat 'n schönen: *Schlaraffia an der Spree*! Kommt das hin?«

»Klar«, sagte ich, »den schreiben wir drauf, paßt immer!«

Ich rief Harald Leipnitz in München an, der unterdessen einen Film nach dem anderen drehte, auch in einem Edgar Wallace von Wendlandt schon dabei war: »Hast du Zeit, Keule?« Ich nannte ihn nach dem Berliner Jargon-Wort für »Bruder«.

»Scheiße!« sagte er. »Ich drehe gerade bei der Bavaria und abends spiele ich hier Theater ...«

»Was machst du sonntags, Keule?«

»Sonntagmorgen könnte ich da sein!«

Dabei hatte ich noch keinen Schimmer, was er spielen sollte.

Es war eine halbe Stunde nach Mitternacht, als die Produktion stand.

Karin kam nach Hause und brachte Christine Viertel mit, der ich gleich wieder den Job der Kostümberaterin anbot: »Hast du 'n paar Klamotten für die Renziehausen hier?« Karin schrie auf: »Oh Gott, er plant schon wieder 'n Film – gute Nacht allerseits!«

Ich rief ihr nach: »Wir behalten die Evelyn hier heute nacht! Wir drehen morgen früh! Hast du 'n bißchen Geld im Haus?« Ich hatte noch knapp 1000 Mark in der Tasche, aber wieder eine Bonner Prämie, und außerdem gab es ja noch Scheuermann.

Evelyn Renziehausen protestierte: »Ich muß nach Hause, hab' ja schließlich 'n Kind!« Das hatte ich ganz vergessen. Nach dem Ärger mit dem »Ärgernis« lebte sie noch ein paar Wochen bei uns, bis ich sie eines Morgens à tempo ins Albrecht-Achilles-Krankenhaus schaffen mußte. Die Geburt ihrer Tochter Anouschka kostete mich über siebenhundert Mark, aber das kleine Mädchen war süß. Die Renziehausen verschwand mit ihr damals.

»Hör mal«, sagte ich, »deine Anouschka ist aber deine Angelegenheit, du siehst ja, wie hier alles auf die Schnelle zusammengestoppelt wird! Geld für'n Babysitter Tag und Nacht haben wir nicht!«

»Oh«, rief die Renziehausen, »mach dir mal darüber keine Sorgen, ich habe da schon jemand, der auf meine Kleine aufpaßt!«

Ich gab meinem Star einen Hunderter Vorschuß auf die Gage und warf sie raus: »Punkt zehn morgen früh!«

Den Rest der Nacht verbrachte ich damit, den Anfang des Films zu skizzieren, stieß mich erstmal gleich am Namen meiner Hauptdarstellerin und entwarf einen neuen: EVA RENZI. Das klang doch schon mal besser. Und ihr Filmname? Ich dachte an ihr Aussehen und daß sie natürlich ein international gefragtes Fotomodell sein müßte, aber eine, die in Berlin geboren war, als Kleinkind schon, nach einer Scheidung der Eltern, irgendwohin nach Westdeutschland gebracht worden war und nur »Alexandra Borowski« heißen konnte. Eine mit der latenten Sehnsucht nach ihrer Geburtsstadt im Herzen, die auf einer Party in ... wo denn? ... in Düsseldorf einen Typ kennenlernt, der sich verabschiedet, weil er in der Nacht noch mit dem Wagen nach Berlin fahren will. »Oh«, sagt die Borowski, »kann ich mitkommen?« Und nun fahren sie in einem weißen Opel Kapitän über die Avus, und diese Alexandra flippt aus, wenn sie den Funkturm näherkommen sieht.

Als ich soweit war, blieben mir noch vier Stunden Schlaf, aber vier Stunden haben mir immer genügt, wenn ich in einem Film war.

Berlin ist eine Sünde wert

Pünktlich um zehn standen sie alle vor der Tür, sogar die Renzi war pünktlich, und ich setzte mich in meinem Mercedes an die Spitze und rief wieder einmal: »Mir nach!«

Am Beginn der Avus, in Nikolassee, setzte ich Soka den Hut von Harry Meyen auf den Kopf – er paßte nicht ganz, weshalb er ihn ziemlich hinten, im Genick, tragen mußte, aber das sah sogar noch besser aus. Der Renzi befahl ich, ihren Pullover auszuziehen, so daß sie nur in ihrem weißen Büstenhalter neben Soka saß – wie eine Alexandra Borowski sich eben bequem gelagert hätte für eine lange, nächtliche Fahrt von Düsseldorf nach Berlin. Daß Soka begehrliche Blicke auf ihre Beine werfen sollte, brauchte ich ihm nicht erst zu sagen. Wir begannen mit einer Großaufnahme ihres tollen Gesichtes, zeigten, wie sie die Augen aufschlägt, sich umguckt und plötzlich erkennt: Da ist ja schon Berlin! Und da ist der Funkturm!

Sie machte das sehr gut, obwohl ihr Verschiedenes schon nicht paßte, wie etwa der Bulgare Sokatscheff am Steuer, das ganze Auto, das ihr nicht elegant genug vorkam – am schlimmsten aber fand sie ihren neuen Namen »Eva Renzi«. Sie drohte glatt, mich zu verklagen, bevor sie auch nur einen Meter Film gedreht hatte. So eine ist diese Eva Renzi.

Drei Vormittage lang drehten wir in verschiedenen Variationen die Ankunft Alexandra Borowskis in Berlin, dann war ich mir über den Anschluß im klaren, hatte vor allem die Schauspieler gefunden, die die Geschichte weitertragen würden. Endlich konnte ich Jochen Ketzlin beschäftigen, den ich zehn Jahre zuvor, bei den *Halbstarken*, schon zu Probeaufnahmen herbeigeschleppt hatte, ein wunderbarer Schlägertyp mit einer grandiosen Berliner Schnauze, den ich »007« nannte, nach den gerade in Mode kommenden James-Bond-Filmen. Er spielte Sokatscheffs Statthalter in Berlin, und aus Soka machte ich einen Balkanesen mit mehreren Currywurst- und Frittenbuden, der bereits ein baufälliges Hotel am Stuttgarter Platz besitzen sollte, in dem abzusteigen eine Alexandra Borowski allerdings verschmähte. Am Nachmittag des dritten Tages, als wir gerade wieder im Gadebuscher Weg eingelaufen waren, rief Paul Hubschmid über die Mauer: »Bin wieder daaa!« Ich nahm Eva Renzi mit hinüber. Er stand am Swimmingpool in jener lässigen Haltung, die er sich als schöner Mann angewöhnt hatte, und brachte es fertig, auf die auch nicht gerade kleingewachsene Renzi herabzublicken, was ihr Blut offenbar zum Kochen brachte. Schon auf dem Weg über die Wiese zur Begrenzungsmauer hatte sie streiken wollen: »Ach, Quatsch, was soll ich denn bei dem Schönling Hubschmid – geh du allein rüber!«

Jetzt sagte sie so arrogant wie möglich: »Hubschmid, ja, ist mir bekannt!« und reichte ihm die Fingerspitzen. Der arme Paul, ich kannte inzwischen seine Verlegenheit aus Menschenscheu, sagte irgendwas zu ihr, was hochnäsig klang, und anstatt seine Begrüßungs-Hand, wenn auch mit den Fingerspitzen nur, zu ergreifen, stieß sie sie zurück, und das Unglaubliche geschah: Hubschmid, der große kräftige Mann, stand offenbar auf dem falschen Bein, verlor durch den überraschenden Stoß das Gleichgewicht und setzte sich in seiner ganzen Länge auf den Hintern, fiel einfach um. Wir konnten nicht anders, wir mußten lachen, und Eva war die erste, die hinzusprang und ihm mit tausend Worten der Entschuldigung wieder auf die Beine half. Ich sah das neue Interesse in seinem Blick, als er wieder hochkam, und als er uns gleichermaßen nervös und beflissen an seinen Gartentisch lud und ein Gläschen Schampus anbot, hellte sich für mich eine neue Seite seines Wesens auf: Der Mann war ein Masochist, war einer, der sich jeder starken Frau sofort mit Vergnügen unterwarf, so wie er das mit seiner Ursula ein Leben lang getan hatte.

In seinen Memoiren mit dem treffenden Titel *Schöner Mann, was nun?* schildert er die Bekanntschaft mit seiner späteren Frau Eva Renzi ungleich zurückhaltender. Mit Genehmigung von Bertelsmann:

»Auch meinem Berliner Nachbarn, dem Journalisten Will Tremper, begegnete ich in Romys ›open house‹. Flugs schrieb er eine Geschichte über meine Dreharbeiten, in der er mir eine romantische Liaison mit meiner englischen Filmpartnerin Fiona Lewis andichtete. Das stimmte nun aber überhaupt nicht. Daraufhin zur Rede gestellt, meinte er, ich dürfe das nicht so eng sehen, so etwas läsen die Leute gern.

Kaum wieder in Berlin, stieg er über die Mauer, die unsere Grundstücke trennte, sprang in meinen Pool und rief mir beim Auftauchen zu:

›Paul, du drehst morgen bei mir!‹

Das stimmte nun wirklich. Er erläuterte mir sein Projekt, das schon lange im Gang war.

›Es ist eine tolle Rolle. Du spielst einen zynischen Zeitungstycoon.‹

Seinem Überredungstalent konnte man nicht widerstehen.

›Jetzt stelle ich dir auch gleich deine Partnerin vor.‹

Er winkte einem brünetten, langbeinigen Mädchen. Auch sie kletterte über die Mauer und stand vor mir.

›Sie sind also meine Partnerin?‹ soll ich herablassend gesagt haben. Ich lud beide zum Abendessen ein. Ich mixte die Martinis, und Tremper beobachtete mich.

›Genau so beginnen wir im Film eure erste Szene. Du machst dich gut, wie du so am Bartisch stehst und Eva dich anhimmelt.‹

›Ich himmle ihn überhaupt nicht an!‹ erwiderte sie trotzig und gab schon eine Kostprobe ihrer angeborenen Neigung zum Widerspruch.

›Ich bin schließlich kein Objekt, über das man beliebig verfügen kann.‹

›Du hältst besser deine große Klappe‹, herrschte Tremper sie an. ›Die Regie führe ich! Du kannst froh sein, für deinen ersten Film mit Paul einen so erfahrenen Partner zu haben. Es ist eine große Chance für dich, mit der du dich erst einmal bewähren mußt.‹

Wie ihr Entdecker mit ihr umging, erinnerte mich an Higgins und Eliza. Aber auch der Hubschmid-Higgins war angetan von diesem attraktiven, temperamentvollen, kratzbürstigen Geschöpf – und vollends, als sich am nächsten Tag beim Drehen ihr schauspielerisches Talent zeigte. Wir verliebten uns.

Tremper, ein großer Improvisator – nachts schrieb er die jeweiligen Szenen für den nächsten Tag -, schien das mit gemischten Gefühlen zu registrieren. Er ließ es

Mich hat sie nicht anmachen können, wenn ich einen Film drehte, aber Paul Hubschmid, der sie gleich nacktbadend aus seinem Pool holen durfte, beschloß, diese Eva Renzi zu heiraten.

sein Playgirl (so hieß der Film) spüren, was mich oft in die Rolle des Beschwichtigers drängte. Eine merkwürdige, aber kreative Spannung legte sich über die Entstehung dieses Films, der die Erlebnisse eines Mädchens aus der Provinz in der Großstadt Berlin schilderte. Die Dialoge waren von ungewöhnlicher Brillanz. Seine Einfälle und die ganze Machart lassen ihn aus heutiger Sicht als erste Abkehr von Opas Kino in Richtung ›Neuer Deutscher Film‹ erscheinen.«

Gut und schön. Aber was Paul da über Fiona Lewis in Saint-Tropez schreibt, ist die pure Erfindung, eine Verwechslung vielleicht. Ich habe über ihn und seinen Michèle-Morgan-Film nicht eine Zeile zu Papier gebracht. Und in den Pool gesprungen, während ich ihm die Offerte machte, bin ich auch nicht. Die Idee, ihn sowas wie Axel Springer spielen zu lassen, kam mir erst beim Schampus, und dann hatte ich es auf einmal eilig, den mächtigen Verleger erstmal zu fragen. Ich kletterte also zurück über die Mauer und rief bei Springers an: »Haben Sie in dem Flachbau, in den die Druckereien rein sollen, schon ein Büro, Herr Springer? Das Hochhaus ist ja noch nicht fertig!«

»Aber ja, doch«, sagte der Verleger. »Warum?«

»Ich möchte eine Szene in Ihrem Büro drehen, mit Paul Hubschmid hinter Ihrem Schreibtisch!«

»Sehr gern«, sagte er, ohne zu zögern. »Drehen Sie nur die Fotos um, die auf dem Schreibtisch stehen. Und wann soll das sein? Möglichst natürlich, wenn ich in Hamburg bin ...« Sonst müßte er seine Geschäfte aus dem Vorzimmer erledigen, haha.

»Am Sonntag«, sagte ich. »Meine Schauspieler können nur am Sonntag.«
»Na, bestens. Sagen Sie bloß dem Hausinspektor Bescheid, dem ... dem ... na, wie heißt er noch? Dem U-Bootkommandant!«

»Fritz Wenzel, Herr Springer! Aber könnten Sie dem nicht direkt Bescheid sagen, daß Sie mir die Erlaubnis gegeben haben?«

»Ach, Quatsch«, sagte Axel Springer. »Ich bin hier in einer Sitzung – Sie machen das schon, Wieder...!«

Springer ließ sich jederzeit verbinden, im Gegensatz zu vielen seiner Chefredakteure. Er war viel zu neugierig auf das Leben außerhalb seiner Welt. Und Fritze Wenzel, den kannte ich schon aus *Tagesspiegel*-Zeiten, der traute mir nichts Schlechtes zu. Wer mir am Sonntagmorgen laut auf den Hals kam, das war Springers damaliger Berlin-Repräsentant Peter Tamm, der das Kolossalgebäude in der Kochstraße geplant und gebaut hatte. Da er sich in der Eile nicht vorstellte, sondern gleich losbrüllte: »Was haben Sie im Arbeitszimmer des Verlegers verloren?« – brüllte ich in gleicher Lautstärke zurück. Zwanzig Jahre später, als wir Freunde geworden waren, konnte er sich an nichts mehr erinnern.

Wir aber drehten, wie Leipnitz in Springers Arbeitszimmer geschossen kommt und von einem Anruf einer Alexandra Borowski berichtet, die der große Verleger in Rom mal kennengelernt hat (»Wenn Sie je in Berlin sind, müssen Sie mich unbedingt ...!«), und wie der große Geschäftsmann das Gesicht verzieht und seinen Adlatus bittet, sich an seiner Stelle der überkandidelten Dame anzunehmen.

Da Felix Hock an diesem Sonntagmorgen 5 000 Mark mitgebracht hatte, die ihm der Besitzer des Kaiserhofes in Norderney unter der Bedingung übergab, daß seine Frau in unserem Film mitspielen dürfe, ergab sich wie von selbst eine weitere Einstellung in Springers Vorzimmer, wo die blonde Schauspielerin Barbara Rath sich bereits auf ein Wochenende mit Harald freut, jäh aber von der Ankunft einer Alexandra Borowski ernüchtert wird, die den Braten gerochen hat und sich nicht abschieben lassen will – nun muß Leipnitz »aus dienstlichen Gründen« mit ihr weggehen.

Und wie kommen sie aus der Kochstraße weg?

»Ruf doch mal bei Harry Meyen an«, hatte ich Felix geraten, »hier ist seine Privatnummer: Bestell ihm schöne Grüße und gute Besserung von mir und frage ihn, ob wir uns seinen schicken Jaguar für eine Filmaufnahme ausleihen dürfen!«

Zähneknirschend hatte Harry sich von seinem grauen Schmuckstück getrennt, und Harald und die Renzi durften standesgemäß abzischen. Doch Harrys Jaguar entwickelte sich zu der gleichen Posse wie der Hut des Grafen Brockdorff in der *Endlosen Nacht*: Schon am nächsten Sonntag, als Harald Leipnitz wieder in Berlin einschwebte, und der Jaguar noch einmal gebraucht wurde, weigerte Harry Meyen sich, schützte »Eigengebrauch« vor, und wir saßen in der Tinte. Wer hatte noch so ein graues Prachtauto in Berlin?

Der holländische Generalkonsul Piet Schaepman, der so eifrig hinter meiner Frau her war! Er protestierte zwar ein bißchen, als wir ihn mit der Forderung, etwas für den deutschen Film zu tun, überrumpelten, aber er gab ihn her, wenngleich auch nur für einen Sonntag. Aber am dritten Sonntag half einer, den ich nur aus dem Ricci kannte: Der Immobilienmakler Hans-Peter Plettner mit seinem grauen Jaguar, und der war großzügig und überließ ihn uns an jedem weiteren Sonntag, so lange wir ihn brauchten. Ich glaube, er hat nicht einmal eine Entschädigung genommen. Wenn ich so daran zurückdenke, fällt mir etwas auf, das ich als etwas Absurdes betrachten möchte, aber das sind die Tatsachen:

Wagenhelfer eins brachte sich um.

Wagenhelfer zwei wurde später als Botschafter abgesetzt und vom holländischen Außenamt zum Generalkonsul in Mailand degradiert.

Wagenhelfer drei aber ist der erfolgreichste Makler Berlins geworden, der einzige vom Senat bestellte amtliche Gutachter mit dem Gewicht eines Notars.

Seltsam, nicht?

Ich flog, als das Geld wieder zur Neige ging, jede Woche einmal nach München und schrieb Hagen & Prinz schnell eine Geschichte für 1000 Mark, die mein Freund Bert Naegele, der Redaktionsverwalter der *Quick*, mir auf der Stelle auszahlen mußte.

Das reichte wieder für drei Mittagessen mit meiner Crew, aber meine Frau Karin fing an zu meutern, wie bei jedem Film, und verdächtigte mich, mit dieser oder jener weiblichen Gastrolle ein Verhältnis begonnen zu haben. Ich nahm das nicht ernster als bei den anderen Filmen, mit dem Ergebnis, daß unser gemeinsamer Anwalt Dr. Ernst Reichardt mir am Ende der Dreharbeiten einen Brief schrieb, mit einer von meiner Frau angefertigten Liste von nicht weniger als dreißig weiblichen Namen. Kein einziger stimmte.

Ich hatte schon bei der *Endlosen Nacht* ein spezielles Syndrom kennengelernt: Ein Mann, der besessen ist von einer Aufgabe, verdrängt darüber alle anderen Gefühle, sogar die sexuellen. »Left, right and center«, wie die Amerikaner sagen, wurde bei allen meinen Dreharbeiten gebumst, daß es nur so eine Art hatte, während ich selbst von den Problemen des Drehens so in Anspruch genommen war, daß ich nur noch an den Film und an überhaupt nichts anderes mehr denken konnte.

Es gab natürlich Anfechtungen. So hatte Heinz Zellermayer sich vom Kölner Karneval eine bildhübsche Tänzerin aus Wuppertal mitgebracht, Ira Hagen hieß sie. Auf dem Balkon des Excelsior in Köln stehend, hatte er, wie jeder andere auch, Berge von Konfetti auf die Funkenmariechen im Festzug geworfen und versehentlich auch seinen Zimmerschlüssel. Tja, und als er nachts sein Zimmer betreten wollte und in seinen Taschen nach dem Schlüssel suchte, da schloß sie für ihn auf – gleich von innen.

Mann, die hat mir gefallen, die Ira! Ich schrieb ihr sofort eine Rolle in den Film, in der sie oben ohne auftreten mußte, und zeigte Harald Leipnitz ganz genau, wie er sie ausziehen sollte. Doch dann mußte ich ja wieder hinter die Kamera, und meine »Keule« hatte allein das Vergnügen.

Die Trüffelschweine der Zensur

Unter den Zuschauern befand sich eines Tages auch Don Antonio Espinosa, der ganz reizende spanische Generalkonsul, der während des Krieges schon eine Zeitlang in Berlin stationiert gewesen war. Ich lud ihn ein, vor der Kamera ein Gespräch mit Hubschmid zu führen, und hatte mir dazu einen östlichen Balkon des Zirkus Karajani gewählt – so nennen die Berliner die damals gerade fertiggestellte neue Philharmonie nahe dem Potsdamer Platz, die aussah wie ein Zirkuszelt, aber natürlich aus Stein war.

Der elegante kleine Don Antonio, damals schon beinahe 70 Jahre alt, steht mit dem überaus eleganten Hubschmid an der Brüstung des Balkons und schaut hinüber auf die östliche Seite der Mauer – und auf einen kleinen sanften grünen Hügel. Hinter den beiden Herren sitzt Ira Hagen und schminkt sich die Lippen neu, hört mit einem Ohr mit, was Hubschmid und Don Antonio zu reden haben.

»Unter dem Hügel da liegt der Eingang zum Führerbunker ... Die Russen haben vergeblich versucht, ihn zu sprengen. Dabei sind die letzten Häuser am Potsdamer Platz umgefallen, aber der Bunkereingang hat sich nicht gerührt«, sagt Hubschmid.

»Da hat er sich umgebracht!« muß Don Antonio sagen. »Mein Gott, wenn ich an all die Toten denke ... 60 Millionen!«

Und da hebt Ira das hübsche Köpfchen und fragt die Männer: »60 Millionen? ... Kenn ich den?«

Die Herren drehen sich nur stumm um, schütteln den Kopf und sehen sich an. Ende der Szene.

Irgendein Hirni, vielleicht sogar mein Verleiher Heinz Preuschoff, hat diesen Dialog überhaupt nicht begriffen und Iras Reaktion einfach abgeschnitten. Dabei hatte ich, um es auch dem begriffsstutzigsten Zuschauer klarzumachen, an nichts anderes gedacht als an den Generationenunterschied. Die Toten interessieren das Püppchen Ira nicht, aber als sie eine Zahl hört, die Geld bedeuten könnte, wird sie neugierig.

Oh, wie ich diese selbsternannten Zensoren gehaßt habe, die in jedem meiner Filme zur Schere griffen und hinter meinem Rücken einfach herausschnitten, was ihnen nicht »politically correct« genug erschien! In Die *Endlose Nacht* hatte ich einen Zwischenschnitt gedreht, um mir den Übergang zu einer anschließenden Szene zu erleichtern. Da meine Frau mit nicht weniger als sieben blonden Freundinnen gerade zu einem nächtlichen Besuch in die Abflughalle gekommen war und zuguckte, kam ich auf die Idee, sie alle sieben in Nonnentrachten zu stecken und im Gänsemarsch aus der Damentoilette kommen zu lassen. Mein orthodoxer katholischer Verleiher Hanns Eckelkamp sorgte dafür, daß die Szene schon bei der Uraufführung in der Abflughalle fehlte.

Ich habe nie begriffen, wie ein Mensch die Stirn haben kann, mit der

Schere an einem Werk herumzufummeln, das er lediglich an die Kinos vermieten soll, mit dem er nichts, aber auch gar nichts sonst, zu tun hat. Da sind mir die Filmvorführer in den Kinos noch lieber, die damals die Angewohnheit hatten, sich ein Bildchen von einem nackten Busen aus dem Film zu schneiden und zu Hause wie einen Schatz zu hüten. Heute gibt's zu viele nackte Brüste, und sie haben mit dem Unfug wohl aufgehört. Damals kamen laufend Beschwerden, weil die Renzi sich in einer Szene, in der sie sich nackt zu Leipnitz im Bett umdreht, nur noch einen Sprung macht – zu viele Vorführer hatten sich schon mit je einem Bildchen bedient.

Von der Zensur der Schlußsequenz meines ersten Films *Flucht nach Berlin* habe ich schon berichtet, auch von der Offerte Bundesfilmpreis gegen Streichung der Szene, aber nie hätte ich es für möglich gehalten, daß das Bundesinnenministerium seinen Einfluß bis in die Fernsehsender hinein geltend machen könnte: Bis zum heutigen Tag führen sie *Flucht nach Berlin* ohne meine Schlußsequenz vor. Zur Rede gestellt, behauptet jeder Filmredakteur: »Ich war es nicht, ich führe nur vor, was mir von dem Dr. Leo Kirch geliefert wird!« Was hat der Kirch mit dem Bundesinnenministerium am Hut?

Anfang der neunziger Jahre erst erfuhr ich durch einen Zufall, daß auch *Verspätung in Marienborn,* zu dem ich ja nur das Drehbuch geliefert habe, auf den Filmfestspielen in Neu Delhi durch das Deutsche Auswärtige Amt – unter Genscher, nehme ich an – zensuriert wurde: Die Russen beschwerten sich und drohten mit Abreise, und daraufhin erlaubte sich die deutsche Botschaft, eigenmächtig eine bestimmte Szene aus dem Film herauszuschneiden.

Eigentlich macht's schon keinen Spaß mehr, in Deutschland noch Filme zu drehen, fand ich schon 1965, nach der Uraufführung meines dritten Films. Da geriet ich zufällig in eine Vorstellung meines Films und traute meinen Augen nicht: Auf der Leinwand ging es merkwürdig dunkel zu. Ich rannte zum Vorführer, und der beichtete kleinlaut, daß er den Film nur mit 50, statt mit 70 Lux »fahren« dürfe. Dem Kinobesitzer sei die monatliche Lichtrechnung zu hoch ... Und das geschah nicht in einem billigen Dorfkino, sondern im Haus eines großstädtischen Erstaufführers. Das geschah bei »Kinokönig« Max Knapp, dem großkotzigsten von Berlin.

Was die »Freiwillige Selbstkontrolle der Filmwirtschaft« anging, hatte ich nie Schwierigkeiten. Die Damen und Herren der FSK im Schloß zu Wiesbaden-Biebrich übertrieben in der ersten Sitzung meist so schamlos, daß der Produzent des Films nur noch den vorzüglichen Fachanwalt Horst von Hartlieb bitten konnte, den Hauptausschuß anzurufen, die zweite Instanz, die dann die Auflagen der ersten gegen Zahlung einer weiteren Gebühr von ein paar tausend Mark regelmäßig wieder zurücknahm. Eine reine Geldmacherei, die bei der Kalkulation einer Produktion schon berücksichtigt werden mußte. Bei *Playgirl*, wie *Berlin ist eine Sünde wert* am Ende hieß, ließ ich einen kleinen Italiener auf einen Stuhl steigen, die Arme ausbreiten und den Satz sagen: »Wenn sie langliegen, passen sie immer!« – auf italienisch: »Quando sono in orrizzontale vanno sempre bene!« Und den deutschen Satz ließ ich als Untertitel dazu laufen. Prompt verbot ihn die FSK – und das drei Jahre vor der 68er Revolution, nach der dann auf einmal alles erlaubt war.

»Eva, ich schlag dich tot!«

Die ganzen Dreharbeiten an diesem dritten Spielfilm dauerten 72 Tage, waren organisatorisch ein einziges Vabanquespiel, künstlerisch hingegen eine wahre Wonne. Ich konnte jeden Einfall auf der Stelle realisieren, ließ mich von jedem Ereignis inspirieren und verschaffte dem Film damit jene »ungewöhnliche Frische und Spontaneität«, die nicht nur den Kritikern auffiel, sondern gottlob endlich auch dem Publikum. Ich ging auf die Trabrennbahn in Mariendorf, wo Hubschmid diese Alexandra Borowski zufällig wiedertrifft, die es inzwischen mit Leipnitz, seinem Assistenten, treibt. Wir sehen zu, wie sein Pferdchen das Rennen verliert, er aber das Rennen um das Mädchen aufnimmt, obwohl es gerade mit Leipnitz in der Dunkelheit verschwindet.

Nicholas Ray, der bekannte amerikanische Regisseur, wurde, an der Hand von Ulf von Mechow wieder mal, gerade durch die Stadt geführt, und weil mir auch Kristina Söderbaum, die »Reichswasserleiche«, über den Weg lief, schleppte ich sie gemeinsam zum Sechs-Tage-Rennen in die Deutschlandhalle und ließ sie, für einen warmen Händedruck, im Innenraum, zwischen all den Radfahrerlagern, eine Szene spielen. Und immer ist die Renzi dabei und muß dumme Fragen stellen: »Wer ist die ›Reichswasserleiche‹ – Kristina Söderbaum, diese alte Dame, wer soll das sein?«

Ich okkupierte mit ihr den legendären Kempi-Grillroom, aus dem die Verantwortlichen in einem Anfall von Schwachsinn nach der Wende, als die Stadt endlich anfing zu blühen und gedeihen, zuerst eine »Hummer-Bar« und dann einen Kinderspielplatz für ihre kleinen Hotelgäste gemacht haben, und ließ sie mit Hubschmid einen geisterhaften Dialog führen:

»Was ich in Berlin will?« muß die Renzi sagen. »Aber hier hat sich doch alles abgespielt, hier war doch der Krieg und die Russen und so!«

Und Hubschmid, an derlei Dialoge überhaupt nicht gewöhnt, sieht zum ersten Mal toll aus, als er antworten muß: »In Berlin nur, glaubst du, war der Krieg?«

Anschließend springt sie nackt in seinen Swimmingpool in Dahlem und schläft mit ihm in seinem Originalschlafzimmer, auf der Fuchsdecke, unter der Ursula Hubschmid wahrscheinlich ihr Leben aushauchte. Paul war offensichtlich fasziniert von meiner Entdeckung, die Felix bereits dabei ertappte, daß sie von seinem Büro aus Immobilienmakler anrief und sich nach einer standesgemäßen Villa erkundigte, die sie nach der Premiere, als Filmstar, beziehen wollte. Falls die Renzi noch nicht schizophren war, bei diesem *Playgirl* wurde sie es.

Nach den nächtlichen Dreharbeiten in Hubschmids Millionen-Ambiente wurde sie von »007« oder Bellenbaum nach Hause gebracht und mußte sich erstmal wieder erinnern, wo sie am Abend ihre Tochter geparkt hatte. »007«-Ketzlin, der sie an einem anderen, gewöhnlichen Drehtag abends nach Hause zu bringen hatte, kam stundenlang nicht wieder, und als er endlich auftauchte, warf er sich erschöpft in einen Sessel und berichtete: »Die hat da so 'n schäbiges Zimmerchen, eine richtige Bruchbude, in Schöneberg und macht mit uns jeden Morgen, wenn wir sie abholen, das gleiche Theater, erscheint mit dem Kind auf'm Arm und läßt uns erstmal in der Nachbarschaft rumfahren, auf der Suche nach einer gutmütigen Frau, die selber Kinder hat, springt mit ihrer Anouschka aus dem Wagen, klingelt und sagt aufgeregt: ›Ach, könnten Sie 'n Moment mal auf meine Kleine aufpassen? Ich muß dringend was erledigen und hole sie gleich wieder ab!‹ Und so 'ne gutmütige Frau kommt gar nicht dazu zu protestieren – schon hat sie das Kind von der Eva im Arm und sieht nur noch, wie die in meinen Mercedes springt und abhaut!«

»Das macht sie wirklich so?« warf ich ein. »Um Himmels willen, das geht doch nicht! Sie weiß doch gar nicht, was das für Leute sind, denen sie Anouschka anvertraut!«

»Was soll schon sein«, sagte Felix Hock. »Eine Mutter ist eine Mutter, die läßt die Kleine schon nicht verhungern – soll sie der sagen: Ich bin ein Filmstar und brauche jemand, der heute mal auf mein Kind aufpaßt?«

Darüber haben wir noch gelacht, aber dann erzählte Ketzlin weiter, und da verging uns das Lachen: »Heute habe ich eine Stunde oder mehr damit verbracht, ihr Kind zu suchen – sie hatte glatt vergessen, wo sie es heute morgen abgegeben hat! Wir sind in diese und jene Straße gefahren, sie hat überall geklingelt, wo sie schon mal war, und überall ist sie von wütenden Müttern davongejagt worden! Reiner Zufall, daß wir Anouschka wiedergefunden haben!«

Von nun an brachte sie ihr Kind mit. Das süße kleine Mädchen hielt, wann immer ich es sah, einen verschmierten Leibniz-Keks in den Händchen, und jedesmal fand sich ein Stabmitglied, das sich des Kindes erbarmte und mit nach Hause nahm.

Eines Tages war auch Felix Hock dran und nahm Anouschka mit, und die gute »Klementine«, seine Frau Johanna, die nie Mutter gewesen war, holte eine Kinderärztin zu Hilfe. Sie stellte fest, daß Anouschka an Keksverstopfung litt und sorgte umgehend für Erleichterung – mitten auf dem feinen Teppich Johannas. Mir blieb das erspart. Meine Frau hatte die Kinder und das Kindermädchen schon wieder mit nach Kampen genommen. »Wenn er 'n Film dreht, ist der Will nicht zu genießen!« hatte sie zu Christine Viertel gesagt.

So war ich auch allein zu Hause, als ich meine Hauptdarstellerin beinahe umgebracht hätte. Es war ein Montag, und wir drehten im Schloß Charlottenburg, das nur montags für den Publikumsverkehr geschlossen ist. »Morgen ist ein wichtiger Tag!« hatte ich allen noch am Sonntagabend verkündet. »Wenn wir nicht fertigwerden, müssen wir eine ganze Woche warten, bis wir das Schloß wieder zur Verfügung haben!« – Doch wer am Montagmorgen unauffindbar blieb, das war Eva. Wir drehten dies und das um sie herum und gingen sorgenvoll am Nachmittag nach Hause. Es mußte ihr etwas passiert sein, anders war ihr Verschwinden nicht zu erklären. Sie wußte doch, wie wichtig die Szenen im Schloß waren! Felix Hock rief bereits die Krankenhäuser, die Feuerwehr und die Polizei an. »Nein«, bekam er überall zu hören, »heute haben wir noch keine Meldung über eine Leiche im Landwehrkanal! Rufen Sie mal morgen früh wieder an ...«

Ich stand gerade am Schreibtisch und hörte mir am Telefon die Meldung unseres Suchtrupps aus Schöneberg an, der die Wohnung der Renzi aufgebrochen und die ganze Nachbarschaft alarmiert hatte – da sah ich meinen Star über die Wiese geschlendert kommen.

»Wo warst du?« schrie ich sie an. »Wir haben heute morgen im Schloß Charlottenburg auf dich gewartet!«

»Ach«, sagte sie leichthin, »heute habe ich doch für das Titelbild der *Neuen Revue* fotografiert! Ich habe ganz vergessen, dir zu sagen, daß Mister Bernard aus Hollywood sich für heute verabredet hatte – das war wichtig, weißt du! Er hat doch einen festen Auftrag für Titelfotos! Habe ich das Felix nicht gesagt? Ich bin mir ganz sicher, daß ich Felix Bescheid gesagt habe!«

Ich griff nach dem nächsten Gegenstand, einem der schweren eichenen Stühle im Eßzimmer, holte aus und schlug ihn mit aller Kraft, zu der ich fähig war, der Renzi auf den Kopf, und das war kein Spaß: Ich glaube heute noch, daß ich sie einfach umbringen wollte. Und was tat das Aas?

Sie schüttelte sich nur kurz mal, als der eichene Eßzimmerstuhl auf ihrer Schulter zersplitterte, schrie »He-j! Wa soll denn das?« – und ich schleppte mich mit einem Herzanfall ins Bett, war für den Rest des Tages nicht mehr zu gebrauche.

Dieser Bruno Bernard lebte immer noch davon, daß er einst ein Foto der nackten Marilyn Monroe gemacht hatte. Er reiste überall herum, zeigte das Foto mit seinem Namen drauf, und sämtliche Mädchen beeilten sich mit dem Ausziehen, um ebenfalls eine Marilyn Monroe zu werden. Und nun auch »meine« Renzi!

LANDUNG UNTERM BALKON

Über nicht genügend Publicity hatte unsere Produktion wahrlich nicht zu klagen. Sämtliche Zeitungen, Illustrierte, Radio- und Fernsehsender stürzten sich auf uns. Ich merkte, wie die Renzi überall ankam. Nicht nur die *Neue Revue*, auch die *Quick* und der *Stern* brachten Titelbilder von ihr. Sie hätte schon ein Übermensch sein müssen, um nicht durchzudrehen: eine vollkommen Unbekannte, auf die plötzlich ein ganzer richtiger Kino-Spielfilm abgestellt ist, die plötzlich von aller Welt bewundert wird! Sie war nun mal der Star des Films, und sie begann auch, sich wie ein Filmstar zu benehmen, spürte instinktiv, daß ich schon zuviel mit ihr gedreht hatte, um sie noch rausschmeißen und umbesetzen zu können.

Nach der Geschichte mit dem Schloß Charlottenburg sprach ich wochenlang kein Wort mehr mit ihr, wickelte den ganzen notwendigen Regieverkehr über meinen Assistenten Ralf Gregan ab, was bedeutete, daß ich mich sogar an Gregan wandte, wenn sie daneben saß: »Sag der Renzi, wenn sie sich auch morgen wieder nicht an meinen Text hält, werde ich Bodo Kochanowski von der *BZ* erzählen, daß sie zwar hinreißend aussehen kann, aber leider überhaupt keine Schauspielerin ist!«

Über solche Sachen wurde dann zwar gelacht, aber nicht von Eva Renzi. Sie hatte es in einem längeren Dialog mit Leipnitz, in dem es auf bestimmte Stichworte ankam, zwölfmal fertiggebracht, den Text fehlerhaft aufzusagen – beim dreizehnten Mal sprach sie ihn endlich richtig, und da verpatzte der arme Harald, auf ihren Fehler wartend, seinen Text. Aber so etwas regte mich nicht auf. Ich wußte ja, daß ich eine begabte Amateurin beschäftigte, ohne jede Ausbildung, und ich empfand ihre Hemmungslosigkeit vor der Kamera, das fehlende Lampenfieber, stets als positiv, ein absolutes Plus, vor dem nur ihre professionellen Kollegen Angst haben mußten.

Noch Jahre nach dem Film, als ich in München den Text der Zeitschrift *Jasmin* zu verantworten hatte, schrieb ich in einem Artikel für Mädchen, die unbedingt zum Film wollten, lobende Worte über Eva Renzi – oder, sagen wir, erklärende Worte. Ich schrieb, wie wenig jene Schauspielschülerinnen eine Chance haben, die brav und züchtig einem Regisseur mit den Worten vorsprechen: »Ich weiß, daß ich noch viel lernen muß, aber ich werde mir alle Mühe geben!« Denn der Regisseur, der einen Film besetzen muß, ist der größte Zweifler, ist die Unsicherheit selbst und befürchtet immer, auf ein Untalent reinzufallen. Wie wirkt dagegen eine wie die Renzi, die noch niemand auffordern mußte, lauter zu sprechen, die nie schüchtern an eine Tür klopfte, sie eher eintrat und mit Schwung verkündete: »Ich bin die Größte!« Und dem Regisseur nur zu gern die Entscheidung abnahm: »Wenn Sie mir nicht die Rolle geben, sind Sie selber schuld, Sie Würstchen!« So eine gefällt jedem Regisseur, denn sie ermutigt ihn.

Darum war die Renzi in der kurzen Szene so gut, die sie als Mannequin vor der Mauer in der Friedrichstraße spielen mußte. Zwei schwäbisch sprechende Berlin-Besucher – echte, keine Statisten! – mokieren sich da über den italienischen Modefotografen, der die Mauer als Hintergrund für schicke Modefotos mißbraucht. Die Renzi, im Film ja auch nur eine Berlin-Besucherin, fährt ihnen laut über den Mund: »Ach, gebt doch nicht so an mit eurer Mauer!«

Wie sie das herausplatzte, klang es wie »Scheißmauer!« und erregte bei jeder Vorführung einen lauten kollektiven Stöhner im Publikum. Jeder meiner Mitarbeiter nannte denn auch zuerst jene Mauer-Szene als entbehrlich, als sich am Ende der Dreharbeiten herausstellte, daß ich viel zu lang geworden war und mindestens 30 Minuten schneiden mußte. Felix Hock glaubte sogar zu wissen: »Wegen dieser Szene wirst du, wie schon bei deinem ersten Film, wieder keinen Bundesfilmpreis bekommen!« Ich wußte, daß er recht behalten würde, aber ich fand die kaum eine Minute lange Mauer-Szene so eindrucksvoll, daß ich sie im Film drinließ. Ich wußte instinktiv, daß ich die Größe haben müßte, mich von diversen anderen Lieblingsszenen zu trennen, die wundervoll anzuschauen waren, die Handlung aber nicht voranbrachten. So schnitt ich, zum Beispiel, Nicholas Ray und Kristina Söderbaum und das ganze Sechs-Tage-Rennen in der Deutschlandhalle wieder raus, volle zwölf Minuten. Ich trennte mich schweren Herzens von gut einem Dutzend weiterer kurzer Szenen, über die mein Herz gelacht hatte. Weinen tat es über die Szene auf der Neuköllner Seite des Tempelhofer Flughafens. Hundertmal schon hatte ich beim Landeanflug auf Tempelhof, der bei Westwind sinnigerweise über den großen Friedhof an der Hermannstraße führt, das letzte Haus rechts vor der Landebahn betrachtet und den Pilot bewundert, wenn er, kurz vor dem Aufsetzen, direkt unter dem oberen Balkon entlangflog, auf den Meter genau berechnet. Ich schickte Felix zu dem Haus aus den dreißiger Jahren, Ecke Oder-/Leinestraße, und für 500 Mark bekamen wir die Erlaubnis, eine Stunde in der obersten Wohnung zu filmen. Der Vorwand war schnell gefunden:

Alexandra Borowski, auf der Suche nach ihrem Vater, begibt sich zu der Adresse seiner letzten Frau, klingelt – und niemand öffnet. Erst beim fünften Mal kommt jemand an die Tür und läßt sie herein. Die Frau in der Wohnung entschuldigt sich: »Wenn hier 'ne Panam unter meinem Balkon landet, höre ich die Klingel nicht!« Und dann erfährt Alexandra Borowski, daß ihr Vater Kommunist war und zu der Handvoll West-Berlinern gehört, die beim Mauerbau nach Ost-Berlin hinübergewechselt sind. Mitten im Gespräch fängt es an zu dröhnen, als ob ein Eisenbahnzug durch die Wohnung fährt. Alexandra springt auf, rennt auf den Balkon hinaus – und sieht direkt unter sich, zum Greifen nahe, eine DC 4 landen. Eine Szene, die dem Zuschauer den Atem verschlägt, die es auf der ganzen Welt sonst nicht mehr zu sehen gibt, weil kein anderer Flughafen so direkt von einem Häusermeer umgeben ist. Ich habe sie aus meinem Film herausgeschnitten, aber Rolf Gillhausen hat drei Seiten davon im *Stern* gemacht.

Der schlechte Schluss

Zum Schluß habe ich dann auch noch in dem Traumhaus von Jürgen Bud-Monheim auf der Insel Schwanenwerder an der Klaren Lanke gedreht, da wo Joseph Goebbels einst seinen Wohnsitz hatte, dann Axel Springer sich ein Haus baute und heute, glaube ich, das Aspen-Institut der Amerikaner seinen Sitz hat. Eine typische Berliner Sommerparty wollte ich auf Monheims Terrasse drehen, bei der sich Leipnitz und Renzi zufällig wiedersehen, nachdem sie ihn mit Hubschmid betrogen hat. Meine Frau Karin mit ihren Freundinnen war dabei, Heinz Zellermaier mit Ira Hagen, die Griechen Dimitri und Helen Cosmadopolous, Renate und Alexander Gonda, Monika Scholl-Latour, Marianne Bennett, Elizabeth Wertenbaker und Christina Pieroczek, wie Marga Palmer und Christine Viertel natürlich, die ebenfalls in kleinen Rollen mitspielten. Nur der Hausherr drückte sich hinter statt vor der Kamera herum; vielleicht befürchtete Jürgen Bud-Monheim, daß ich doch noch Szenen zu dem geplanten »Ärgernis« drehen würde, das auf der nächtlichen Party bei ihm begonnen hatte.

Die Fernsehansagerin Elga Stass vom Hessischen Rundfunk war damals mächtig im Gerede, weil sie auf einer Pyjama-Party in Kronberg fotografiert und dafür von ihrem strengen Intendanten, dem Pfarrer Hess, fristlos entlassen worden war. Bei mir spielte sie die vernachlässigte Freundin von Harald Leipnitz, sah entzückend aus, hatte auch genau den argwöhnischen Blick drauf, den die Rolle verlangte, und erwies sich leider als Quelle endloser Querelen, deren Grund ich bis heute nicht begriffen habe; vielleicht hatte es mit dem Quotensystem zu tun, nach dem Felix Hock die Dauer der Mitwirkung aller Schauspieler berechnete. Ich hatte nämlich schlau sein und nichts mit der Honorierung der Künstler zu tun haben wollen, hatte Felix, wie auch meinen Bruder Dieter, mit je fünf Prozent an meiner GmbH beteiligt und sie darauf eingeschworen, mir alle Gelddinge vom Leib zu halten – mit dem Ergebnis, daß die Mimen, die ihre Gagen zurückstellen ließen, trotzdem laufend zu mir gerannt kamen. Ein besonderes Erlebnis fällt mir noch ein, das ich nicht unerwähnt lassen möchte, weil es in gewisser Weise meine Berlin-Leidenschaft erklärt: Mich hatte der amerikanische Pianist und *Star Dust*-Komponist Hoagy Carmichael in einer Einsamkeit strahlenden nächtlichen Szene so beeindruckt, daß ich sie unbedingt in meinem Film »zitieren« wollte, wie Cineasten einen geistigen Diebstahl umschreiben. Ich dachte an einen »echten Berliner«, einen wie Paul Kuhn mit seinen abstehenden Ohren, seiner Zahnlücke vorne Mitte und seinem herzzerreißenden Lächeln. Felix ließ ihn nach Berlin kommen, ich traf mich mit ihm in der Hilton-Bar und fühlte, als ehemaliger Klavierspieler, gleich die unheimlichste Sympathie für den Kerl. »Paulchen«, sagte ich, »du bist für mich das große alte Zwanzigerjahre-Berlin, das wir leider nicht mehr kennengelernt haben – auf ihrem nächtlichen Zug durch die Gemeinde geraten Leipnitz und Renzi in eine kleine Bar, die längst geschlossen hat, nur ein einsamer Klavierspieler mit einem letzten Bierchen und einem vollen Aschenbecher auf dem Flügel klimpert noch leise vor sich hin und singt halblaut eine eigene Melodie ... Es muß eine atmosphärisch starke Szene werden, die unser Pärchen – und damit die Zuschauer – zu Tränen rührt, verstehst du?«

Natürlich verstand mein Paule. Aber als ich zwischendurch mal ans Telefon gerufen wurde, gestand er meinem Freund Marino Lazzeroni, der mich gerade in Berlin besuchte und für mich der ausgeschlafenste Italiener ist: »Was will der Tremper immer mit Berlin, Berlin! Ich stamme nicht aus Berlin, ich war auch noch nie hier, komme aus dem Weserbergland, und alles, was er so an mir liebt, habe ich in amerikanischen Clubs gelernt ...«

Ich kam zurück und erlebte aus dem Mund Marinos mein Waterloo. »Der Herr Kuhn ist gar kein Berliner!« Ich wollte es nicht glauben. Konnte ich mich so geirrt haben? Auf diese Weise lernte ich, daß »Berliner sein« ein Geisteszustand ist und mit dem realen Berlin überhaupt nicht zu tun haben muß. Schnell und unsentimental, frech und doch voll Gefühl, immer vorne weg und zupackend, das ist auch ein New Yorker »Berliner«, das gibt's hier und da vielleicht sogar im Weserbergland. Ich wurde ganz klein und engagierte meinen Paradeberliner trotzdem, und die Szene mit Pauls eigener Komposition wurde ein Riesenerfolg, obwohl auch sie wieder nur Schau-

Paulchen Kuhn, mein Musterberliner mit seiner Freundin, der gar kein Berliner ist, sondern aus dem Weserbergland stammt. Ich lernte: Berliner sein, ist nur ein Geisteszustand à la Kennedy und braucht nichts Reales zu sein.

spielerei war: Ich ließ Paul Kuhn mit all seiner nächtlichen Erschöpfung an einem nüchternen Vormittag in einem Studio spielen und wohlwollend meiner linken Hand zulächeln, die Leipnitz und Renzi darstellte – während das Paar Tage später im Hinterzimmer einer Berliner Kneipe hinter einem Vorhang hervorkam und, wiederum, selig meiner linken Hand zuwinkte. Zusammengeschnitten kam reiner Kintop heraus.

Paul ist dann durch den Film, hoffe ich, als Big Band Leader zum Sender Freies Berlin gekommen und, wiederum Jahre später, mit Barlog und mir in einer Fernsehsendung aufgetreten, die uns als »beispielhaft typische Berliner« vorstellte.

Also, meine Freunde spielten bravourös ihre Szene in Monheims Haus auf Schwanenwerder, und nun fehlte nur noch ein Schluß. Meine Leidenschaft für die Renzi aber war inzwischen auf Null gesunken. Ich saß mit meiner Cutterin Ursula Wöhrle bei Geyer im Schneideraum und mußte mich täglich fragen lassen: Wie endet das Ganze? Um hilflos immer wieder zu antworten: Ach, irgendwie, ist doch scheißegal. Wahrscheinlich heiratet der Leipnitz sie, und sie kriegen Kinder. So what?

Hubschmid drehte inzwischen irgendwo in Europa schon längst wieder an einem anderen Film, ich schmetterte die nächste Scheidungsklage meiner Frau mit einem Hohnlachen ab und interessierte mich wieder für andere Dinge, wie den Besuch der James-Bond-Produzenten, die mit einem Riesenaufgebot an Menschen und Material aus England herübergekommen waren und an den üblichen Ost-West-Schnittpunkten den Thriller *Funeral in Berlin* mit Michael Caine drehten. Auch Paul Hubschmid spielte mit, und ich ergriff die Gelegenheit seines Berlin-Aufenthaltes, um nun doch zu einem Ende zu kommen.

An einem Nachmittag versammelte sich im Schloßpark Klein-Glienicke an der berüchtigten Glienicker Brücke nach Potsdam, auf der die Spione ausgetauscht zu werden pflegten, ein Ministab von acht Leuten um eine Arriflex-Handkamera und drehte einen Ruck-Zuck-Schluß unseres Films: Renzi und Hubschmid haben eine letzte Aussprache, die von Leipnitz beobachtet wird. Er sieht die Renzi wütend davonstürmen, läuft ihr nach und zwingt sie in seine Arme – aus, Schlußmusik. Das Ergebnis wirkte, in der Tat, wie ein Eimer Wasser ins Gesicht der Zuschauer, die sich anderthalb Stunden lang an einem relativ originellen Film erfreut hatten. Die Kritiker, die durch die Bank Gefallen an *Playgirl* gefunden hatten, wurden ohne Ausnahme wütend über diesen Schluß. Aber mir war das zu diesem Zeitpunkt wirklich »scheißegal«. Die Luft war raus aus dem Unternehmen Eva Renzi. Ich war ja nicht angewiesen darauf, daß ich Filme machte. Ich hatte einen zweiten – oder ersten – Beruf, der mir ungebrochen Spaß machte und bis heute macht. Wie ich später über meine Filme der sechziger Jahre mal schrieb: »Ich brauche ein ganzes Jahr, um mich von einem Film zu erholen, wenn er abgedreht ist, und ein weiteres Jahr, um mich für einen neuen Film zu begeistern.«

Doch der nächste Film, für den ich mich überhaupt nicht begeistern konnte, wartete bereits in München.

Ein Wochenende in Wien

Mitte der sechziger Jahre passierten die tollsten Dinge, wenn ich so zurückdenke. Wir, die wir zu klug und zu erfahren bereits waren, um den Leichnam von Karl Marx nochmal auszugraben, sahen voller Hohn zu, wie die CDU sich selbst entleibte, als sie mit der SPD eine große Koalition einging. Für mich, den SPD-Wähler seit Kriegsende, war die Sache endgültig gelaufen, als ich Willy Brandt im Bundestag den distanzierenden Satz aussprechen hörte: »Die da draußen im Lande ...« Ich beschloß, mich nicht mehr für einzelne Politiker zu erwärmen und in Zukunft CDU zu wählen. Ich wollte lieber von Geschäftsleuten regiert werden als von roten Phantasten. Ich sah, wohin der Hase lief, lange bevor Willy an die Macht kam und prompt in die ausgelatschten Schuhe von August Bebel stieg, der im vergangenen Jahrhundert seine Partei beschwören mußte, nochmal zur Schule zu gehen. »Wir werden ewig Proletarier bleiben«, so ungefähr hatte er sich ausgedrückt, »wenn wir uns nicht bilden!«

Bevor die große Schuldenmacherei begann, die ersten hundert Milliarden für »Bildung« ausgegeben wurden, wußte ich, daß Brandt eine Generation von Taxifahrern züchten würde. Ich hatte nämlich meine alte Schulklasse vom Gymnasium in Oberlahnstein wiedergesehen und staunend erlebt, daß die Klasse der nächsten Generation auch nur wieder 42 Sitzplätze hatte – mit dem Unterschied, daß nicht mehr vier zukünftige Studenten darunter waren, wie zu meiner Zeit, Anfang des Krieges, sondern nunmehr 35 studieren wollten, »weil wir sonst keine Chance im Leben haben!« August B., ick hör dir trapsen. Ich sah mir die neuen Gesichter an und wußte, daß auch nur wieder zehn Prozent höchstens zu einem Studium fähig sein würden. Mich hat überhaupt nicht überrascht, daß sie 1968 dann die Hörsäle anzündeten und die Professoren auf breiter Front die Ansprüche an Studierende zurücknahmen, bis die Qualität des Studiums den letzten armen Tröpfen angeglichen war. Ich war nicht unbedingt ein Seher oder soviel schlauer als die anderen, ich hatte nur Freunde mit Erfahrung und verstand es, ihnen zuzuhören.

Über den Marxismus beispielsweise wußte ich nach einem einzigen Vormittag im British Museum in London *alles*, als Richard Friedenthal, der dort zu Hause war und von den Angestellten nur »Governor« genannt wurde, mir die Lesekarten von Karl Marx zeigte und anschließend die Bücher kommen ließ, die er für *Das Kapital* gebraucht hatte. Seitenlange Ausrufezeichen, oft drei hintereinander, verunzieren die wissenschaftlichen und historischen Werke bis heute – am interessantesten aber sind die Seiten, die Herrn Marx nicht ins Konzept paßten; die hat er wütend durchgestrichen, sie aufgeschlitzt und mit den phantasievollsten Verbalinjurien beschmiert. Dieser Marx! Ein Jammer, daß der »Governor« nach seinen berühmten Goethe- und Luther-Bios die Marx-Biographie nicht mehr geschafft hat. Was bei Piper noch erschienen ist, ist nur ein Rudiment des geplanten Buches.

Ich wußte früh schon, daß die Linken sich ihr Weltbild nach Belieben zurechtzimmern, daß Politik eine einzige Knetmasse ist, die von den Involvierten, je nach Bedarf, zurechtgebogen wird. Seit der Großen Koalition bevorzugte ich Gesprächspartner, von denen ich den Eindruck selbständigen Denkens hatte, und kreierte für mich persönlich einen eigenen politischen Begriff: Ich war nicht links, ich war nicht rechts, ich war senkrechts, was »darüberstehend« bedeutete. Ich vermied es, mich mit Eiferern einzulassen, nichts ernstzunehmen und mir, vor allem, die Lebensfreude zu erhalten.

Wozu es lebensnotwendig erschien, Kontakt zum weiblichen Element zu pflegen. Ich erinnere mich aus dieser Zeit an einen verregneten Sonntagmorgen in Hamburg. Der Blick aus dem Atlantik-Fenster auf eine tiefgraue Außenalster ließ mich zum Telefon greifen und meinen lieben Freund Rolf Hädrich in Frankfurt anrufen. »Komm doch her!« sagte er. »In Frankfurt scheint die Sonne!« Und schon saß ich in der nächsten Lufthansa nach Frankfurt. Rolf holte mich ab und schwärmte mir etwas von einer Walldorf-Siedlung vor, die der remigrierte Architekt Richard Neutra gerade für Individualisten bei Walldorf, auf der anderen Seite des Frankfurter Flughafens, baute. Inzwischen schien auch in Frankfurt die Sonne nicht mehr, und Rolf schleppte mich so lange durch den Schlamm seiner Baustelle in Walldorf, bis wir aussahen wie die Schweine. Also fuhren wir in die Stadt, zum Hauptbahnhof, wo wir einen Schuhputzer zu finden hofften. Den gab es auch, nur winkte er schon von weitem ab, als er uns kommen sah, weigerte sich einfach, den Dreck von unseren Schuhen zu wischen. Da erinnerte ich mich an Marga Palmer, die gerade drei kleine Rollen im *Playgirl* gespielt hatte und nie vergaß, mich einzuladen, wenn ich nach Frankfurt kommen würde. Wir fuhren ins Westend und klingelten so lange, bis sie im Morgenrock und einigermaßen zerzaust öffnete. Anscheinend hatte sie an diesem Sonntagnachmittag eine angenehmere Beschäftigung vor, als uns die Schuhe zu putzen. Hinter der Sofalehne versteckte sich ein Männerkopf. Immerhin bekamen wir Kaffee und Kuchen, durften uns notdürftig säubern und verließen Marga und ihren Liebhaber wieder. Rolf hatte, von Marga aus, auch mit dem Dritten in unserem Bunde, dem getreuen Maxe Strassberg, telefoniert, der in München gerade etwas drehte und natürlich sofort rief: »Kommt doch her, in München scheint die Sonne!« So landeten wir wieder am Flughafen und kauften Tickets nach München. Die Lufthansa, wie der ganze Flughafen, befand sich noch im Aufbau.

Die Maschine nach München, eine zweimotorige Propeller-Convair, sollte um 19.50 Uhr fliegen und um 21.10 Uhr in Riem ankommen. Während wir in der Abflughalle warteten, sah ich, wie direkt neben uns eine Caravelle der Austrian Airlines fertiggemacht wurde, Abflug nach Wien: 20 Uhr, Ankunft in Wien: 21 Uhr. »Mensch«, sagte ich zu Rolf, »der fliegt zehn Minuten nach uns ab und ist zehn Minuten vor uns in Wien!« Wir rannten und tauschten unsere Flugkarte um und flogen nach Wien. Wir kicherten uns, wie die Schuljungen, einen ab, hatten vielleicht auch schon das eine oder andere Schnäpschen getrunken, sprangen in Wien ins Taxi und ließen uns ins Sacher fahren, wuschen uns die Hände, banden die Schlipse neu und stürmten los. Mein alter Freund und »Butler« Poldi Waraschitz hatte im Kärntner-Durchgang die historische Loos-Bar übernommen und vermittelte uns gleich in einen höchst intimen Strip-Club im Keller, wo mich eine Überraschung erwartete: Der Geschäftsführer einer Revue-Bar, der vor sechs Jahren um mein Wohlbefinden besorgt gewesen war – er hatte mir im Laufe einer Wiener Woche alle seine Tänzerinnen, das gesamte Programm, mit Ausnahme eines verheirateten Tanzpaares, ins Séparée geschickt, und ich hatte die gesamte 25 000-Mark-Gage bei ihm gelassen, die mir von der Schönbrunn-Film für die Verfilmungsrechte an meiner *Stern*-Serie »Deutschland, deine Sternchen« bar bezahlt worden war (in Österreich hieß sie, nicht weniger erfolgreich, »Heimat, deine Sternchen«).

Als er mich jetzt sah, schrie er freudig erregt: »Der Herr Doktor ist da! Jessas, der Abend ist gerettet!« und wieselte wie Hans Moser in *Herr Ober!* um uns herum, schmiß ein paar lahme Gäste hinaus und verriegelte sofort die Eingangstür, ein Schild heraushängend: »Heute geschlossen – private Gesellschaft!« Und konnte sich nicht gut genug tun über unsere »schöne alte Zeit! – Wissens' noch, Herr Doktor, wie ich im Morgengrauen jeden Tag mit Ihnen ins Imperial gepilgert bin, weil Sie Ihr Bargeld im Hotelsafe gelassen hatten?« Er weinte fast bei der süßen Erinnerung an das Jahr 1959, hatte sich nach meiner Abreise selbständig machen können, in einem Innsbrucker Möbelhaus eingekauft, dort fast alles verloren, war nach Wien zurückgekehrt und hatte dieses neue Nachtlokal aufgemacht – und siehe da, schon tauchte sein »Herr Doktor« auf, wie jeder Piefke mit Brille in Wien tituliert wird, sein »Glücksbringer«, und ein Dutzend mehr oder weniger attraktiver Mädchen mußte sich pudelnackt ausziehen und sich um Rolf und mich kümmern, und die Champagnerkorken knallten ohne Pause.

Der Rolf war beeindruckt über meine Beliebtheit in Wien, ich begann mir Sorgen um meine Brieftasche zu machen.

Aber in Wien habe ich wirklich Freunde.

Als mein guter Poldi durch die rausgeschmissenen Keller-Gäste merkte, daß Rolf und ich abgekocht werden sollten, rief er trotz mitternächtlicher Stunde Freunde von mir an und behauptete, ich sei in Lebensgefahr. Gerhard Bronner befand sich nicht in seiner Marietta-Bar, aber schon der zweite Freund, den Poldi anrief, spannte seinen Mercedes an, steckte sich seine Pistole ein und kam angebraust. Ich war gerade sehr beschäftigt, als es mächtig an die Tür des Keller-Strips bummerte. Der Chef mußte öffnen, wurde mit vorgehaltener Pistole zur Seite gestoßen, und mein guter Miho Salus kam in den Keller geschossen, zerrte die Mädchen von uns runter und schrie: »Wo ist die Hose vom Herrn Tremper?« Im Nu waren wir an der frischen Luft, so schnell konnte der gierige Unternehmer für seinen »Herrn Doktor« nicht mal die Rechnung erstellen, sprangen in den Mercedes, dessen Tür uns der Poldi offen hielt, und rasten Richtung Ottakring.

»Was sollen wir in Ottakring?« fragte ich Miho Salus.

»Den griechischen Heizer holen«, antwortete der. »Ihr müßt erstmal nüchtern werden, deshalb öffnen wir die Sauna im Grünen nochmal, du kennst dich doch aus in der Rustenschacher Allee!«

Und ob. In dieser Prater-Sauna hatte ich so manches vergnügliche Wochenende verbracht. Wir hupten im dritten oder vierten Hinterhof einer Ottakringer Mietskaserne, der Heizer ließ sich erweichen und sprang in Unterhosen zu uns in den Wagen, und eine Stunde später schliefen wir tief und fest im Ruheraum der Sauna, die am beginnenden Montag ohnehin ihren Ruhetag hatte. Nur der Rolf, soviel bekam ich im Einschlafen noch mit, wollte sich gar nicht beruhigen und lachte und lachte und lachte.

Am Montagmorgen erschienen lauter nette, liebe, hilfsbereite Wienerinnen, von Miho Salus zusammengetrommelt, und sorgten für ein zärtliches Aufwachen und endloses Frühstück, und da wir uns ja in einer Sauna befanden, trugen sie keinen Fetzen auf dem Leib und wir verzichteten auch darauf. Es wurde wieder einmal ein einmaliges, unvergeßliches Fest, und am Abend fragte ich die, die mir besonders gut gefiel, eine kleine, zierliche, wohlgeformte Blondine, ob sie mit mir ins Altreich kommen würde. Da sie keine Hure, sondern Studentin an der Hetzendorfer Mode-Akademie war, zögerte sie ein bißchen und erzählte mir dann, daß ihr der Herr Baron So-

Christine Schubert ist in Wirklichkeit nur eine harmlose liebe Schülerin der Hetzendorfer Modeakademie gewesen, als sie die klassische Dirne Josefine Mutzenbacher spielte. Für Sperrbezirk *fand ich sie zu schade, doch bei Otto Schenk hat sie ihr Talent auf der Bühne der Josefstadt beweisen können.*

undso am Samstag gerade ein teures Gewand gekauft hätte und eigentlich erwarte, daß sie in Wien verfügbar bleibe. Ich fragte nach der Telefonnummer des Barons, der tatsächlich einer war und in bestimmten Wiener Kreisen kein Unbekannter, rief ihn an, stellte mich vor und fragte, wohin ich ihm den Preis für das schöne Gewand überweisen könnte, denn ich müßte die reizende junge Dame, die uns beiden so gut gefiel, leider mit nach München nehmen – »Wann? Heute noch, Herr Baron!«

Worauf ihm gar nichts anderes übrig blieb, als sich großzügig zu zeigen, auf die Erstattung seiner Kosten zu verzichten und »Viel Glück!« zu wünschen. Eine Stunde später tauchten wir zu dritt noch einmal im Sacher auf, wuschen uns die Hände, banden die Schlipse neu, bezahlten das Doppelzimmer und rasten mit Miho Salus nach Schwechat hinaus, im Gepäck die süße Christine Schubert. In München quartierte ich sie bei mir im Regina-Palast-Hotel ein, während Rolf noch auf einen »letzten Schluck« ins Opern-Espresso ging. Am nächsten Morgen erzählte er mir, daß er nachts in einem stockdunklen Zimmer, in einem wildfremden Bett noch dazu, aufgewacht sei, eine Nachttischlampe und ein amtliches Schriftstück des Berliner Finanzamtes an Herrn Max Strassberg gefunden habe und beruhigt wieder eingeschlafen wäre. Unser großer Kümmerer, unser geliebter Max, hatte Rolf nachts an einem Tisch des Opern-Espressos schlafend gefunden und zu sich nach Hause in Sicherheit gebracht. Typisch Max!

Indessen ich mich schwer tat, meine süße Christine in meinem nächsten Film unterzubringen. Ich konnte sie, als ich wieder nach Berlin mußte, nur meinem Freund Franz Spelman ans Herz legen, und der hat sie dann allen notwendigen Herren vorgestellt, und so ist sie schließlich als »Josefine Mutzenbacher« doch noch zum Film gekommen und einigermaßen populär geworden.

Das waren schon tolle Zeiten, damals, in den sechziger Jahren.

ZWISCHENSPIEL: NENNEN WIR ES EINFACH TELEPATHIE

Das Fenster in New York

Es muß in dieser Zeit 1965/66 gewesen sein, daß ich von Heinz Sponsel, dem Textchef der *Revue*, nach Rom geschickt wurde, um den Film mit Prinzessin Soraya zu »covern«, den Dino DeLaurentiis gerade unter größter Geheimhaltung zu drehen begonnen hatte. Soraya, die halbdeutsche, geschiedene Frau des Schahs von Persien, war damals das Thema Eins der deutschen Klatschpresse. Ich hing im Excelsior herum, dem First-Class-Hotel auf der Via Veneto, das von den meisten Amerikanern bevorzugt wurde – nur die Stars wohnten im Hassler an der Spanischen Treppe – und versuchte, Informationen aufzuschnappen. Am dritten Tag, ich hatte Sponsel gerade eine erste Folge nach München durchgegeben, traf ich das amerikanische Pendant zu unserem Poldi Waraschitz an der Bar des Hotels, den umtriebigen Charley Fawcett, einen »Handy-Man«, wie die Amerikaner einen nennen, den sie zum Einkaufen oder Hundeausführen schicken können. Charley, wie immer tiefbraun gebrannt und mit Goldschmuck behangen, machte sich auch bei Dino nützlich und hörte das Gras wachsen. Die aktuelle Frage des Soraya-Films lautete immer noch: Wer spielt, neben Richard Harris als Ehemann, den Liebhaber der Ex-Kaiserin? Und wie ich da an der Bar wieder einmal mit einem Bündel Dollarscheinen herumspiele, setzt Charley Fawcett plötzlich eine wichtige Miene auf, beugt sich zu mir und flüstert mir den Namen »Robert Redford« ins Ohr. Wie bitte? »Wer ist Robert Redford?« Wo habe ich den Namen schon mal gelesen? Charley sieht sich besorgt um, greift zu einem Block und schreibt *Barefoot in the Park* drauf. Richtig! Der jugendliche Partner von Elizabeth Ashley in der neuen Broadway-Komödie von Neil Simon, die in New York gerade das Theaterpublikum begeisterte. Ich hatte in der *Herald Tribune* eine Kritik gelesen.

Um hundert Dollar ärmer eile ich auf mein Zimmer und rufe München an. Es ist Samstagabend, und Sponsel sitzt gerade vor dem Fernseher.

»Mensch«, ruft er, »fliegen Sie rüber und interviewen Sie diesen Redford, bevor es in allen Zeitungen steht!« Ich erwische noch eine späte TWA nach London, und der erste, der mir in Heathrow über den Weg läuft, ist Rolf Gillhausen vom *Stern*, der gerade aus New York gekommen ist. »Wo kommst du her, wo willst du hin?« fragt er, und als ich »New York« sage, will er wissen, wo ich dort absteige. »Im Warwick, wie immer«, sage ich, und da nimmt er mich am Arm und wird vertraulich: »Geh doch mal ins Park Sheraton auf der siebten Avenue – da hat sich ein schwedischer Callgirl-Ring etabliert, sensationell, sag' ich dir!«

Merke: Ich gehe nicht in mein Warwick, sondern in ein mir völlig fremdes Hotel auf der »7th«.

Im Park Sheraton kriege ich einen Zimmerschlüssel für die neunte Etage und begebe mich mit einem Angestellten der Reservierung zum Fahrstuhl. Unterwegs wird der junge Mann zurückgepfiffen und kommt mir mit einem Zimmerschlüssel für die 22. Etage nach. »Ein besseres Zimmer!« sagt er entschuldigend.

Merke: Ich lande nicht, wie vorgesehen, im neunten Stock, sondern im 22.

Das Zimmer enttäuscht mich: Ich blicke nicht auf die siebte Avenue hinunter, sondern auf eine finstere Seitenstraße mit am Sonntag toten Bürogebäuden und öden Häuserrückwänden. Ich schnappe mir das Telefon vom Nachttisch und wähle die Nummer von Paddy Chayefsky. Während ich warte, daß sich jemand meldet, spaziere ich mit dem Telefon in der Hand durch das Zimmer; es hat eine lange Schnur. Und dann meldet sich Mrs. Chayefsky: »Oh, das tut mir leid, Paddy ist nicht da. Wir haben doch unsere Ehe gerettet, weil er sich ein Zimmer in der Stadt gemietet hat, da geht er jetzt jeden Tag hin und arbeitet, auch am Sonntag!« Sie sucht mir seine Nummer heraus, und ich stehe wieder am Fenster und schaue auf die finstere Seitenstraße hinab. Auf gleicher Höhe mit mir brennt ein einziges Licht in einer Rückfront von hundert dunklen Scheiben. Während ich Paddys Büronummer wähle, sehe ich, wie der Mann am Schreibtisch hinter dem einzigen beleuchteten Fenster zum Telefon greift und höre Paddys Stimme sich mit »Hallo?« melden. Ich sage: »Nimm doch mal die andere Hand von der Schreibmaschine, Paddy!« Und sehe, wie der Mann auf der gegenüberliegenden Straßenseite die linke Hand von der Schreibmaschine nimmt.

»Na«, sagt Paddy Chayefsky, »wenn das mal nicht der Tremper ist, der von dem schwedischen Callgirl-Ring gehört hat! Du bist im Park Sheraton? ... Heute morgen erst habe ich meiner Frau die *New York Times* vorgelesen und gesagt: Wenn das in Berlin wäre – der Tremper wüßte bestimmt schon alles darüber! Wie geht's dir denn? Bist du der Schatten, der mit dem Telefon in der Hand am Fenster steht und genau zu mir rüberguckt?«

Zu sagen, ich war baff, wäre die Untertreibung des Jahres.

Nicht nur, daß der Mann, den ich unbedingt sprechen wollte, um eine Theaterkarte für *Barefoot in the Park* zu kriegen, unter all den Millionen New Yorkern ausgerechnet auf meiner Augenhöhe ein Büro bezogen hatte – er behauptete auch, an diesem Morgen erst mit seiner Frau über den schwedischen Callgirl-Ring im Park Sheraton gesprochen und meinen Namen erwähnt zu haben. Wer war hier übersinnlich?

Leider, sagte er, der selbst schon mehrere Stücke am Broadway herausgebracht hatte, spielten die Theater am Sonntag immer noch nicht (inzwischen tun sie es), aber für Montagabend könne er mir eine Karte für Robert Redford besorgen. Ich lud ihn zum Essen ein, und wir verbrachten einen gemütlichen Abend im Russian Tearoom. Doch als ich ihm zu später Stunde vorschlug, nun den schwedischen Callgirl-Ring auszuprobieren, mußte er passen und sagte das gleiche wie 20 Jahre später Michael Douglas, als er sich in Hamburg auf die Reeperbahn stürzte: »In New York kann ich mir nicht erlauben, mich auch nur in der Nähe einer roten Laterne zu zeigen – ich würde sofort erkannt und durch die Skandalblätter gezerrt werden!«

Robert Redford indes zeigte sich äußerst entgegenkommend, als ich ihm am Montagabend meine Karte in die Garderobe schickte, und ging nach der Vorstellung fast eine Stunde mit mir rund um den Times Square spazieren. Er wollte nicht glauben, daß ich auf ein Gerücht hin ins Flugzeug gesprungen und um die halbe Welt geflogen wäre: »Das hätte mir auch noch Spaß gemacht«, schwärmte er. »Als Journalist spontan überall hinfliegen!« Von Dino DeLaurentiis hatte er noch nie gehört, bezweifelte auch, daß das was werden würde, und vertraute mir an, warum er nicht an eine Filmkarriere glauben könne: »Ich leide nämlich an einer tückischen Krankheit! ... Ich werde in den ungeeignetesten Augenblicken immer rot, knallrot! Für den Farbfilm ist das unmöglich!«

Ich wünschte ihm trotzdem alles Gute.

Ein Schrei auf den Champs-Élysées

Im gleichen Jahr, glaube ich, schickte mich Wilfried Achterfeld vom *Stern* wegen einer Sache, die ich vergessen habe, abends nach Paris. Es war ein sehr heißer Tag, und ich war nicht sehr glücklich über das Hotel Porte Royal, in dem sie mich untergebracht hatten. Erst lag ich stundenlang in der kühlen Badewanne, dann nackt auf dem Bett und konnte mich nicht aufraffen, noch etwas essen zu gehen. Ich schien eingeschlafen zu sein, als ich plötzlich das herzhafte Lachen von Cordy und dann auch die Stimme von ihrem Mann Peter Thomas, meinem Komponisten, hörte. Ich sprang vom Bett und eilte an die offene Balkontür. Vom ersten Stock herab konnte ich gerade noch Juliette Gréco, die Sängerin, erkennen, die winkend in ihrem weißen Alfa Romeo Sportwagen davonfuhr. Immer noch vollkommen nackt rannte ich auf den Flur hinaus – es war immer noch schrecklich heiß! – und postierte mich neben dem eisernen, altersschwachen Fahrstuhl, der im selben Augenblick zu rattern begann. Um nicht für vollkommen verrückt gehalten zu werden, sollte ich vielleicht erwähnen, daß ich wußte: Peter schrieb für die Gréco Chansons, und seine Frau Cordy textete sie. Als der Fahrstuhl aus Glas den ersten Stock erreicht hatte, sprang ich nackt hinter einem Vorsprung hervor und machte »Huuu – !!!« Und ein farbiger Mann mit einer blonden Französin schrie entsetzt zurück. Keine Peter und Cordy Thomas!

Fluchend eilte ich wieder ins Zimmer zurück und rief den Portier an. »Jawohl«, sagte der, »Monsieur und Madame kamen herein, versteckten sich hinter einer Säule, und als Madame Gréco weggefahren war, sind sie noch einmal hinausgegangen, Luft schnappen!«

Enttäuscht legte ich mich wieder in die Badewanne und dann ins Bett, nur um Stunden später wieder geweckt zu werden. Peter Thomas war am Apparat und sagte: »Wo warst du denn? Hast du dich versteckt? Wir haben die halbe Champs-Élysées nach dir abgesucht!«

»Wie das?« fragte ich. »Und woher weißt du überhaupt, daß ich in Paris bin?

»Aber du hast uns doch gerufen!« sagte Peter erstaunt. »Wir sind über die Champs-Élysées geschlendert, und auf einmal höre ich deine Stimme, wie du ganz laut nach mir rufst!«

»Ehrenwort!« rief Cordy dazwischen. »Der Peter dreht sich plötzlich um und sagt: »Der Will ist da, er hat gerade nach mir gerufen!«

Und nun sagen Sie mal selbst: Ist das möglich? Wer ist hier übersinnlich?

MEIN VIERTER FILM:
SPERRBEZIRK

Produzent Neubach mußte natürlich jede Menge Nacktheiten für den Sperrbezirk *prüfen. Aber die einzige, die uns Spaß gemacht hätte, war die Frau eines Kollegen. Darum trat sie bekleidet auf. Doch nach ihrer Scheidung wurde Dagmar Lassander – hier unter meinem Staubwedel – ein Sexstar in Italien.*

»Oh, du mein Österreich!«

Mein Münchner Wohnzimmer, das Opern-Espresso von Martin Katz, wurde der Schauplatz der nächsten Tragikomödie mit dem Titel *Sperrbezirk* – und das noch, bevor *Playgirl* herausgekommen war.

Ich aß wieder einmal mit meinem väterlichen Freund, dem großen Geschichtenerzähler und Textdichter (»Ich hab' mein Herz in Heidelberg verloren«) Ernst Neubach, im Hinterzimmer Tafelspitz, und als zum Abschluß die unbeschreiblichen Marillenknödel Martins kamen, mit einem »großen Braunen« dazu, hatten wir den Ernstl soweit, und er fing an zu erzählen. »Wir«, das waren meine Freunde, der *Time Life*-Korrespondent Franz Spelman und der Fotograf Miho Salus aus Wien, und vielleicht war auch der Maxl Strassberg noch dabei, ich weiß nicht mehr so genau. Aber an Neubachs wundervolle Erzählung erinnere ich mich um so besser, weil ich sie anschließend im Regina-Palast-Hotel sofort zu Papier brachte; auch im Manuskript des ersten Teils meiner Memoiren, *Meine wilden Jahre*, hatte ich sie drin, mußte sie jedoch herausstreichen, weil das Buch sonst zu lang geworden wäre.

»Ihr wißt doch«, begann Ernst Neubach, eine neue Gauloise aus der Tasche fischend, »daß ich im achtunddreißiger Jahr, als der Hitler über uns gekommen ist, ein paar Monate lang Adjutant bei unserem Bundeskanzler Schuschnigg war – und in der Woche nach dem deutschen Einmarsch Sergeant bei der Kamelreitertruppe der Fremdenlegion in der Sahara ...«

»Was? ... Wie?« platzte ich heraus, ihm Feuer reichend. »Ich denke, du warst Filmproduzent in Wien und höchstens auch noch Textdichter?«

Neubach jonglierte elegant mit der Zigarette und grinste. »Und Reserveoffizier der österreichischen Armee! Und als dann die große Krise begonnen hat und mein Prokurist, bei dem ich Taufpate aller seiner Kinder war, plötzlich in SA-Uniform vor mir gestanden ist und mich mit ›Saujud!‹ und

Fußtritten die Treppe zu meiner Filmproduktion hinuntergejagt hat, da bin ich nachts in meine Wohnung, habe mir die Rittmeisteruniform aus dem Schrank geholt, die Pistole umgeschnallt, und mich um acht Uhr früh am Ballhausplatz gemeldet ...«

Lassen Sie mich in der dritten Person fortfahren, denn Neubachs Wiener Erzählstil, den kann niemand auch nur annähernd getreu widergeben. Also, der Bundeskanzler Schuschnigg hat seinen »Saujud« gerührt in die Arme genommen, hat ihn »Kamerad Neubach« genannt und zu seinem Adjutanten ernannt.

»Ich stand bei seiner historischen Abschiedsrede direkt hinter ihm«, sagte Neubach, »und habe Rotz und Wasser geheult, als er die berühmten Schlußworte: Oh, du mein Österreich! sprach ...«

So, und jetzt machte der Ernstl eine Filmblende über alles hinweg, was danach passierte – »Wie ich Sergeant bei der Kamelreitertruppe wurde, erzähl ich euch ein andermal!« –, und begann uns daran zu erinnern, daß er, als die Deutschen auch nach Paris kamen, in die Schweiz geflüchtet war, wo der Traum seiner Jugend, der große kleine Tenor Joseph Schmidt, bekanntlich in seinen Armen gestorben war – »in einem Schweizer KZ!«

An dieser Stelle muß ich ein letztes Mal unterbrechen und mich korrigieren: Max Strassberg kann bei diesem Essen nicht dabeigewesen sein, denn der Maxe erzählte stets viel überzeugender, wie Joseph Schmidt in *seinen* Armen gestorben war. Aber gut, soll Neubach danebengestanden haben.

Richard Oswald hatte 1933 bereits in Wien *Ein Lied geht um die Welt* gedreht, *Die Joseph-Schmidt-Story*, nach einem Buch von Neubach, von dem auch das berühmte Titellied stammte. Und natürlich dürstete es Neubach gleich nach dem Krieg, nach Wien zurückzukehren und seinem geliebten Tenor, der ihn mit *Ein Lied geht um die Welt* reich gemacht hatte, die Ehre einer Neuverfilmung zu erweisen – nun mit dem tragischen Ende in einem »Schweizer KZ«. Doch es dauerte ein paar Jahre, bis der Ernstl sich von Paris lösen konnte, wo er nicht weniger als neun Spielfilme mit Erich von Stroheim produziert hatte.

»Der Geza von Bolváry hat's dann 1958 für meine Produktion, nach meinem Drehbuch, noch einmal inszeniert, und der kleine, hochtalentierte Hans Reiser aus Schwabing hat den kleinen Joseph Schmidt gespielt – a Klassefilm ist das geworden, sage ich euch. Aber als er fertig war, ist dann die Katastrophe passiert!«

Daß nämlich der einsame Höhepunkt des Films, die große Abschiedsrede des Kanzlers Schuschnigg, die Neubach im ehemaligen Reichsschallarchiv des ostmärkischen Rundfunks noch unversehrt gefunden hatte, nicht auf den Magnetton seines Films paßte. »Wir haben alles versucht, Grundgütiger, wirklich alles, haben die Wachsmatritze tausendmal hin- und hergezupft – umsonst! I woar verrrzweifelt!!!«

In dieser schwarzen Stimmung, dem Selbstmord nahe, sah unser allseits beliebter Poldi Waraschitz den großen Filmproduzenten Ernstl Neubach beim Sacher auf der Terrasse sitzen und spürte, daß sein Talent als »Kümmerer« gefragt war.

»Wos is, Ernstl, wie ham wir's, wie schaut's aus?«

»Geh«, bekam er zu hören, »schleich di', Depp!«

Ein Wort gab das andere, und da keine andere mitfühlende Seele sonst in der Nähe war, bekam der Poldi die ganze tragische Geschichte zu hören, bis zum »den Film kann ich wegschmeißen!«

»Aber nicht doch!« habe der Poldi gerufen. »Warum bittest net den Schuschnigg ins Atelier und laßt dir die Rede nochamol halten?«

Diesen Poldi, sagte der Ernstl, hätte er am liebsten mit dem Kaffeelöffel erschlagen mögen. »Du damischer Hund, du!« habe er ihm gesagt, »Hast an Vogel? Bist deppert? Der Schuschnigg ist doch bei die Nazi im KZ gelandet! Der ist doch in Dachau verreckt, Mensch! ... Und jetzt schleich di' endlich!«

Doch da habe der Poldi gerufen: »Aber naa, aber naa!« Und sei aufgesprungen und habe sich bekreuzigt: »Wann der tot is', dann hab' ich gestern Nachmittag im Café Miramar in Salzburg einen Toten gesehen! Ehrlich, Ernstl!«

Was, sagte der Ernstl, soll ich lange reden, er sei mit dem Poldi, wie er ging und stand, in seinen schwarzen Cadillac gesprungen, das Tonbandgerät lag eh auf dem Rücksitz, und zusammen seien sie über die alte Bundesstraße eins nach Salzburg gerast. Und er habe dem Poldi auf dem ganzen Weg dorthin gedroht, ihn mit bloßen Händen zu erwürgen, wenn das mit dem Ex-Bundeskanzler Schuschnigg nicht stimme, wenn der tot sei, wenn sie ankämen! Bei seinem Glück, mutmaßte Neubach, habe der Schuschnigg sich gerade erhängt, wenn sie in Salzburg ankämen. Gott, haben wir wieder gelacht bei unserem letzten Marillenknödel – und waren so gespannt auf die Pointe, denn das war bei Neubachs Geschichten immer das beste: die Pointe!

»Wie wir so nach Salzburg hineinbrausten«, fuhr der große Produzent fort, »erhebt sich die Frage: Wo kann er wohnen, der Herr Schuschnigg? Und wie aus einem Munde haben wir gerufen: im Österreichischen Hof, natürlich! Wo soll ein Kurt Edler von Schuschnigg, Ex-Bundeskanzler der Republik Österreich, wohl sonst absteigen?«

Er hätte vor Aufregung den Motor laufen lassen, als sie endlich vor dem Österreichischen Hof angekommen wären, erzählte Neubach. Überschlagen hätten sie sich beim Durchqueren der ehrwürdigen Hotelhalle, einen Herzstillstand habe er bekommen, als der Portier auf die Frage, ob der Herr Bundeskanzler Schuschnigg bei ihnen logiere, erstmal so tat, als ob er nachdenken müsse, der Hundling! Aber dann habe er mit der Hand zum Fluß gewiesen und verkündet: »Der Herr Bundeskanzler macht noch einen letzten Spaziergang an der Salzach – sein Zug, der Orientexpress nach London, geht in fünfundvierzig Minuten!«

Wir schrien auf, da im Hinterzimmer vom Opern-Espresso, als ob unser eigenes Schicksal davon abhänge, daß Neubach noch eine neue Aufnahme der berühmten Rede des Bundeskanzlers Schuschnigg vom 12. März 1938 auf dem Ballhausplatz für seinen Film bekäme.

Aber auch Neubach hatte, nach einem Blick auf die Uhr, aufgeschrien und »Jessas!« gerufen: »Ich muß ja in drei Minuten bei der Ilse Kubaschewski sein, wegen dem Verleihvertrag für meinen neuen Film – tut mir leid, Leute, aber ich erzähl euch ein andermal, wie das ausgegangen ist!« Und wollte tatsächlich davonrennen.

»Halt!« schrien wir, aufspringend, »Du kannst jetzt nicht gehen, Ernstl! Bist du verrückt? Jetzt wollen wir den Orgasmus haben! Du kommst hier nicht raus, ohne das Ende dieser verdammten Geschichte!«

Was für ein Schmierenkomödiant war dieser Neubach. Er rang tatsächlich ein bißchen mit mir, ließ sich auf den Stuhl zurückziehen, sprang mit rollenden Augen wieder auf und schrie: »Ich muß! Ich muß zur Kubaschewski! Ich verlier ein Vermögen, wenn ich nicht ... Ihr wißt doch, wie sie sich hat mit der Pünktlichkeit!«

Um dann ebenso plötzlich völlig umzuschwenken, die Speisekarte zu ergreifen, die Brille aufzusetzen und laut und deutlich zu erklären: »Also, ich mach' den Erich-von-Stroheim-Deal mit dir, Tremper – du unterschreibst mir diesen Vertrag hier, und ich erzähl euch die Geschichte mit dem Schuschnigg bis zum Ende! Und ihr anderen unterschreibt als Zeugen – einverstanden?«

Ich lachte, ich ahnungsloser Mensch, wir alle lachten und sahen zu, wie er mit großen Druckbuchstaben auf die Rückseite der Speisekarte malte:

»Hiermit verpflichtet sich der unterzeichnende Autor und Regisseur Will Tremper, wohnhaft in Berlin-Dahlem, Gadebuscher Weg 5, nach einer literarischen Vorlage des Filmproduzenten Ernst Neubach das Drehbuch für den Film *Sperrbezirk für käufliche Mädchen* zu schreiben und den Film selbst für die Neubach Film GmbH zu inszenieren. München, den 11. Februar 1966.

Ich spielte mit, tat so, als ob ich den Wisch mit gerunzelter Stirn langsam läse, strich die »käuflichen Mädchen« weg und unterschrieb. Neubach prüfte meine Unterschrift, ließ auch Franz Spelman und Miho Salus unterschreiben, prüfte auch ihre Unterschriften, klappte die Speisekarte zusammen, steckte sie in die Tasche, nahm die Brille ab, rief nach einem neuen »Braunen«, steckte sich eine Gauloise an und sagte:

»Wir sind wie die Teufel an die Salzach hinuntergerannt, haben Ausschau nach dem Schuschnigg gehalten, und da kam er auch schon und hatte sich keine Spur verändert! Ich glaube, ich habe etwas getan, was ich nur noch einmal gemacht habe, und das nach einer brillanten Szene von Louis Jouvet in einem meiner Stroheim-Filme – ich bin ihm entgegengerannt, habe mich vor ihm auf die Knie geworfen, seine Hand ergriffen und atemlos: ›Herr Bundeskanzler! Herr Bundeskanzler!‹ gerufen, und seine Hand geküßt. Mehr habe ich nicht herausgebracht vor Aufregung! Und wißt ihr,

Das bin ich bei einem Deal mit Ernst Neubach.

was der Schuschnigg gesagt hat? Er hat mich an den Armen ergriffen und wieder auf die Beine gestellt und dabei gerufen: ›Aber, ich bitt' dich, Kamerad Neubach! Was tust du denn da?‹«

Dieser Neubach. Er hat das nicht einfach so heruntererzählt, wie es sich jetzt liest, oh nein, er hat es gespielt, hat seinen Stuhl zurückgestoßen, ist vor mir auf die Knie gefallen, hat meine Hand abgeküßt und dann schamlos auch die Rolle Schuschniggs übernommen, hat mich vom Stuhl hochgezogen, mir übers Haar gestrichen und mich »Kamerad Neubach« genannt.

Jedenfalls war der Schuschnigg sofort bereit, die berühmten Schlußworte seiner tragischen Rede für Neubach noch einmal zu sprechen. Zu dritt sind sie in den Österreichischen Hof geeilt, haben sich einen Salon geben lassen, der Poldi kniete schon neben dem Tonbandgerät – »ein frühes Monstrum von Grundig«, sagte Neubach, »damals aber das modernste!« –, rannte hinaus zum Portier, kam mit diesem zurück und rang die Hände: »Oh, mein Gott! Das Hotel ist kürzlich vollkommen auf Schuko-Stecker umgerüstet worden! Unser Tonbandanschluß paßt nicht!«

Während Neubach seinen Puls prüfte und auf den sicheren Herzinfarkt wartete, und der Ex-Kanzler »sehr unangenehm!« näselte und nach der Uhrzeit schaute – es blieben ihm nur noch zwanzig Minuten –, rannte der unverwüstliche Kümmerer Poldi mit dem Portier durchs Hotel und machte das Unmögliche wahr, rief plötzlich aus dem dritten Stock: »Herr Bundeskanzler! Herr Bundeskanzler!« und »Ernstl! Ernstl! Wann's euch in den Lift bemühen würdet, bittschön ...!«

In einem Flur-Badezimmer im dritten Stock hatte er, im Vertrauen auf die Schusseligkeit balkanesischer Hilfskräfte, eine Steckdose gefunden, die bei der Umrüstung auf Schuko übersehen worden war. Neubach und der Kanzler eilten nach oben, Poldi stellte das Gerät auf Aufnahme, winkte den Portier diskret vor die Tür, und gemeinsam winkten sie jeden, der pinkeln wollte, mit der gehauchten Erklärung weiter: »Psssttt! – Der Bundeskanzler spricht!«

Neubach kniete vor Schuschnigg und hielt mit letzter Kraft das Mikrofon hoch, indes der Ex-Kanzler, frei sprechend, wie auf dem Balkon seiner Residenz am Ballhausplatz, mit jenem unvergeßlichen Tremolo in der Stimme, noch einmal das Schicksal seines »Heim-ins-Reich«-geholten Volkes beklagte: »Oh, du mein Österreich!«

»Das Badezimmer«, sagte Neubach, »hatte einen natürlichen Hall ...«

Wir lagen unter dem Tisch vor Lachen. Als wir uns beruhigt hatten, fragte ich den Ernstl, was er dem Poldi für die Rettung aus seinen Problemen gegeben habe.

»Einen Hunderter!« sagte er stolz.

Aber Franzl Spelman, auch ein geborener Wiener, wollte es genau wissen: »Deutsche Mark?«

»Schilling, natürlich!« antwortete Neubach empört.

Und diesen *Sperrbezirk* habe ich dann vier Wochen später tatsächlich drehen müssen. Es gab kein Entrinnen. Zwei befreundete Anwälte erklärten mir, unabhängig voneinander, der »Vertrag« sei hieb- und stichfest, das Material, auf dem er geschrieben sei, nicht relevant.

Titten – aus dramaturgischen Gründen

Zum Glück ließ Ernst Neubach sich dazu bewegen, meinen ganzen alten Stab mit Felix Hock an der Spitze zu engagieren, auch bei den wichtigsten Darstellern konnte ich mitreden. Die einzige Wahl, die er sich vorbehielt, war die der Hauptdarsteller(innen); die nahm er allerdings ausgesprochen ernst.

Sein Stoff von den gefallenen Mädchen im »Sperrbezirk« langweilte mich nur, zumal ich darauf bestand, in Berlin zu drehen und die Berliner Behörden, im Gegensatz zu den Münchnern, noch nie die Absicht gehabt hatten, so etwas wie eine verbotene Region für Prostituierte einzurichten; dafür ist die deutsche Hauptstadt viel zu groß, selbst die Halbstadt West-Berlin umfaßte in ihrer Grundfläche das ganze Stadtgebiet von München, den ganzen Starnberger See und alles, was dazwischen liegt. Das Groß-Berlin von heute zieht sich in der Luftlinie von München bis nach Salzburg, was hätte dort »gesperrt« werden sollen? Vielleicht die Brücke von Weyarn?

Neubach sagte einfach: «Wir nennen es eine deutsche Großstadt!«

»Und die Berliner Auto-Kennzeichen?«

»Ach, da guckt doch sowieso keiner drauf!«

Für die männliche Hauptrolle des Zuhälters Bernie hatte ich mir meinen Allzweck-Künstler Harald Leipnitz gewünscht und bekommen, und mit Harald wurde ich mir schnell auch einig, daß wir eine deftige Parodie auf

Neubachs Sittenfilm drehen würden. Daraus ergab sich, wie von selbst, daß ich mir Neubachs »Café Bristol«-Clique als »Zuhälter-Syndikat« vorstellen konnte, also Neubach selbst, Maxe Nossek, Rudolf Schündler, Max Strassberg und Hans Oppenheimer (der den Braten sofort roch und in Paris »unabkömmlich« blieb).

Da ich mich bis dahin vorwiegend unter anspruchsvollen Filmleuten herumgetrieben hatte, die wenigstens so taten, als hätten sie Besseres vor, fing die rein kommerzielle Zunft bald an, mich zu interessieren, und ich versuchte dahinter zu kommen, wieso z. B. Neubachs *Fischerin vom Bodensee* ein Riesenkassenerfolg des Constantin-Verleihs geworden war, meine *Flucht nach Berlin* aber nicht: Auf den ersten Blick lag es auf der Hand, daß die Leute Märchen in Heimatfilmen sehen wollten, keine Realität von heute. Blickte ich etwas tiefer, dann wurde mir klar, daß es um gefühlvolle, dramatische Geschichten ging und um Lieblingsschauspieler wie O. W. Fischer, Dieter Borsche und Rudolf Prack, die imstande waren, zu Tränen rührende Schicksale darzustellen. Ich hatte mit Neubach ein paar interessante Gespräche zu dem Thema. Er war ja kein Dummer. Aber er war weit davon entfernt, auch nur eine Ahnung von heutigen Großstadtverhältnissen zu entwickeln, sondern setzte in seinem Basis-Manuskript schlicht fort, was die Sittenfilmproduzenten sich schon in den zwanziger Jahren beim Anblick »gefallener Mädchen« gedacht haben mochten – und was auf den Anblick möglichst vieler nackter Busen hinauslief.

Also setzte er drei Tage Probeaufnahmen für Schauspielerinnen an, die bereit waren, sich in einem »Tremper-Film« – ach nee, auf einmal war's ein »Tremper-Film«! – zu entblößen. Ich war, gelinde gesagt, erstaunt, wie viele ernstzunehmende junge Damen bereit waren, sich in Lothar Winklers neuem Atelier Im Dol bis auf die Schamlippen in einer schnell improvisierten Szene mit »dirty old man« Rudi Schündler zu entblößen. Ich hatte mir vorgestellt, daß es amüsant werden könnte, aber es wurde eher peinlich. Die Damen genierten sich zu Tode, doch es gab auch einige, die sich großartig dabei fühlten. Ich will keine Namen nennen, weil welche dabei waren, die heute solide verheiratet sind und sich »nie und nimmer mehr« ausziehen würden, aber eine verdient es doch, denn sie wurde mit ihrem exhibitionistischen Talent im Handumdrehen ein richtiger Sexstar in Italien: Dagmar Lassander, die blonde Ehefrau eines Berliner Theaterkritikers, der sich nach meinem Film sofort von ihr scheiden ließ, obwohl ich ihr einen an-

Mit meiner braven Hauptdarstellerin Susanne Roquette, die tapfer alles tat, was von ihr verlangt wurde.
Heute stellt sie London auf den Kopf und spielt gelegentlich in Deutschland in einer »Daily Soap« mit.

deren Namen verpaßt hatte, eben »Lassander«, und ein angezogenes Röllchen als Eisverkäuferin in einem Autokino.

Ralf Gregan aus meinem ersten Film, den ich inzwischen als Regieassistent beschäftigte und der auch kleine Rollen spielte – im *Sperrbezirk* die eines Kriminalbeamten und Assistenten des entscheidenden Kommissars – flüsterte mir etwas von einem Flüchtling aus Sachsen-Anhalt ins Ohr, und der bekam auch gleich eine Rolle als Angestellter des Autokinos, er hieß Didi Hallervorden und landete am Ende, wie sich's für Anfänger gehört, im Korb des Schneideraums, wurde aus dem Film herausgeschnitten.

Aber der Kommissar! Der machte mir Spaß, das war der ehemalige Tscheche Karel Stepanek, der bis 1938 noch im österreichischen und deutschen Film tätig war und dann nach London emigrierte. Ich weiß gar nicht mehr, wie er nun wieder nach Berlin gekommen war, ob er zufällig hier gerade etwas drehte, vielleicht bei Brauner, oder extra für uns eingeflogen wurde. Jedenfalls erwies er sich als interessant aussehender, solider Schauspieler, zurückhaltend im Privaten, diszipliniert in der Arbeit und willig alle Anweisungen befolgend.

Das war mein erster Film nach einem fertig vorliegenden Drehbuch, sogar einer festen Besetzung, und ich muß zugeben, das war höchst angenehm, erleichterte die Arbeit über alle Maßen, daran konnte ich mich gewöhnen. Auch als Neubach mitten drin den Felix zu mir schickte und einen Wunsch äußerte, den er mir persönlich wohl nicht vorzutragen wagte: Ein

Schlager sollte in voller Länge von einer Mary Roos dargeboten werden, zu dem er den Text geschrieben hatte. Wie sollte der in die Handlung integriert werden, ohne daß der Film zwei Minuten stillstand? Ich filmte die Hamburgerin auf der Ost-West-Achse, in ihrem Wagen stehend und selber vor ihr herfahrend, und schnitt die Aufnahme als Filmstück auf der Leinwand in einer Autokino-Szene ein. Neubach brauchte keine Angst vor mir zu haben, ich war entschlossen, nur an die Gage zu denken und mich dem Produzenten gefügig zu zeigen. Doch es gab genügend Möglichkeiten für einen Regisseur, hier und da etwas anders zu machen als die Filmroutiniers es haben wollten. Ich konnte Leipnitz bei einer unerträglich süßen Liebesszene den Kopf an den seiner Partnerin Susanne Roquette lehnen und beide verträumt in den Mond schauen lassen – statt des Mondes aber den riesigen beleuchteten Mercedes-Stern auf dem Turm des Europa-Centers zeigen. Ich konnte wiederum Bruce Low, den Schlagersänger, ohne Toupet den Polizeipräsidenten spielen lassen, so daß ihn niemand erkannte. Ich konnte eine heiße Sexszene so übertrieben inszenieren, daß nur noch Lacher dabei herauskamen und selbst die Freiwillige Selbstkontrolle keine Bedenken hatte, sie ohne Schnitte passieren zu lassen.

Oh, diese FSK!

Unsere Hauptdarstellerin Susanne Roquette war, der Rolle entsprechend, ein braves, biederes Mädchen aus der Provinz, das sich hoffnungslos in »Bernie Kallmann«, den Zuhälter (Harald Leipnitz), verliebt hatte und bereit war »alles zu tun«, als er angeblich in finanzielle Schwierigkeiten gerät. »Alles« aber hieß, auf den Strich zu gehen, woraufhin dem Zuhälter das Schlimmste passiert, was einem in diesem Gewerbe zustoßen kann: Er verliebt sich in das Mädchen mit den seelenvollen Augen und will am liebsten wieder rückgängig machen, was er ihr angetan hat. Um ein paar Nacktaufnahmen kamen wir, nach Lage der Dinge, also nicht herum. Susanne machte keine Schwierigkeiten, hatte sich bei den Probeaufnahmen schon bereitwilligst entblättert und tat dies auch, ohne Hemmungen, als es ernst wurde.

Neubach hatte sich das in seinem Entwurf fein ausgedacht, um die Zensur lahmzulegen. Wenn Titten aus dramaturgischen Gründen nun mal gezeigt werden müssen, dann darf auch die FSK nicht schneiden. Sie schnitt nur eine Szene, in der Harald-Bernie den Gürtel abnimmt und eine ungehorsame Nutte kräftig damit verprügelt. Neubach erlebte trotzdem eine Niederlage, was die schönen Brüste von Susanne betraf: Die FSK verlangte,

Meine geliebte kleine Celia war im Sperrbezirk *wieder mein Scriptgirl. Als wir in der Redaktion des* Abend *drehten, telefonierte sie mit ihrer Mutter in München ...*

... ich nahm ihr den Hörer aus der Hand und fragte die Mutter etwas. Ich fragte: »Was hielten Sie davon, wenn ich Ihre Tochter heiratete –?«

Celia wollte in die Erde versinken, denn sie war gerade die Frau eines anderen geworden. Aber heute sind wir nun schon 32 Jahre glücklich verheiratet. (Peter Hubschmid, der Sohn Pauls, hat auf den Auslöser gedrückt.)

daß ihre Nacktszene zwei Lichtpunkte dunkler kopiert werden müßte, so blieb zwar das nackte Fleisch im Film, aber der Zuschauer mußte die Augen besonders weit aufreißen, um noch etwas zu erkennen. Das nannte ich eine Perversion der Moral, die mich um so mehr abstieß, als dieselben Leute in Wiesbaden zwei Jahre später bereits alles, aber auch wirklich alles auf der Leinwand erlaubten.

Meine Gage als Autor und Regisseur floß, abzüglich der akuten Ausgaben, voll in die Endfertigung von *Playgirl*. Ohne meinen Freund Erich Mehl wäre das gar nicht möglich gewesen. Er hatte mir schon bei der *Endlosen Nacht* finanziell beigestanden, und er spielte auch bei *Playgirl* eine entscheidende Rolle, vielmehr zuerst mal sein goldfarbener Rolls Royce, ein Phantom IV. Den brauchte ich, um Umberto Orsini aus Rom einzuführen, einen kleingewachsenen, aber magnetischen Schauspieler, langjähriger Freund von Ellen Kessler, der einen internationalen Modefotografen spielen mußte. Er sollte meinen dritten Akt in der Geschichte des Playgirls Alexandra Borowski eröffnen, und er machte seine Sache so gut, daß ich die Rolle des »Timo« endlos fortschrieb. Ich hatte Umberto mit Alice und Ellen in Rom kennengelernt – und war durch ihn wieder an Luchino Visconti geraten, der in Castel Gandolfo, zu Füßen der Sommerresidenz des Papstes, ein Lustschlößchen bewohnte, weil ihm bei der Vorbereitung zu seinem Krupp-Film *Die Verdammten* der Autoverkehr zwischen der Cinecittà und seinem Haus in der Innenstadt von Rom zu zeitraubend geworden war. Umberto spielte bei Luchino, neben Helmut Berger, Ingrid Thulin, Dirk Bogarde und Helmut Griem, einen der Kruppschen Schwiegersöhne und war sofort bereit, für 10 000 Mark nach Berlin zu kommen. Das Geld, fürchte ich, hat er nie gesehen.

Obwohl Erich Mehl sich, bei Schluß der Dreharbeiten zu *Playgirl*, gezwungen sah, wieder einmal in die Tasche zu greifen. »Ich muß schon lange keine Filme mehr finanzieren«, pflegte er zu sagen, »aber der eine oder andere reizt mich dann doch ...«

Briefmarke für Bärenmarke

Ich habe nie begriffen, was ihn reizen konnte, stundenlang bei unserem Freund, dem Rechtsanwalt und Notar Dr. Wolfgang Probandt, herumzusitzen und geduldig endlose Abrechnungen zu prüfen. Ich schlief regelmäßig

Weil es Erich Mehl mit seinem ambulanten Büro gab, brauchte ich nie einen Kotau vor den sogenannten Gremien der Filmförderungsanstalt zu machen. Erich hat uns alle über die sechziger Jahre hinweggerettet.

dabei ein, während Erich immer wacher wurde. Dieser stets tip-top gekleidete, tiefbraun gebrannte Mann mit den wachen braunen Augen unterm blonden Haar wirkte so harmlos auf Fremde, dabei hatte er es faustdick hinter den Ohren. Als Sohn eines Abteilungsvorstandes der Deutschen Bank in Berlin, hatte er sich bei Kriegsausbruch freiwillig zu einer der gefährlichsten Waffen, den Sturmpionieren, gemeldet und war als Offiziersanwärter in Norwegen eingesetzt worden.

Ich konnte Erich stundenlang zuhören, wenn er erzählte, wie er, ohne einen Schuß abzufeuern, sich mit tausenderlei Schwejkiaden sowohl bei seinem Kompaniechef als auch bei diversen Norwegerinnen beliebt gemacht hatte. Doch das lustige Besatzerleben fand schon im Jahr darauf ein jähes Ende, als der Krieg mit der Sowjetunion begann. Erich wurde mit seinen Sturmpionieren in einer Nacht-und-Nebel-Aktion auf einen Eisenbahnzug verladen und, ohne Waffen, durch das neutrale Schweden nach Finnland geschafft, um die finnischen Waffenbrüder beim wieder aufflackernden Kampf gegen die Sowjets zu unterstützen. In Finnland erlebte er ein paar haarsträubende Spähtruppunternehmen und machte die erstaunliche Feststellung, daß auch junge Engländer und Franzosen, mit denen sich das Deutsche Reich im Kriegszustand befand, dem kleinen Land gegen die mächtige Sowjetunion halfen. »Allerdings leisteten die, wie auch neutrale Schweden und Amerikaner, nur humanitäre Hilfsdienste, während wir Deutsche unsere Waffen wiederbekamen und sofort an die Front geschickt wurden ...«

Es waren englische und französische Sanitäter, die den damals 23jährigen Tage später unter einem Leichenberg hervorholten, denn er war bei seinem ersten Großangriff auf sowjetische Stellungen, an der Spitze eines Sturmbootes kniend, voll in eine russische MG-Garbe hineingefahren. »Ein Explosivgeschoß war in meiner linken Hüfte explodiert, und dazu hatte ich auch noch Durchschüsse in den Armen ...«

Reiner Zufall, daß er sich noch etwas bewegte, als die Leichen zusammengetragen wurden. »Und diesmal waren es junge amerikanische Chirurgen, die mich mit einer ganzen Serie von riskanten Operationen wieder zusammenflickten. Noch heute befinden sich sechzehn Splitter auf Wanderschaft durch meinen Körper!« Er wurde mit Orden behängt und in ein deutsches Lazarett in Bayern überführt, immer wieder operiert und 1942, an Krücken humpelnd, ins Zivilleben entlassen. »Ich hatte die Nase voll, auch von den Nazis, und mich in Garmisch schon in eine hübsche, aber unglückliche junge Frau verliebt, der ich unbedingt helfen wollte. Einer, der wie ich dem Tod buchstäblich von der Schippe gesprungen ist, hat vor nichts mehr Angst«, meinte er. »Darum fuhr ich mit Monika Mannheim nach Köln und holte, mit Hilfe meines Onkels Robert Schmidt, damals Generaldirektor der deutschen Ford-Werke, während eines Luftangriffs den ehemaligen Oberstaatsanwalt Dr. Günther Mannheim aus dem KZ-Durchgangslager Köln-Deutz.«

Monikas jüdischer Ehemann.

»Ich habe die Mannheims dann mit nach Berlin genommen«, fuhr Erich fort. »Eine solche Riesenstadt eignete sich am ehesten zum Untertauchen. Ich habe sie am Karbuschsee bei Königswusterhausen einquartiert, wo meine Schwester ein Wochenendhäuschen besaß. Dort haben meine Schützlinge den Rest des Krieges unbeschadet überlebt.«

Ein Autounfall hat dem Glücksjungen 1943 dann noch einmal weitergeholfen. Als Schwerbeschädigter an Krücken durfte Erich ein Auto fahren, und es war ausgerechnet ein höherer Militärstabsarzt, der die Vorfahrt mißachtete und ihm an der Kreuzung Nürnberger/Augsburger Straße voll in die Seite fuhr. »Als er meine Krücken und die Orden sah – und ich seine Schnapsfahne roch – wurde er ganz kleinlaut. ›Hör zu, Kamerad‹, sagte er, ›ich kann jetzt kein Aufsehen gebrauchen, schieben wir die Karre zur Seite! Du bekommst von mir einen tollen neuen Wagen – einverstanden?‹«

Am nächsten Morgen durfte sich Erich unter Hunderten beschlagnahmter Zivilfahrzeuge heraussuchen, was sein Herz begehrte: einen amerikanischen Buick, hellblau, Baujahr 1940. »Die Krücken«, sagte er, »brauchte ich eigentlich schon nicht mehr, aber sie waren ein fabelhafter Schutz vor neugierigen Polizisten!«

Als das Kriegsende gekommen war, führte Erichs Vater ihn mit einem Großindustriellen, einem Wehrwirtschaftsführer, aus Magdeburg zusammen, der sich furchtbare Sorgen um seine Schwiegertochter und sein Enkelkind machte, die in der Nähe von Frankfurt an der Oder festsaßen; sein Sohn war schon gefallen. Und Erich fuhr mit seinem Buick noch einmal an die Oderfront und holte, unter Beschuß, die junge Witwe mit ihrem Kind nach Berlin. Doch er verschmähte die angebotene Million wertlosen Papiergeldes und ließ sich von dem Industriellen lieber ein Briefmarkenalbum schenken.

»Es war das einzige, was am 8. Mai 1945 noch einen Wert besaß«, sagte er. »Und was macht einer, der Mehl heißt?« Er kaufte sich noch vor der Währungsreform mit seinen Briefmarken in die größte Berliner Brotfabrik ein, die berühmte Bärenmarke. Und als es wieder ordentliches Geld gab, fielen ihm die Schlangen auf, die sich unverdrossen vor den Kinos bildeten, und er fing an, Filme zu produzieren. Der erste hieß *Großstadtgeheimnis* und war noch nicht abgedreht, als jede Menge Produzenten auf seiner Matte standen und für reales Geld ihre Luftschlösser finanziert haben wollten.

Seine Freundin damals war eine Kostümberaterin der größten Filmgesellschaft der DDR, der staatlichen DEFA. Die Freundin hieß Vera Mücke, und der Kalauer, wie Erich aus der Mücke einen Elefanten machte, bietet sich an. »Die DEFA«, sagte er, »hatte mit fortschreitendem Kalten Krieg Probleme mit dem Vertrieb ihrer Filme im westlichen Ausland. Ich konnte ihr behilflich sein, obwohl das Zentralkomitee der SED meine Mitwirkung gar nicht gerne sah. Um den *Untertan* meines Freundes Wolfgang Staudte weltweit zu verkaufen, mußte ich vorübergehend sogar einen schwedischen Paß erwerben, eine schwedische Filmproduktion gründen und als schwedischer Co-Produzent der DEFA auftreten. Ich habe einen aussichtslos erscheinenden Krieg gegen den Interministeriellen Ausschuß der Bundesregierung führen müssen – das waren Vertreter des Innen- und Außenministeriums in Bonn, wie des Finanz- und Wirtschaftsministeriums. Ein Krieg, der vier Jahre dauerte und damit endete, daß dieser Ausschuß sich sang- und klanglos auflöste und ich die Einfuhrgenehmigung für den *Untertan* in die Bundesrepublik bekam ...«

Er hatte das Wort »Genosse« genau achtzigmal aus Staudtes Film herausgeschnitten und durfte es jetzt wieder einfügen. Bei der DEFA wurde der rote Teppich ausgerollt, wenn Erich Mehls Rolls Royce den Schlagbaum in Babelsberg passierte. Doch auf Dauer war mit den DEFA-Genossen nichts anzufangen. So erlaubte ihnen Bert Brecht zwar, seine *Mutter Courage* unter Staudtes Regie zu verfilmen, aber als er das Ergebnis sah, spuckte er Gift und Galle und verbot die Aufführung des Films. Zumal nicht seine Frau Helene Weigel die Mutter spielte, sondern die Französin Simone Signoret, die Erich persönlich in Prag abgeholt und nach Babelsberg chauffiert hatte. »Ich war dabei«, sagte er, »als es nach der Vorführung in Babelsberg zum Eklat kam, und bot an, mit Brecht zu reden. Weil aber auch Genossen des ZK dabei waren, wurde ich dringend gebeten, den Mund zu halten, und vor die Tür gesetzt. Ich glaube, ich schätzte den Brecht besser ein als die Genossen des ZK und die DEFA-Direktoren, ich hatte ihm heimlich schon mal Dollar an seinen Sohn Hans in New York geschickt, was in der DDR ein Staatsverbrechen war. Zwar nicht für mich, den Bürger West-Berlins, aber für Bert Brecht. Ich bin sicher, daß er mir die Dollars aus der Hand gerissen hätte, so scharf war er darauf, der große Sozialist. Ich hatte schon 2,8 Millionen Westmark in dem Unternehmen stecken, und die Defa mußte mir soundsoviele ihrer Filme zum Westvertrieb geben, als ich mit dem ›Ersatz‹ nichts anfangen konnte, den Brecht am Ende anbot: die *Mutter Courage* von der Bühne seines Theaters abzufilmen, mit Frau Weigel in der Titelrolle. Unverkäuflich!«

Am Ende hatte mein Erich, als einziger wahrscheinlich, auch bei Bert Brecht kein Geld verloren. Ein Sieg des Kapitalismus, schon in den fünfziger Jahren. Mit den Gewinnen half er einem anderen Ostler wiederholt aus der Verlegenheit. Ich traf Erich in London, wo er Roman Polanskis *Ekel* und *Wenn Katelbach kommt* finanziert hat. Der kleine Pole war frisch im Westen gelandet und starrte gierig auf Erichs goldene Rolex. Weil er an Romans Genie glaubte, schenkte Erich ihm eines Morgens in den Shepperton Studios seine Rolex, worauf Polanski sich nicht lumpen ließ, seine polnische Armbanduhr vom Handgelenk löste und sie mit einer grandiosen Geste dem deutschen Finanzier in die Hand drückte: 150 gegen 20 000 Mark. »Ich habe schließlich auch meinen Stolz«, sagte Roman.

Wir waren kaum außer Sichtweite, als Erich sie an mich weitergab. »Du glaubst doch nicht«, sagte er, »daß ich mit dieser polnischen Kartoffel rumlaufe!« Ich nahm sie dankend und bewahre sie bis heute in meinem Schatzkästlein auf.

Auf was er sich bei der Finanzierung der Polanski-Filme eingelassen hatte, bemerkte Erich Mehl spätestens bei den Filmfestspielen 1965, als *Cul-de-Sac* oder *Wenn Katelbach kommt* als englischer Beitrag gemeldet wurde – als deutscher Co-Produzent gehörten aber ihm die deutschen Rechte. Die hatte sich Sam Waynberg freilich durch »gefälschte Verträge« angeeignet, ein junger Pole, der staatenlos geworden war, in Berlin herumhing und mit einem gewissen Gutowski in London dubiose Geschäfte machte. »Er spielte bei Polanski die Rolle eines Produktionsleiters«, sagte Erich, »und war keineswegs einer der Produzenten!« Ein Eklat drohte, aber Erich ließ sich von Dr. Alfred Bauer, dem ersten Leiter der Berliner Filmfestspiele, zum Mundhalten überreden. Erich ist ein großer Mundhalter, der weiß, daß die Zeit für ihn arbeitet. Vorerst genügte ihm, als Polanskis Film den Goldenen Bär errang, eine Urkunde, die ihn als Produzenten auswies.

»Ich habe viele Filme aus dem Feuer gerissen«, sagte er. »Aber mit Dankbarkeit darfst du in dieser Branche nicht rechnen ... Wenn ich die Produzenten vom Strick geschnitten hatte, war ich der Größte. Aber wenn ich mein Geld wiederhaben wollte, galt ich als Blutsauger, war der Hai im Karpfenteich ...«

Zur Zeit prozessiert er mit Sam Waynberg, aus dem ein erfolgreicher Verleiher mit deutschem Paß geworden ist, und es handelt sich immer noch um die Polanski-Gelder, um gefälschte Verträge und jene 36,5 Prozent an den Weltverkäufen, die ihm zustehen, von denen er aber bis heute noch keinen Penny gesehen hat.

Stroheim in Flammen

In der Erinnerung kommen mir die Dreharbeiten von *Sperrbezirk* viel langweiliger vor als die aller anderen Filme. Das muß damit zu tun haben, daß es beim Drehen keine Überraschungen mehr gab, daß ein Drehbuch vorhanden war und die Besetzung auch der kleinsten Rolle feststand. Was mir als Regisseur zu tun blieb, war zügiges Arbeiten, das tägliche Pensum erfüllen, und da ich ohne großes Engagement zugange war, machte auch das keine Schwierigkeiten. Ich erinnere mich an Neubachs Staunen, das von Tag zu Tag größer wurde. »Ich fürchtete schon, du machst mir ›Kunst‹«, sagte er. »Ich habe bei der Kubaschewski die Hand ins Feuer legen müssen, daß du den Etat einhältst – die haben in München beim Verleih alle gesagt: Um Gotteswillen, der Tremper! Der hält sich doch nicht ans Drehbuch! Das ist ein Verrückter! Der macht doch, was er will! Der wird nie fertig! – Und jetzt drehen wir schon vierzehn Tage, und du bist genau im Plan, sogar schon ein bißchen im voraus! Ich komme gar nicht dazu, meine Stroheim-Tricks anzuwenden!«

»Was sind deine Stroheim-Tricks?« fragte ich den Ernstl.

»Die werde ich *dir* gerade verraten!« rief er. Aber dann gab er seinem Affen Zucker und spielte mir doch eine Reihe von Szenen vor, mit denen er das »Genie« aus der alten K. u. K.-Monarchie an die Kandare genommen hatte: Herzanfälle, Ohnmachten mit rollenden Augen, Schreikrämpfe – bis hin zu gespielten Selbstmordversuchen. Und natürlich kam wieder eine der unglaublichen Neubach-Geschichten dabei heraus, die nie blank erfunden, höchstens ein bißchen ausgeschmückt waren.

»Ich habe doch mit seiner Frau Denise Vernac unter einer Decke gesteckt«, erzählte er, »und es ergab sich, daß diese rassige Schönheit gerade ein Verhältnis mit einem meiner jungen Autoren angefangen hatte – genau mit jenem, mit dem ich den nächsten Stroheim-Film produzieren wollte! Du weißt doch, daß ich neun Filme für ihn geschrieben oder produziert habe, alle zwischen 1944, das war die *Rue de Montmartre*, und 1955 der *L'Homme aux Cent Visages* ...«

»Ich weiß, ich weiß«, sagte ich, »er brauchte Geld.«

»Nun was«, sagte Neubach, »Geld brauchen wir alle ... Also, ich hatte mein einziges Exemplar der Denise nach Hause geschickt – er wohnte ganz allein mit ihr auf dem Château Maurepas in der Nähe von Paris – und hatte sie ersucht, dafür zu sorgen, daß er es bis Sonntag liest – am Sonntagnachmittag empfing er bei Kaffee und Kuchen –, und da ruft mich am Sonntagmorgen der Autor an und weint: Auf seiner Bude hat's gebrannt, und nun ist das einzige Exemplar, das er noch besitzt, dasjenige, das ich Madame Denise geschickt habe! Ach, habe ich noch zu ihm gesagt, bei der Denise ist es sicher, da müßte schon das ganze Schloß abbrennen!«

Was bei Erich von Stroheim brannte, war der riesige mittelalterliche Ka-

Erich von Stroheim, wie ihn keiner kennt: Mit Frau und Tochter als Privatmann in Frankreich. Doch er behauptete immer, dies sei ein Filmfoto und alle drei wären Schauspieler.

min, zweieinhalb Meter hoch und vier Meter breit, den der Exzentriker mit ganzen Baumstämmen zu füllen pflegte. Und als das Kaffeegespräch dann endlich auf das neue Drehbuch des jungen Autors kam, nahm der Stroheim es in die Hand, wog es skeptisch und warf es ohne besondere Gemütsaufwallung kurzerhand über die Schulter in den brennenden Kamin: »Damit du siehst, Neubach, was ich davon halte!«

Der entsetzte junge Autor sprang auf und stürzte sich mit dem Ruf: »Mein einziges Exemplar!« todesmutig in die lodernden Flammen. »Worauf«, sagte Neubach, »seine heimliche Liebe, die Denise, aufsprang und ›Oh mon Dieu!‹ ihrem Geliebten hinterhersetzte – und nun endlich auch Stroheim begriff, was er angerichtet hatte, und seiner rassigen Frau hinterhersprang – mitten in die Flammen!«

»Und du?« rief ich, nach Luft japsend, »Und du?«

Stoisch antwortete Neubach: »Da mußte ich natürlich auch hinterherspringen, mon Dieu de Dieu! Der Stroheim war schließlich mein As im Ärmel, der nächste Film schon überallhin verkauft ...«

So wälzten sich, nach seiner Schilderung, an diesem Sonntagnachmittag auf dem Land bei Paris, der ein höchst friedlicher hätte werden sollen, auf einmal vier ausgewachsene Menschen in den Flammen, und als es ihnen zu heiß geworden war, auch noch auf dem kostbaren Teppich Stroheims, um die Flammen zu ersticken.

»Mit Champagner haben wir die Glut gelöscht!« beendete Neubach seine Geschichte. »Jeder hatte seine kleinen Brandwunden – hier«, er streifte seinen Rockärmel zurück und zeigte auf eine winzige Narbe, »hier kannstes noch sehen! Siehst du's?«

Weil ihm aber die Pointe, wie schon oft gesagt, nicht genügte, setzte er noch eine drauf: »Mein Verleih hatte übrigens noch zwei Drehbuch-Exemplare vorrätig, an die ich gar nicht mehr gedacht hatte ...«

Zwischendurch rief auch Eva Renzi wieder an, die tatsächlich den Witwer Hubschmid heiraten wollte, erkundigte sich nach *Playgirl*, unserem Film, der immer noch einen Schneideraum bei Geyer in Neukölln beanspruchte, und ließ erkennen, daß sie auch in *Sperrbezirk* gerne mitgespielt hätte. Ich stellte mich schwerhörig. Aber ich kam trotzdem nicht von ihr los, denn eines Abends, als ich mit Harald Leipnitz nach Drehschluß in einer Kneipe am Hagenplatz im Grunewald die neuen Heringe ausprobierte, griff mir von hinten ein Männerarm über die Schulter und holte sich ein Stück Hering von meinem Teller: Michael Caine, der große britische Schauspieler.

The name is Caine, Michael Caine

Ich hatte ihn durch Diana Rigg kennengelernt, die unvergessene Emma Peel aus der *Schirm, Charme und Melone*-Serie, mit der ich zwei Jahre zuvor in einem Londoner Club mittaggegessen hatte. Sie hatte mir einen rotblonden jungen Mann mit einer dicken schwarzen Hornbrille vorgestellt, der an der Bar lehnte. »Mister Tremper«, sagte sie zu ihm, »ist Journalist und Filmproduzent aus Deutschland!« Worauf der Typ sich unaufgefordert zu uns gesetzt und die üblichen Fragen gestellt hatte: »Was machen Sie gerade?« usw., aber mich auch wissen ließ: »Ich spiele alles, vom Hurensohn bis zum königlichen Prinzen – Anruf genügt, und ich komme!« Ich kann nicht sagen, daß er einen großen Eindruck auf mich gemacht hätte, aber Diana Rigg versicherte mir später: »Aus dem wird mal ein Star! Er ist hungriger nach Filmrollen als jeder andere Schauspieler, den ich kenne!« Tatsächlich hatte mir schon zwei Abende später bei Annabelle's jemand auf die Schulter getippt, und es war wieder dieser rotblonde Schauspieler mit der dicken Brille. »Vergessen Sie nicht«, sagte er, »the name is Caine, Michael Caine!«

Michael Caine mit Paul Hubschmid in Urlaub in Berlin. *Er akzeptierte ein 50 000 Pfund-Angebot, Eva Renzi nicht. Aus Michael ist ein Weltstar geworden, aus Eva eine geschiedene Frau Hubschmid.*

Da hatte er, nach zehn Nebenrollen, erst eine Hauptrolle gespielt, den Leutnant Bromhead in dem *Zulu*-Film, war aber mit seiner zweiten Hauptrolle als Geheimagent Harry Palmer in *Ipcress File* gerade in Berlin gewesen und schwärmte von den deutschen Fräuleins. Aber dieser Film, der ihn weltbekannt machen sollte, war noch nicht in den Kinos.

Und nun stand er hinter mir, kaute von meinem Hering und machte »Hm – !« Er war wiederum als Geheimagent Harry Palmer in Berlin, saß an einem anderen Tisch mit seinem Produzenten Harry Saltzman, und beide hatten zwei bildhübsche Mädchen dabei. Michael machte uns bekannt, wir sprachen über seinen Film *Funeral in Berlin*, den United Artists in der deutschen Fassung *Urlaub in Berlin* nannte – eine »Beerdigung« im Zusammenhang mit »Berlin« erschien ihnen wohl unpassend –, und dann sah sich Harry Saltzman, seit *Dr. No* auch als James-Bond-Produzent bekannt, eine Rolle aus *Playgirl* an. Ich weiß nicht mehr, ob es noch am selben Abend geschah oder ein paar Tage später, jedenfalls bekam er beim Anblick meiner Hauptdarstellerin den Mund nicht mehr zu und tat etwas, für das ich die Branche immer lieben werde: Er brach, nach 21 Drehtagen, seine Aufnahmen zu *Funeral in Berlin* jäh ab, engagierte Eva Renzi und begann seinen Film mit ihr nochmal neu zu drehen. Die Hollywood-Schauspielerin Anjanette Comer, bekannt aus Evelyn Waughs *The Loved Ones*, mit der er die ersten drei Wochen schon verdreht hatte, wurde für »erkrankt« erklärt, ausgezahlt und nach Hause geschickt. So befand sich die total unbekannte Eva bereits bei ihrem zweiten Film in der ersten Reihe Hollywoods, obwohl ihr erster Film noch gar nicht herausgekommen war.

Paul Hubschmid übernahm in *Funeral in Berlin* übrigens die Rolle des deutschen Gegenspielers von Michael Caine. In seinen Memoiren erzählt er, daß er auf einer Party in seiner Wohnung in Dahlem die Eva dem *Funeral*-Regisseur Guy Hamilton vorgestellt habe: «My Playgirl!« Aber da auch er in diesen Memoiren noch von einer »Erkrankung« Anjanette Comers berichtet, scheint er nicht ganz auf dem laufenden gewesen zu sein, was sich hinter den Kulissen tatsächlich abspielte. Jedenfalls erzählte mir ein paar Tage später bereits Guy Hamilton, der vor *Funeral* die Dreharbeiten an dem Bond-Film *Goldfinger* beendet hatte, daß er mit der Renzi »überglücklich« sei. Ich warnte ihn noch: »Passen Sie auf! Die Renzi ist gut, aber schwierig!« Er klopfte mir herablassend auf die Schulter: »Dear boy, we are professionals! Ich habe Elizabeth Taylor kleingekriegt – ich werde auch mit deinem Girl fertigwerden!«

Wiederum ein paar Tage später nur traf ich den großen Kollegen Hamilton noch einmal im Hageneck und wiederum bei neuen Heringen und Salzkartoffeln. Er sah ziemlich geschafft aus und stöhnte nur: »Was hast du uns mit dieser Renzi bloß eingebrockt! Sie hat doch bei dir zum ersten Mal vor der Kamera gespielt, aber mir erzählt sie vor jeder Aufnahme, was ich alles falsch mache und wo die Kamera zu stehen hat!« Ich lachte nur. Diese wunderbare, ganz unglaubliche Eva! Ich habe sie nach dem *Funeral*-Film noch einmal nach London begleitet, weil Saltzman einen »tollen Vertrag« mit ihr machen wollte. Es sollte derselbe sein, den er Michael Caine gab: einen Siebenjahresvertrag für 50 000 Pfund (200 000 D-Mark) jährlich. Sie kam wütend auf ihren langen Beinen aus seinem Büro gerannt: »Komm, wir gehen! Ich bin doch kein Bond-Girl!« Mir sollte es recht sein. Mir genügte, daß ich mit der Wahl der Renzi den Geschmack der größten Hollywood-Produzenten getroffen hatte.

Auch den eines deutschen Produzenten, wie Artur Brauner. Der klopfte eines Morgens oder Nachts – ich schlief jedenfalls – an den geschlossenen Fensterladen meines Schlafzimmers in Dahlem und wollte, typisch Brauner, zwischen Tür und Angel über einen Vertrag mit der Renzi verhandeln. Bei Dunkelheit und im strömenden Regen! »Gehen Sie ein Haus weiter, zu Hubschmid!« sagte ich zu ihm. »Aber wieso?« rief er. »Sie haben doch Vertrag mit Renzi!« Er starrte mich wie einen Geisteskranken an, als er hören mußte: »Gott behüte – ich habe keinen Vertrag mit der Renzi!«

Er wollte es nicht glauben.

Ein Berliner Polizist in Zivil zeigte den guten Artur nach der Wende, als er im Schlaf Immobilien-Milliardär geworden war, wegen »Fundunterschlagung« an: Er hatte beobachtet, wie Brauner einen Hundertmarkschein auf der Straße fand, ihn küßte und einsteckte, anstatt ihn, wie das Gesetz es befiehlt, auf dem nächsten Polizeirevier abzugeben. Ich habe noch nie einen Hundertmarkschein gefunden. Aber ich bin ja auch kein Millionär.

Schöner Gigolo, armer Gigolo

Der legendäre Spruch heißt »Killroy was here« und ist amerikanischen Werftarbeitern zu verdanken, die im Zweiten Weltkrieg mit einem »Affenzahn« die sogenannten Liberty-Schiffe produzierten, will heißen: mit einer Affengeschwindigkeit. Sie bezogen sich dabei auf einen robusten Iren namens Killroy, der neue Fertigungsmethoden erfand und, wichtiger noch, auch durchsetzte. Jeder neue Kahn für die Geleitzüge nach England trug am Bug die meist nur mit einem Stück Kreide geschriebenen Worte: KILLROY WAS HERE.

So etwas ähnliches, nämlich »Kilian was here« hätte ich auch auf meine Kellertür schreiben können, hinter der in den sechziger Jahren ein Student der Betriebswissenschaften namens Kilian Rebentrost saß und in Bergen von nicht abgehefteten Rechnungen und Quittungen wühlte, um wenigstens einen Hauch von Ordnung in die chaotische kaufmännische Seite der WILL TREMPER FILM GmbH zu bringen. Mein Bruder, selbst Fünf-Prozent-Mitinhaber dieser GmbH, hatte Kilian irgendwo aufgetrieben und mit in den Gadebuscher Weg gebracht. Denn wer verstand schon etwas von der kaufmännischen, vor allem steuerlichen Seite einer Filmproduktion?

Nicht einmal Horst Wendlandt, der große Filmproduzent. Bei dem ging es mit Hilfe eines Buchhalters zwar geordnet zu, aber als seine RIALTO-Film immer erfolgreicher wurde – und richtig großes Geld vor der Steuer in Sicherheit gebracht werden mußte –, da fragte Horst mich eines Tages, ob ich nicht einen Betriebswirtschaftler kennen würde, der sich für die Filmbranche interessiere.

»Darf's auch ein Student sein?« fragte ich zurück.

So kam Kilian Rebentrost zu Wendlandt und der RIALTO-Film und ist heute geschäftsführender Gesellschafter jenes TOBIS-Filmverleihs, den Horst Wendlandt nicht nur aus nostalgischen Gründen in den siebziger Jahren gegründet hat – schließlich hatte er bei der TOBIS mitten im Krieg als kaufmännischer Lehrling seine Karriere begonnen –, sondern vor allem aus finanziellen. Denn im Verleihgeschäft, nicht wahr, wird das große Geld gemacht.

Seit meinem ersten Film *Flucht nach Berlin* interessierte sich Wendlandt für mich, lud mich regelmäßig ein, lieh mir, ohne viel zu fragen, auch mal Geld und ließ mich Drehbücher schreiben. Aber zu einer echten Zusammenarbeit, also zu einem Film, den ich für seine RIALTO inszenieren könnte, kam es erst Ende der sechziger Jahre. Ich hatte, wenn ich ihn besuchte, stets das Gefühl, daß er mit mir herumalberte, mal dieses, mal jenes Thema ankratzte, aber wenn es ernst wurde, dann doch lieber mit Michael Pfleghar drehte. Der hatte für ihn schon die Raquel-Welch-Episode in seinem *Ältesten Gewerbe der Welt* inszeniert, der war beim Fernsehen zuhause und für den wurde er auch als Produzent tätig, als Pfleghar seine *Klimbim*-Serie beim WDR in Köln drehte.

Mit seiner halben russischen Seele konnte Wendlandt sich regelmäßig bis zu Tränen für eine Idee begeistern. So rief er mich eines Tages an und spielte mir Louis Primas Version des *Schönen Gigolo* vor. Er schluchzte vor Begeisterung: »Ist das nicht toll? Wie findest'n das?« Und als ich ebenfalls »Toll!« rief und ihm erzählte, ich hätte Louis Prima im Original schon in Las Vegas diesen *Gigolo* spielen hören, da gab's kein Halten mehr. »Schreibst du mir das Drehbuch? Ich habe die Rechte an der Nummer gerade gekauft und eben mit Michi telefoniert, er kommt morgen nach Berlin!« Schon wieder Pfleghar!

Aber als der »Michi« dann kam und wir in meinem Lieblingslokal, dem Kopenhagen, ein paar Jubiläumsaquavit getrunken hatten, schlossen wir schnell Freundschaft. Wendlandt steckte uns in eine Suite im Hilton und erzählte uns am laufenden Band, wie der Film aus den zwanziger Jahren in Berlin auszusehen hätte, er sprühte vor Ideen. »Ich seh' das schon direkt vor mir ...!«

Leider beschränkte er seine Begeisterung nicht auf seinen Autor und sei-

Mein zehn Jahre jüngerer Bruder Dieter ist heute noch bei der TOBIS Wendlandts für Norddeutschland zuständig, während ich mit Wendlandt (links) Film-Phantasien wälze.

nen Regisseur, sondern spielte den *Schönen Gigolo* auch jedem anderen vor, der ihn gerade besuchte. Während wir es uns im Hilton auf Kosten unseres Produzenten gut sein ließen – Michael Pfleghar süffelte, als Mann von Welt, stets nur Champagner, ich begnügte mich mit Kaviar –, konnte Horst auch in München das Wasser nicht halten und erzählte am Stammtisch von Toni Netzle im Neuen Simpl wieder einmal die ganze Geschichte, wie wir sie uns in Berlin hatten einfallen lassen: »Ist natürlich ein verarmter Adeliger, dieser Gigolo, so'n hängengebliebener Rittmeister aus dem Ersten Weltkrieg, ni' wahr? Und der verliebt sich nu' in die Sängerin von dem Kabarett, wo er als Eintänzer jetzt arbeitet, un' det is 'ne schöne Russin, so à la Olga Tschechowa, ni' wahr? Und die is' eifersüchtig un' will nich, daß er mit dem kleenen Mädchen ...«

Unter seinen andächtigen Zuhörern saß eines Abends auch Rolf Thiele, der Regisseur, und der erzählte Wendlandts Schmonzette von dem *Schönen Gigolo* seinem Agenten Jaeger weiter, und der, nicht dumm, rief den Wiener Bohème-Musikverlag am Promenadenplatz an, der die Rechte an dem Schlager der zwanziger Jahre verwaltete, und erkundigte sich, ob die Verfilmungsrechte des Titels von Julius Brammer, Musik von Leonello Casucci, noch frei wären, insbesondere die Neuschöpfung des Amerikaners Louis Prima. »Da haben Sie aber Glück!« bekam er zu hören. »Die RIALTO-Film in Berlin hatte bis gestern eine Option darauf«, und, nach einer kurzen Pause, »vielleicht ist morgen eine Verlängerung in der Post!«

Aber wenn er jetzt gleich käme und das Geld für eine Option mitbrächte, fragte der Anrufer, dann hätte er doch die Option?

»Dann haben Sie sie!« lautete die Antwort.

Wieder zogen sich die Wochen hin, Tremper und Pfleghar arbeiteten an ihrem Drehbuch, Wendlandt ging herum und erzählte jedem, der es hören oder auch nicht hören wollte, von seinem tollen Projekt – und dann stand eines Tages der bekannte Regisseur Rolf Thiele im Büro der RIALTO und hatte ein Drehbuch bei sich, das *Schöner Gigolo* hieß. »Was soll der Quatsch?« wird Horst Wendlandt ihn ausgelacht haben, ich war nicht dabei, doch erzählt hat er es mir später. »Am *Gigolo* habe *ich* die Rechte!«

»Hast du nicht«, antwortete Thiele.

»Hab ich doch!«

»Hast du nicht«, beharrte Thiele. Es war ein grausames Spiel, das er da mit Wendlandt trieb, der sich mit einem Blick in die Akten schließlich überzeugen konnte, daß er in seiner Euphorie das Verfallsdatum der Option verschlafen hatte. Sein letztes Argument klang kümmerlich: »Verschwinde mit deinem Drehbuch, weder ich noch meine Firma denken daran, es zu produzieren!«

Pfleghar stürzte davon, zu einer neuen Fernseharbeit, und Wendlandt und ich grübelten über eine Möglichkeit, dem Thiele doch noch seinen *Gigolo* zu vermasseln. Unser Stoff konnte jederzeit auch den Titel eines anderen Erfolgsschlagers der zwanziger Jahre tragen, zum Beispiel *Goodie Goodie for Me, Goodie Goodie for You!* Wendlandt nahm wieder eine Option und hielt nunmehr den Mund.

Aber dann sickerte die Nachricht durch, der gemeine Thiele hätte eine Finanzierung für seinen Film mit dem Titel *Schöner Gigolo* aufgetrieben – und Marlene Dietrich für die Rolle der russischen Sängerin gewonnen, zwei Drehtage für 500 000 Mark Gage!

Das wollten wir nun aber abwarten, die *Goodie Goodies for Me, Goodie Goodies for You!* welkten dahin, und Rolf Thiele bekam für seine *Gigolo*-Schurkerei schließlich mehr als den verdienten Lohn: Marlene Dietrich in *Schöner Gigolo* wurde – ihr letzter Film, immerhin! – ein grauenhafter Mißerfolg, obwohl Thiele nicht selber Regie geführt, sondern den Briten David Hemmings dazu überredet hatte, und David Bowie die Titelrolle spielen ließ – neben Sydney Rome, Kim Novak und Maria Schell.

Rolf Thiele hat sich von diesem Eklat nie mehr erholt, wurde hinten und vorne gepfändet und rutschte buchstäblich ins soziale Elend ab, bettelte am Ende seine alten Freunde um etwas zu essen an.

»Es gibt noch Gerechtigkeit auf der Welt!« sprach Horst Wendlandt.

Und dann haben wir auch noch einen Film zusammen gemacht.

ZWISCHENSPIEL:
DAS LEBEN ZU ZWEIT

Ein Heiermann

Ich hatte bei einem meiner kurzen, schnellen München-Besuche eben mal ins Café Luitpold hineingeschaut und in der Ecke meine beiden Freunde Karl-Heinz Hagen und Günter Prinz bei ihren obligatorischen Spiegeleiern auf Spinat entdeckt. »Du kommst wie gerufen!« sagte Karl-Heinz. »Wir haben eben bei der *Quick* gekündigt und machen ein eigenes Blatt – du wärst der ideale Textchef! Was machst du gerade? Hast du Zeit?«

»Der macht doch lieber'n Film«, wandte Günter Prinz ein. »Ich habe ihn gerade bei Nachtaufnahmen in Berlin erlebt, umgeben von fuffzig nackten Weibern! Der fühlt sich da sauwohl!«

Günter war schon immer ein Neidhammel. Doch Karl-Heinz hatte ein Gespür für Gelegenheitskäufe.

»Ihr werdet's nicht glauben«, sagte ich, »aber ich bin fertig mit Berlin. Der *Sperrbezirk* ist abgedreht, meine Frau hat die Scheidung eingereicht, und ich lebe mit meiner neuen jetzt in Frankfurt und werde wieder Vater. Also, was ist das für 'ne neue Zeitschrift?«

Ich wußte, daß Hagen und Prinz Ärger mit ihrem Verleger Dietrich Kenneweg gehabt hatten, weil er ihnen den Seitenpreis für seine *Quick* brutal zusammenstrich. Ich wußte auch, daß sie seit Hagens Gastspiel bei der *Bild* in loser, aber ständiger Verbindung mit Christian Kracht standen, dem Generalbevollmächtigten Springers, und daß Kracht seinen Boß drängte, sich in München zu engagieren, obwohl der den »klaren Norden« stets dem »lauen Süden« Deutschlands vorzog.

»Wieviele Kinder hast du jetzt?« wollte Hagen wissen.

»Zwei, genau wie ihr. Aber das dritte ist unterwegs ...«

»Dann paßt du zu uns«, sagte Hagen. »Wir machen erstmal eine Monatszeitschrift, die *Eltern* heißen wird, aber danach noch was Größeres. Sag's nicht weiter, aber Kracht hat für Springer gerade den Kindler & Schiermeyer-Verlag gekauft ...«

Inzwischen waren auch meine Spiegeleier mit Spinat eingetroffen, und während ich mampfte, holte Hagen einen »Heiermann« aus der Tasche, wie er seit seiner Zeit bei der Handelsmarine ein Fünfmarkstück nannte, und legte es neben meinen Teller: »Du bist hiermit geheuert!«

Ich wußte, wenn ich es nahm, war es um mich geschehen. Aber ich wußte auch, daß ich unter Freunden war und jederzeit wieder abhauen könnte. Also steckte ich den Fünfer ein und aß weiter.

Günter regte sich auf: »Ich kann in deinem Gesicht lesen wie in einem offenen Buch! Dir bedeutet der ›Heiermann‹ gar nichts! Du hältst doch keine drei Wochen durch!«

»Warte mal ab«, sagte Karl-Heinz, der Schnäppchenjäger. »Er steht vor einem neuen Anfang. Er läßt sich scheiden und wird wieder Vater. Aber nach München wirst du müssen! Du hast doch nichts in Frankfurt verloren!«

Das hatte ich wirklich nicht, obwohl ich die allgemeine Abneigung der in München lebenden alten Berliner überhaupt nicht teilte; mir war auch Frankfurt recht, wenn es schon nicht länger Berlin sein sollte.

Ich war im Sommer 1965, nachdem ich auch noch mein eigener Verleiher geworden war, mit meinem alten Heinz Preuschoff durch ganz Deutschland gezogen und hatte all die Filmtheater abkassiert, die unser *Playgirl* spielten. In Frankfurt eintreffend, hatte ich meinen guten Freund Rolf Hädrich, damals noch Oberspielleiter des Hessischen Rundfunks, in seiner eleganten Neutra-Siedlung in Walldorf besucht und einen so herrlichen Sonnentag erlebt, daß ich hochempfänglich wurde für seinen Vorschlag, doch ebenfalls einen von Neutras fabelhaften Bungalows zu kaufen und sein Nachbar zu werden. Ich hatte meine schwangere Celia bei mir, die sich mit Rolfs neuer Frau Ingmar Zeissberg, frisch von Wolfgang Staudte geschieden, auch sofort anfreundete und ebenfalls nicht abgeneigt war, München zu verlassen. Denn Celia war noch verheiratet, mit dem Kameramann Peter Hassenstein, den sie ein halbes Jahr vorher erst geehelicht hatte.

Da war ich, während der Vorbereitung für *Sperrbezirk*, eines Nachmittags aus der Drehtür des Münchner Regina-Palast-Hotels gesegelt – direkt in die Arme meiner kleinen Celia, die ich seit meinem ersten Film *Flucht nach Berlin* nicht mehr gesehen hatte. Sie hatte damals, als ich nicht sofort bereit war, mich scheiden zu lassen, das Weite gesucht und sich in München bei Maxi Herber und Ernst Baier als Sekretärin verdingt, war – nach einem Crash-Course in spanischer Sprache – mit dem berühmten deutschen Eislaufpaar auf Eisrevue-Tournee nach Südamerika gegangen und hatte schon in der ersten Woche in Buenos Aires selbst die Schlittschuhe anziehen müssen. »Acht der großen Eislaufgirls waren von reichen Caballeros sofort weggeheiratet worden«, erzählte sie, »und die Premiere der Eisrevue lief Gefahr zu platzen. Finde mal Eisläuferinnen in Buenos Aires! In seiner Not wandte sich Ernst Baier auch an mich: Kannst du zufällig Schlittschuh laufen, Celia? Ich erinnerte mich an frühe Kindheitstage, und Baier jubelte: Wunderbar! Den Rest bringe ich dir schon bei!« Was der berühmte Eisläufer nicht bedacht hatte, war Celias Größe, die mit dem Gardemaß seiner übrigen Läuferinnen überhaupt nicht Schritt halten konnte. Sie war die kleinste der Revue, mußte als Schlußlicht in der langen Kette der Läuferinnen die weitesten Strecken zurücklegen und wurde regelmäßig von einer Bande an die andere geworfen. Aber natürlich hielt sie durch und wurde zu einem Glanzstück der Revue, zog mit Herber/Baier durch ganz Süd- und Mittelamerika, und als die Truppe in Nordamerika schließlich Pleite machte, wurde sie anstandslos von der Holiday-on-Ice-Konkurrenz übernommen. Und nun war sie zurück in München, hatte einen tiefen Blick ins Leben getan und den erstbesten hübschen Jungen geheiratet, der sich auch noch als hochbegabter Kameramann erwies.

»Du kommst mir wie gerufen!« jubelte ich wie Ernst Baier in Buenos Aires. »Montag haben wir Drehbeginn in Berlin, und du bist, wie in alten Zeiten, mein Scriptgirl!« Doch genau wegen dieser »alten Zeiten« wollte sie nicht mehr nach Berlin. »Ich bin jetzt verheiratet und denke nicht daran, alles noch einmal mitzumachen! Du mußt dir schon 'ne andere suchen!« Doch da war der junge Ehemann Peter Hassenstein, der bislang nur bei der Bavaria Fernsehfilme gedreht hatte. Ich sah, wie er Celia heimlich in die Rippen stieß und hastig auf sie einflüsterte. Ich hatte mit meinen drei Spielfilmen immerhin schon einen gewissen Namen in der Branche. Für mich zu arbeiten, konnte auch für Hassenstein interessant werden. Celia antwortete ihrem jungen Ehemann erbost: »Auf deine Verantwortung!« Ich führte ihr dann auch *Die Endlose Nacht* und *Playgirl* vor, die sie nicht kannte, und noch am selben Tag unterschrieb sie den Vertrag und traf sonntags in Berlin ein. Sie hatte den richtigen Instinkt bewiesen: In den ersten Drehtagen von *Sperrbezirk* ging alles noch gut, dann kamen ein paar Tage Nachtaufnahmen, und die frischgebackene Ehefrau endete doch wieder in meinem Bett bzw. ich in ihrem, in der russischen Pension in der Meinekestraße. Während Ehemann Hassenstein in Israel wieder fürs Fernsehen tätig war.

Nach den Dreharbeiten kamen Wochen im Schneideraum, und gerade als Klaus Doldinger eintraf, um die Musik mit mir zu besprechen – wo war eigentlich Peter Thomas? – entführte mich Celia zu einem kleinen Spaziergang über das UFA-Gelände an der Oberlandstraße. »Ich muß kurz mal nach München«, begann sie, »kann aber morgen wieder da sein!« Es stellte sich heraus, daß sie ihre Tage vermißte, schon mit ihrem Arzt in München telefoniert hatte und das »Problem« beseitigen lassen wollte. Und da schlug der Blitz bei mir ein! »Du willst sagen, daß du ...? Aber das ist ja wunderbar! Das Kind wollen wir natürlich haben!« – Sie: »Du bist wohl wahnsinnig! Ich bin verheiratet, du bist verheiratet, aber leider nicht miteinander! Wie stellst du dir das vor?« Ich erklärte es ihr: »Du läßt dich scheiden, ich laß mich scheiden, wir heiraten und kriegen das Kind – ist doch ganz einfach!« Und so geschah es, so kam ich zu meinem Sohn Timothy. Und das alles noch in dem einen Jahr 1966.

Der Swimmingpool und die Thymus-Drüse

Sohn Timothy kam im Dezember 1966 zur Welt, und zwar in München, wohin Celia und ich von Walldorf gereist waren. Aber dann begaben wir uns nach Walldorf zurück, wo ich tatsächlich nicht nur einen der Neutra-Bungalows neben meinem Freund Rolf Hädrich gekauft hatte, sondern gleich auch noch einen zehn Meter langen und fünf Meter breiten Swimmingpool dazu bauen ließ. Der Bau kostete 50 000 Mark und wurde zu meinem größten Luxus, denn ich bin ein einziges Mal hineingesprungen, bevor ich das Anwesen wieder verkaufte, sogar alles wiederbekam, was ich hineingesteckt hatte – bis auf den Bau des Swimmingpools.

Kurz vorher erst hatte ich den legendären Berliner Filmproduzenten Kurt Ullrich besucht, der eine sehr schöne Villa im Grunewald besaß. Wenn die Sonne hoch stand, konnte man nicht in den Garten hinaussehen, so glänzte der mächtige Swimmingpool. »Ach, weeßte«, sagte »Ulli« bekümmert, »det Ding is' ja nu' wirklich beinahe mein Jrab geworden, wa?«

»Wieso?« wollte ich wissen, »bist du beinahe ertrunken? Kannste nich' schwimmen?«

»Jaja«, sagte Ulli, »im Jeld ertrunken, wa?«

Mit diesem stereotypen »wa?« am Ende jeden Satzes war Ulli auf gleich zwei Goldadern gestoßen, die jeden anderen glücklich gemacht hätten. Die beiden Filme, die ihm soviel Geld bescherten, daß er beinahe darin ertrunken wäre, hießen *Schwarzwaldmädel* und *Grün ist die Heide*. Anfang der fünfziger Jahre, erzählte er mir, hätten die Deutschen durch die Währungsreform endlich wieder Geld verdient, mit dem sich was anfangen ließ. »Da ha'ck mir jefracht, wat machen die nu' mit all det scheene Geld, wa? Un' denn bin ich drauf jekomm, wa ...?« Nämlich Urlaub machen würden sie, die Deutschen, zum ersten Mal seit 1939. Und wohin würden sie fahren, die Deutschen? »Na, dahin, wo sie immer hinjefahren sind, wa? Ins Riesenjebirje, in die Lüneburger Heide und in' Schwarzwald!« Ins Ausland, wie etwa nach Venedig oder »zu die Pyramiden«, das war noch nicht »drinne«, dahin konnten auch vor dem Krieg nur die ganz reichen Leute fahren.

»Riesenjebirje war ja nu' passé, wa? Aber inne Heide un' innen Schwarzwald!« Soviel Geld wäre 1950 und 1951 über ihn gekommen, daß er nicht mehr gewußt hätte, »wohin mit dem Segen«. Um nicht alles dem Finanzamt zu überlassen, habe er 7-C-Gelder kaufen müssen, mit denen die deutsche Schiffahrt »steuersparend« wieder angekurbelt worden war. »En janzen Tanker ha'ck koofen müssen, wa? Un' denn ha'ck immer noch sechzehn Mios übrigjehabt, wa?«

Wir zählten die Kuckucksuhren, die seit dem *Schwarzwaldmädel* die Villa bevölkerten, und dann blendete wieder der Swimmingpool.

»Jaja«, sagte Ulli, »den ha'ck mir dann ooch zujelegt, wa?«

Seinen Filmarchitekten hat er kommen lassen und 'n »richtijet Basseng so von zwanzig Meter mindestens« verlangt. »Denn kamen die Bagger, wa, un' haben mir jefracht: Wie tief, Ulli? Un' ick habe jesacht, na, so drei, vier Meter, wa? Ick hatte ja keene Ahnung!« – Als »det Basseng« dann ausgehoben war, eine riesige, vier Meter tiefe Grube, und als dann alles schön zementiert und verkachelt war, konnte Ulli nur seine Zehenspitzen baden. »Scheißkalt war det, sach ick dir ... Die Heizung hat überhaupt nüscht jenutzt!« Also mußte eine größere Heizung her – und nochmal eine größere – und nochmal eine – zuletzt stand da etwas neben dem Swimmingpool, das mehr nach einem U-Boot aussah. Ulli mußte ein ganzes zweites Haus neben den Pool bauen, um die Heizungsanlage zu kaschieren. »Ick sache dir, Jungchen, beauftrage nie einen Filmarchitekten, wenn du'n Swimmingpool bauen läßt ...«

Auch Kurt Ullrich ist nur einmal, glaube ich, in seinen olympiareifen Swimmingpool gesprungen, hat ihn, alles in allem, so ungefähr 150000

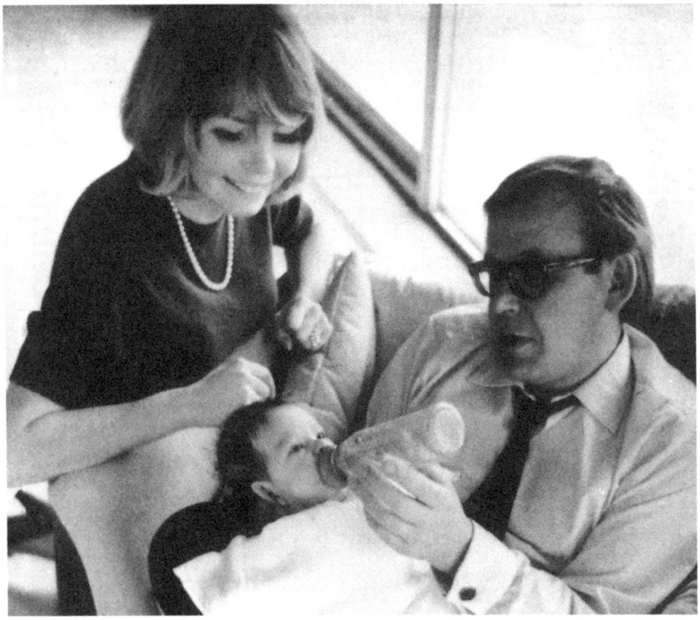

Mit meiner Frau Celia und dem neugeborenen Timothy, bevor der große Kummer mit der Thymus-Drüse ausbrach, noch in unserem neuen Haus in Walldorf am Frankfurter Flughafen.

Mark gekostet, der eine Sprung. Aber er hatte es ja. Er hatte soviel, daß er den gefürchteten Filmkritiker des *Abend* anrufen konnte, der einen seiner Erfolgsfilme wieder einmal gemetzelt hatte: Dr. Manfred Bartel. »Wenn Sie alles besser wissen, warum werden Sie nicht Dramaturg bei meiner Berolina-Film, Herr Doktor?«

Er hat dann auch »Erfolgsfilme« bei Kurt Ullrich gemacht, mein Freund Manfred Bartel. Und wenn wir ihn beschimpften, hat er geantwortet, was von Ulli selber hätte stammen können: »Lieber trage ich gute Anzüge, als schlechte Kritiken zu schreiben!«

Ich mußte oft an die beiden denken, während mein Swimmingpool gebaut wurde. Doch ein anderes Problem fing an, unser Leben zu überschatten: Ein immer schlimmer werdender Husten unseres Erstgeborenen raubte uns die Nachtruhe. Er bekam mitten im Schlaf Anfälle, die gar nicht mehr aufhören wollten. Uns ist mit dem Kind etwas passiert, das statistisch gesehen nur alle zehnmillionenmal vorkommt – sagen die Ärzte, wenn sie wieder einmal eine Sterbeurkunde mit der lapidaren Bemerkung »Kindstod« ausfüllen mußten. Ich schrieb eine Titelgeschichte für *Eltern*, die in einem der ersten Hefte der Monatszeitschrift erschien, und weil sie aufklärend für alle Eltern und lebensrettend für die Babies sein kann, hier als Faksimile noch einmal:

Nr. 4
April 1967 · DM 1,50 · öS 10,– · sfr 1.80 · lit 300,– · Printed
Eltern
Die Zeitschrift für die schönsten Jahre des Lebens
Professor Hellbrügge:
Vier Stunden, die das Lebensglück Ihres Kindes entscheiden

Eltern

Ich bin der Vater des kleinen Jungen. Die Aufnahme — meine Frau hält das Baby in den Armen — entstand, als unser Sohn sechs Wochen alt war. Zwei Wochen später, als die Druckmaschinen für ELTERN anliefen, hätte mein Sohn beinahe nicht mehr gelebt.

Uns ist mit diesem Baby etwas passiert, woran selbst überängstliche Eltern nicht denken, die ihr Kind Tag und Nacht nicht aus den Augen lassen. Der Kleine kam kurz vor Weihnachten auf die Welt, die Geburt verlief normal, seine Maße waren in Ordnung — 52 cm, 7 Pfund. Der erfahrene Kinderarzt, der wie üblich seine erste Untersuchung noch in der Klinik vornahm, fand das kleine Kerlchen „vollkommen gesund". Der Arzt auf der Mütterberatungsstelle, der das Baby vier Wochen nach der Geburt untersuchte, war von der Entwicklung des Kindes befriedigt. Und doch hätten wir, wie wir heute wissen, eines Morgens aufwachen und das Baby leblos in seinem Bett finden können. Aber nichts deutete darauf hin, daß unser Kind lebensgefährlich erkrankt war.

In der fünfzehnten Woche nach seiner Geburt hatte der Junge einen Schnupfen. Die Folge war, daß er beim Trinken, weil er schlecht durch die Nase atmen konnte, manchmal nach Luft rang. Der herbeigerufene Kinderarzt — der dritte, der das Kind nach seiner Geburt sah — lächelte darüber und gab ihm ein Zäpfchen. Ein paar Tage später stellte ich fest, daß der rechte Arm unseres Babys nach dem Aufwachen morgens merkwürdig steif blieb. Es schlief immer auf der Seite, und ich dachte, es hätte unglücklicherweise auf dem Arm geschlafen.

Wieder zwei Tage später fiel uns auf, daß der Sohn anfing, nachts schlecht zu schlafen. Wir hatten ein Fenster in seinem Kinderzimmer halb offen, er schlief also, wie es sein soll, recht oft im Kühlen, und natürlich dachten wir zuerst, er friere, und schlossen das Fenster. Er wurde, weil er bis dahin ein prächtiger Schläfer gewesen war, auf dem Arm herumgetragen, er wurde nachgefüttert, hin- und hergewiegt, bekam ein Liedchen vorgesungen. Aber nichts half. Sein Schreien wurde quälend, nicht nur für uns, auch für ihn, wie wir deutlich festzustellen glaubten. Bis wir alle Methoden und Mittelchen durchprobiert hatten — junge Eltern wissen, wovon ich schreibe — und wir langsam herausfanden, daß er eigentlich nur noch gut schlief, wenn er tagsüber, warm eingepackt, im Freien stand, vergingen weitere zwei bis drei Tage.

> Im nächsten Heft:
> **Macht die Muttermilch Ihr Baby glücklicher?**

Wieder fuhren wir zum Kinderarzt. Er untersuchte den Kleinen eingehend, murmelte etwas von den „unnatürlich lebendigen Augen", die er habe, und telefonierte mit einer spezialisierten Kollegin. Dann ersuchte er uns, schleunigst zu seiner Kollegin zu fahren, zu einer noch gründlicheren Untersuchung und sagte: „Gut, daß Sie gekommen sind. Von diesem Augenblick an brauchen Sie sich eigentlich keine Sorgen mehr zu machen!"

Völlig verwirrt brachten wir den Jungen zu der sehr klug wirkenden Kinderärztin, die uns nach ihrer Untersuchung sofort zu einem Röntgen-Institut in der Nähe schickte und uns dann, beim zweiten Besuch, eröffnete:

„Ihr Kind hat eine überentwickelte Thymus-Drüse. Das ist ein Organ, das jeder Mensch hat. Es regelt das Wachstum von der Geburt an. Manchmal — in sehr seltenen Fällen, aber Ihr Kind ist so ein Fall — fängt die Drüse an zu galoppieren, breitet sich innerhalb weniger Wochen in dem kleinen Brustkorb aus — es ist eine Art Bries — und behindert die Atmung, die Tätigkeit des Herzens, der Lungenflügel und . . ."

Und dann stirbt das kleine Kind über Nacht. Es liegt am nächsten Morgen, sagte uns die Kinderärztin, wie schlafend in seinem Bettchen und ist tot. Und nur eine Obduktion könnte die Ursache klären. Meine Frau brach in Tränen aus.

„Seien Sie froh", sagte die Kinderärztin, „daß Sie rechtzeitig etwas bemerkt haben und zu uns gekommen sind. Obwohl die Fälle sehr selten sind und die ärztliche Wissenschaft den Grund für das plötzliche Wachstum der Thymus-Drüse noch nicht herausgefunden hat, gibt es gute Mittel dagegen."

Und sie verschrieb unserem Sohn fünf Zäpfchen, an fünf hintereinanderfolgenden Tagen zu geben.

Am zweiten Tag dieser Kur bekamen wir das Röntgenbild zu sehen, und daraufhin wurde auch mir ganz elend zumute. Der schwarze Bries-Schatten dieser Drüse breitete sich durch den ganzen kleinen Brustkorb unseres Sohnes aus, das kleine Herz war deutlich schon zur Seite gedrückt.

Zwei Tage noch — und es wäre zu spät gewesen

„Noch zwei Tage vielleicht", sagte die Ärztin, „dann hätte es zu spät sein können. Der kleine Mann braucht kreislaufanregende Bäder, mindestens zehn Minuten am Tag, er braucht so viel Sauerstoff wie möglich und vielleicht, in vier Wochen, wenn wir ihn noch einmal durchleuchten, noch mal fünf Zäpfchen. Aber Sorgen brauchen Sie sich jetzt nicht mehr zu machen. Der Thymus ist besiegt in dem Augenblick, in dem er erkannt ist."

Wir merken es selbst jeden Tag, wie gut es unserem Sohn geht. Er schläft wieder ausgezeichnet, er hat keine Atemnot mehr, die wildgewordene Drüse ist augenscheinlich dabei, auf ihre natürliche Größe zurückzuschrumpfen.

Wir freuen uns, daß wir uns zum „Sklaven" unseres Sohnes gemacht haben und ihn nachts nicht schreien ließen, auch wenn manche Leute behaupten, daß kleine Kinder nachts schreien müssen. ■

MEIN FÜNFTER FILM:
HOW DID A NICE GIRL LIKE YOU GET INTO THIS BUSINESS?

Das erste Bild aus dem letzten Film im Producers Studio in Hollywood. Mein Gesichtsausdruck läßt die fürchterlichsten Vermutungen zu.

Keine Hide-away-Produktion

Die Vorstellung, daß ich diesen, meinen fünften Spielfilm, nie gemacht hätte, wenn ich auf dem Weg von der *Jasmin*-Redaktion in der Münchner Neherstraße zum alten Flughafen Riem brav an der roten Ampel Prinzregentenstraße Ecke Grillparzer gewartet hätte, anstatt todesmutig weiterzufahren, hat etwas Tragisch-Erheiterndes. Aber ich wollte die letzte Maschine nach Berlin noch erreichen, eine Caravelle der Air France. Und es war kurz vor Weihnachten 1968, meine Sekretärin saß neben mir und hielt sich die Augen zu; wir hatten bis zur letzten Minute an einem längeren Stück gearbeitet – war es Inge Conrad oder Petra Schnitt, aus der später eine *Stern*-Reporterin wurde? Egal, in Riem übergab ich ihr meinen neuen 6,3-Liter-Mercedes, ergriff meinen Aktenkoffer und rannte, als letzter wieder mal, in die Maschine. Hinter mir fiel die Tür der 1. Klasse-Kabine zu, und vor mir saß Horst Wendlandt und blätterte bereits in einem umfangreichen Drehbuch.

»Wo kommst'n jetzt noch her, Dicker?« lautete die Begrüßung. »Aber reden können wir nich', ich muß lesen!«

»Ich auch, ich auch!« japste ich und setzte mich auf die gegenüberliegende Seite in der ersten Reihe ans Fenster. Wir waren die einzigen Passagiere in der 1. Klasse.

Oder wenn ich mir vorstelle, die Fahnenabzüge eines neuen Romans aus dem Schweizer Scherz-Verlag wären mir nicht schon entgegengefallen, als ich meinen Aktenkoffer öffnete! Denn nun nahm das Schicksal seinen Lauf ... Der Roman hieß: *Mir hat es immer Spaß gemacht* und stammte von einer amerikanischen Autorin namens Lynn Keefe. Seit ich als Textchef der neuen Zeitschrift *Jasmin*, einem 14-Tage-Periodikum des Springer-Verlags, im Impressum stand, schickten mir die Verlage ihre Erzeugnisse gleich zentnerweise zu, und Inge oder Petra schienen mir die Papierflut komplett in den Koffer gepackt zu haben. Ich begann *Mir hat es immer Spaß gemacht* zu lesen, was im Amerikanischen den zuckrigen Titel *How did a nice girl like you get into this business?* trug und mußte auf der ersten Seite schon lachen. Wendlandt grunzte nur unwillig. Und ich mußte schon wieder kichern. Es handelte sich um die Memoiren einer jungen Prostituierten aus anständiger Familie in Los Angeles, die durch einen unglücklichen Zufall ins Geschäft geraten ist. Am Ende heiratet sie in Rom ihre große Liebe, die sich indes ebenfalls als Hurensohn – Callboy, besser gesagt – entpuppt. Eine eher harmlose Variante des alten Themas, aber äußerst witzig geschrieben.

Als wir zur Landung in Berlin-Tegel ansetzten, saß mein Freund Horst, angeregt von meiner Heiterkeit, längst neben mir, riß mir die Fahnen aus der Hand und beschwor mich: »Gib mir den Rest mit, das muß ich zu Ende lesen, ich schick's dir morgen früh ins Hotel. Wo wohnst'n?«

Ich wohnte im Palace Hotel Karl-Heinz Peppers in der Budapester Straße, am Europa-Center, und da ich genug zu lesen dabeihatte, überließ ich Horst die Fahnen. Am nächsten Morgen rief er an und schrie: »Den Film machen wir!«

»Welchen Film?«

»Na, den mit der Lynn Keefe! Ich hab' das Ding in einem Rutsch zu Ende gelesen – phantastisch!«

Produzenten, die Bücher – und sogar bis zum Wort »Ende« – lesen, soll man nicht entmutigen. Dennoch fragte ich: »In Amerika? Das glaubst du doch selber nicht! Und eine Hide-away-Production mach' ich nicht mit!«

Hide-away wird eine sogenannte wilde Produktion genannt, die an Straßenecken ohne Genehmigung dreht, Gewerkschaftsmitglieder nicht beschäftigt und, wenn die Polizei kommt, fluchtartig das Weite sucht. Unser Freund Michael Pfleghar hatte so den Curt-Goetz-Roman *Die Tote von Beverly Hills* gedreht und seine Erfahrungen gemacht.

»Quatsch!« schrie Wendlandt. »Das machen wir ganz korrekt – mit den Gewerkschaften, Dicker!«

Er war nicht zu halten. Als ich ein paar Tage später wieder in meiner Münchner Redaktion saß, kam ein 1. Klasse-Ticket der Lufthansa für den 2. Januar über Paris nach New York, und Wendlandt sagte am Telefon: »Der Scherz-Verlag hat die Rechte für die Verfilmung nicht, die müssen wir uns bei dem Original-Verlag in New York beschaffen! Wir fliegen zusammen,

Dicker! Kommst du da weg in München? Und dann mußt du sofort das Drehbuch schreiben!«

Ich hielt es nicht für möglich, daß Wendlandt wirklich in Hollywood drehen wollte. Hingegen hielt ich es für möglich, mich für ein halbes Jahr bei Hagen und Prinz beurlauben zu lassen. Unsere Zeitschrift, die nach längerer Vorbereitung im März '68 mit überwältigendem Erfolg in München erschienen war, hatte alle ähnlichen Neugründungen in den Schatten gestellt, obwohl wir alle zusammengezuckt waren, als Axel Springer unter den 50 Titelvorschlägen, die Hagen und Prinz ihm in Kampen machten, mit nachtwandlerischer Sicherheit auf den Titel Nr. 48 gedeutet hatte: »Hm ... Jasmin! ... Das kann ich schon riechen!« Springers Generalbevollmächtigter Christian Kracht wollte »ganz groß« rangehen, mit einer Auflage von 600 000 Exemplaren am ersten Tag, doch die Reaktionen auf das Probeheft waren so großartig bei den Werbeagenturen, die Anzeigen schalten mußten, daß Kracht durchdrehte und im letzten Moment »eine Million!« in der Druckerei des gerade erworbenen Kindler & Schiermeyer-Verlages in Auftrag gab. Er behielt recht: *Jasmin* verkaufte sich in den ersten beiden Tagen eine Million mal, allein in der Bahnhofsbuchhandlung Ludwig in Köln gingen am ersten Verkaufstag bereits 30 000 Exemplare über den Ladentisch. Wir hätten wahrscheinlich auch noch mehr verkaufen können – Heft zwei druckte schon 1,2 Millionen, Heft drei gleich 1,4 und so ging das kontinuierlich bis kurz vor zwei Millionen bei der sechsten Ausgabe weiter. Wir forschten in der Geschichte der Druckkunst und stellten fest, daß es in der Branche Gutenbergs nichts Vergleichbares je gegeben hatte. Selbst *Life*, der andere große Sensationserfolg in den dreißiger Jahren, war am Erstverkaufstag 1935 nur mit der Hälfte unserer Erstausgabe erschienen. Wir durften stolz sein.

Aber der Textchef von *Jasmin* saß erstmal in der Bredouille. Die Druckerei brauchte einen Tag länger für die Millionen-Auflage als für 600 000, und diesen Tag mußte ich von meiner Produktionszeit hergeben. Ich hing Tag und Nacht am Schreibtisch und war ständig in Gefahr, im Stehen einzuschlafen. Dazu hatte ich mir auch noch Texte eingehandelt, die nur ich selbst recherchieren und schreiben konnte. Für die erste Nummer allein war ich dreimal nach London gejagt und hatte meiner Freundin Diana Rigg abgeschwatzt, was sie selbst den schärfsten Reportern der Fleet Street nicht verraten wollte: ihr Liebesleben (das die Kollegen der englischen Schmutzpresse dann zähneknirschend *uns* abkaufen mußten). Diana alias

Shaketanzend mit Diana Rigg, der »Emma Peel« aus der »Schirm, Charme und Melone«-Serie, die uns im ZDF begeisterte. Diana war tanzwütig, ich nur müde. Das Bild stammt aus einer Diskothek in Schwabing.

Emma Peel mußte schließlich nach München flüchten, und ich hatte die ebenso dank- wie undankbare Aufgabe, die Nächte mit ihr in Schwabing durchzutanzen, anstatt eine Mütze Schlaf zu nehmen. Dabei hätte ich für eine neue Ausgabe längst am Place Vendôme in Paris der Ira von Fürstenberg zu Füßen sitzen müssen! Karl-Heinz Hagen, und selbst der ewig mißtrauische Günter Prinz, erkannten dann sehr bald, daß ich bereit war, länger als drei Wochen an Bord zu bleiben, mich geradezu totzurackern, und beeilten sich, jeden, der eine Feder halten konnte – darunter Heinz van Nouhuys und Horst Fust und zuletzt auch noch Bert Eberle und Franz-Josef Wagner – in die Redaktion zu holen, in der ich schon ein paar begnadete Neulinge aus Berlin wie Marianne Schmidt und Raimund LeViseur und die

Erfolgsautorin Jo Lederer um mich versammelt hatte. Sogar abgebrühte Reporterinnen wie Felicitas Watzlawik und Corry Norden hatte ich innerhalb des ersten Jahres wieder auf Trab gebracht.

Meine Karten waren also nicht schlecht, als ich vor Hagen und Prinz hintrat und meinte, ich müßte die »einmalige Gelegenheit« ergreifen, einen richtigen Kinofilm in der Höhle der Löwen selbst, in Hollywood, zu inszenieren. Günter hatte das seit einem Jahr kommen sehen, behauptete er, aber mein Freund Karl-Heinz interessierte sich sofort für das Wesentliche: »*Was* für ein Film?« Und da antwortete ich nun, was ich bis heute antworte, wenn ich mit der Frage konfrontiert werde: »Wie konntest du nur ...?«

Ich sagte abwehrend: »Ist doch ganz gleichgültig, was ich da drehe – Hauptsache: mit allen Schikanen, in einer seriösen Produktion! Wo wird mir das je wieder geboten?«

Die Herren mußten mir schließlich recht geben, zumal ich versprach, in einer Woche wieder zurückzusein und im Sommer erst mit den Dreharbeiten zu beginnen.

DIE SINTFLUT IN L.A.

Wendlandt und ich hatten die gleiche dumme Idee, nachdem wir in Paris angekommen und im stinkvornehmen Lancaster abgestiegen waren: »Heut' geh'n wir ins Maxim!« Aber nur ich stopfte mich mit Austern voll und ließ mir von einem alten Kellner erzählen, wie mein Freund Heinz Zellermayer im Krieg hier, als Obergefreiter und ganze 23 Jahre alt, regiert hatte. Nach dem Essen wurde mir schon so übel, daß ich an die frische Luft strömte und zu Fuß in die Tuilerien hinüberlief, wo ich mit Slawomir Mrozek, einem meiner Lieblingsautoren, in Sachen *Jasmin* noch eine Verabredung getroffen hatte, während Wendlandt ins Hotel zurückfuhr.

Wir hatten uns gerade umarmt und auf einer Parkbank niedergelassen, als mir endgültig schlecht wurde. Ich kippte um, und der arme Slawomir mußte mich zu einem Taxi schleppen. Erst im Hotel Lancaster kam ich wieder zu mir, als sich ein alter portugiesischer Kellner auf mich kniete, mir mit Gewalt ein weißes Pulver einflößte und mich dann ins Bad schleppte: »Austern im Maxim – am zweiten Januar? Die sind auch dort noch von vor Weihnachten!«

Mit Hugh Hefner war ich mir schnell einig über die Mitwirkung seiner Freundin Barbara Klein alias Barbie Benton. Er ahnte wohl nicht ...

Meinen Produzenten sah ich erst wieder, als ich schlapp am nächsten Morgen zu ihm in die Hotellimousine zum Flughafen kroch, um nach New York weiterzufliegen. Ich weiß bis heute nicht, warum Horst Wendlandt immer nur lachte über meine Austernvergiftung. Nahm er meine gräßlichen Schmerzen nicht ernst? Freute er sich nur darüber, daß er keine Austern gegessen hatte? Es wurde an diesem 3. Januar einer der komischsten Atlantikflüge, die ich je erlebt habe. Wendlandt sprühte vor Unternehmungslust und machte dauernd Pläne, wie wir uns vor dem amerikanischen Verleger verhalten sollten: Die dummen deutschen Jungens vom Land spielen? Oder die gerissenen Filmproduzenten?

Jedenfalls wurden wir sofort empfangen und zu diesem Verleger geführt, mit größter Neugier und Zuvorkommenheit behandelt, und nachdem Wendlandts Englisch seine Wirkung getan hatte, auch als »country boys« angesehen. Wendlandt zog einen American-Express-Scheck über 6000 Dollar aus der Tasche und behauptete, mehr habe er nicht. Unser Gesprächspartner mit randloser Brille und Dutzendgesicht hatte sich gründlich vorbereitet auf den Besuch, legte Verkaufszahlen und Umsatzkurven vor, doch Wendlandt tat so, als ob er nichts verstünde. Was den Chef dieser »Paperback Library« so zu irritieren schien, daß er uns höflich bat, den Scheck selbst zu cashen und ihm Bares zu bringen. Daraufhin verabschiedeten wir uns wieder und marschierten lachend zu einer American-Express-Filiale.

Nur um dort unser Waterloo zu erleben: Bei Ansicht des Ausgabeortes

... daß Barbie sich sofort in ihren Partner Ray Ventura verliebte, der sie laut Drehbuch auf dem fahrenden Motorrad entjungfern mußte.

Berlin sträubten sich den Clerks die Haare und sie weigerten sich, ihren eigenen Scheck, beglaubigt von American Express in Berlin, einzulösen. Wir wurden für den nächsten Tag an die Zentrale von American Express verwiesen, und dort begann eine stundenlange Hin-und Her-Fernschreiberei mit Berlin, während der wir wie ertappte Ganoven behandelt wurden, bis endlich das erlösende Wort durchkam: »Okay.« American Express verfluchend, tauchten wir dann wieder bei der Paperback Library auf und bezahlten 6 000 Dollar in bar. Niemand war mehr überrascht, uns noch einmal wiederzusehen, als der Direktor. Eine Sekretärin flüsterte mir beim Weggehen zu, daß »Lynn Keefe« niemand anderer sei als der Chef persönlich.

Nachdem alles doch einigermaßen glatt und schnell über die Bühne gegangen war, kam Wendlandt auf die Idee, daß ich eigentlich gleich mal weiterfliegen könnte, nach Hollywood, um die Hauptdarstellerin zu suchen, vielleicht auch gleich den amerikanischen Production Manager, denn einen amerikanischen Stab würden wir brauchen, englisch sollte der Film ja gedreht werden. Also kaufte ich mir schon mal ein paar bunte Badehosen und hüpfte in die nächste United Airlines nach Los Angeles.

Wieder in meinem geliebten Beverly Hills Hotel den Room-Service in Atem haltend, mußte ich Wendlandt in New York täglich das gleiche berichten: Es regnet in L. A., ganz Kalifornien ist dabei, in den schaurigsten Wasserfluten zu ertrinken. Ich hing nur am Telefon, traf Verabredungen mit Agenten und Schauspielerinnen, doch niemand kam. »Ich bin eigens aus San Diego herbeigeflogen«, jammerte ein Starlet, das ich im *Playboy* gefunden hatte, »aber wir konnten in Burbank nicht landen und sind wieder zurückgeflogen!« Eine andere weinte: »Mein Agent wollte mich begleiten, aber er ist nicht gekommen!« – Wieder eine andere: »Meinem Freund ist heute nacht das Dach weggeflogen, ich muß ihm helfen, es notdürftig abzudichten!« – Und noch eine andere: »Ich stehe hier in einer Telefonzelle. Gerade ist die Freeway-Brücke vor mir weggeschwemmt worden. Oh, Gott, jetzt reißt es auch die Telefonzelle weg!«

Von 20 Verabredungen, die ich in den drei Tagen machte, traf nicht eine im Beverly Hills Hotel ein. Die Direktion informierte mich täglich: Morgen müßte die Sonne herauskommen! Doch sie kam drei Wochen lang nicht. So lange hockte ich im Berverly Hills Hotel herum und betrachtete meine New Yorker Badehosen. Bis mir eines Tages Hugh Hefner, der *Playboy*-Verleger, einen geschlossenen Geländewagen schickte, der angeblich schwimmfähig war, und mich zum Tee in sein neues Domizil am Sunset Boulevard einlud. Er hatte von seinem Starlet gehört, im Beverly Hills Hotel säße ein »berühmter deutscher Regisseur«, der auf sie warte, und ich möge doch um Himmels willen nicht wegfahren, ohne sie gesehen zu haben. So kam ich eines Mittags zu einem überraschenden Interview mit Hefner in seinem neuen Bürohaus am Sunset Boulevard und konnte *Jasmin* mit einem unvorhergesehenen Beitrag überraschen. Mehr beeindruckte mich der Zustand des Sunset Boulevards, der mich an meine fruchtlosen Gary-Cooper-Sterbewochen vor neun Jahren erinnerte. Unser Geländewagen, ein Super-Jeep, nicht unähnlich der späteren Golfkrieg-Konstruktion, wühlte sich durch unheimliche Schlammbäche, die von den Hollywood Hills herabkamen. Die Geschäfte waren fast alle geschlossen und mit Holzverkleidungen verbarrikadiert. Ein Feuerwehrmann sagte mir: »Ein solcher Regen wirkt in Kalifornien jedesmal wie ein Weltuntergang! Zum Glück passiert das nur alle zwanzig Jahre einmal!« Nur dann, offenbar, wenn ich am Ort war und Badehosen ausprobieren wollte.

Es war schon bald Februar 1969, als ich zurückkehrte. Horst Wendlandt war schon lange wieder zu Hause und erwartete jetzt ein Drehbuch. Das diktierte ich dann, anhand des Buches von Lynn Keefe, in der Redaktion nachts herunter und gab es meinem neuen Freund Tonio Cameron-Palastanga, oder »Mr. Knef«, zum Übersetzen.

Die Geburt eines Bestsellers

Natürlich hatte ich nur unseren geplanten Film im Kopf, aber das Leben ging, wie es so schön heißt, einfach weiter. So stand eines Tages Hildegard Knef mit ihrem Tonio vor der Tür, über die ich eine unserer sensationellen Exklusivgeschichten in *Jasmin* gemacht hatte, als sie mit einer Tochter niedergekommen und beinahe daran gestorben war. Marlene Dietrich hatte ihr den schwesterlichen Rat gegeben: »Da wir beide keine Stimme haben, aber als Sängerinnen tingeln, solltest du Cortisontabletten schlucken, die vollbringen wahre Wunder an den Stimmbändern!« Was die Knef getan hatte, ohne auf die bekannten Nebenwirkungen zu achten, mit dem Ergebnis, daß ihr Blut seine Gerinnungsfähigkeit verloren hatte, als sie schwanger wurde und die Fruchtblase eines Nachts platzte. Die Münchner Polizei mußte mit ihren Streifenwagen Stafette nach dem Starnberger See hinaus fahren, weil den umliegenden Krankenhäusern bald die Blutkonserven ausgingen. Um ein Haar wäre Hildchen einfach verblutet.

Doch nun war sie wieder auf den Beinen, war Produzentin ihrer eigenen Big-Band-Tournee mit dem Orchester Kurt Edelhagen, trat in München auf und besuchte mich in der Redaktion. Und sie nieste ein paarmal fürchterlich und schimpfte auf ihren eleganten BMW-Zweisitzer, in dem es »schrecklich zieht«. In der Tiefgarage stand mein neuer Mercedes 6,3-Liter, mit dem ich täglich nur von Grünwald in die Stadt fuhr und abends wieder zurück.

»Nehmt doch meinen Mercedes«, schlug ich Cameron vor, »in dem zieht es nie. Für das bißchen Hin- und Herfahren nach Grünwald reicht mir euer BMW!« So geschah es, das Ehepaar brauste mit meinem Mercedes los, und ich versuchte mit ihrem komplizierten BMW zurechtzukommen. Am Ende der Tournee wollten wir uns in Göttingen treffen und die Wagen wieder tauschen.

Der letzte Tourneeabend in Göttingen kam, ich fuhr in Hildes BMW, von meinem Freund Emil Perauer begleitet, hinauf und traf mich mit der Künstlerin nach der Vorstellung im Göttinger Ratskeller. Jubel, Trubel, Heiterkeit herrschte, die Tournee war ein Erfolg gewesen, die Sängerin schwebte im siebten Himmel. »Jetzt wird eine Woche lang nur geschlafen!« stöhnte sie befreit. Doch da erinnerte Tonio seine Frau daran, daß sie »am Dienstag zwölf neue Texte für die nächste LP bei der Teldec abliefern muß!«

Wumm! Das war wie ein Granateneinschlag. Die Knef schrie auf: »Was?

Am Dienstag??« Dann brach sie am Tisch zusammen, und den Rest der Nacht hatten wir alle nur noch damit zu tun, die Künstlerin wieder aufzurichten und mit billigen Worten zu trösten: »Wird schon nicht so schlimm werden, Mutter!« Doch nun erklärte sie uns, daß gewöhnliche Schreiberlinge mit ihren Problemen gar nicht mithalten könnten. »Der Unterschied zwischen Lyrik und Prosa, hat schon Ludwig Marcuse gesagt ...«

Irgendwann in der Nacht, als die Debatte immer hitziger wurde, warf ich dann ein: »Schreib doch deine Memoiren, Hilde! Du hast mir vor Jahren doch schon mal 20 Seiten über deinen Großvater gezeigt, die mit den Worten beginnen: Meiner hieß Karl ...«

Hildegard Knef starrte mich an und rief plötzlich: »Hast du das gehört, Tonio? Ich muß das wie den Drehbeginn zu einem Film sehen! Am Dienstag, Tonio, ist Drehbeginn für meine Memoiren!«

Mit diesem beiläufigen Rat hatte ich zwar das Problem mit den zwölf neuen Teldec-Texten nicht aus der Welt geschafft, die Knef aber zu etwas animiert, was man Prosa nennen durfte, »mit Lyrik nicht zu vergleichen!« Etwas, das ihr auf der Stelle Spaß zu machen begann.

Am Dienstag stand das Ehepaar schon wieder in der *Jasmin*-Redaktion und verkündete die Zeugung der Memoiren: »Wir kommen gerade aus den Vereinigten Werkstätten und haben einen Schreibtisch für Hilde gekauft«, begann Tonio Cameron-Palastanga, »und jetzt brauchen wir nur noch eine weiße IBM mit Kugelkopf, wie du sie hier hast! Wir haben in der ganzen Stadt herumgesucht und nirgendwo eine perlweiße gefunden!« verkündete Hilde.

Was blieb mir übrig, als ihnen meine weiße IBM mit Kugelkopf mitzugeben, die dem Kindler & Schiermeyer-Verlag gehörte. Aber ich wußte, daß Hagen und Prinz nebenan den Atem anhielten, ob mein Coup, der Knef die Memoiren herauszuleiern, gelingen würde – was war schon eine Schreibmaschine dagegen! Ich drückte Tonio dann auch noch 10 000 Blatt Papier in die Hand und bot Hilde an, in den Werkstätten des Verlages ein paar große Pinnwände schreinern zu lassen. »Brauch' ich nicht!« sagte sie, aber als ich sie besuchte, wimmelte es von Notiz-Zettelchen, die sie daraufgepinnt hatte.

Das Anspruchsvollste kam zuletzt: »Wo krieg ich jetzt noch eine Sekretärin her, wie du sie hast?« drängte die Knef. Also gab ich ihr auch noch mein bestes Stück, die niederbayerische Frances Schönberger mit, die mir aus einem Au-pair-Job in London zugeflogen war. Von Frances hörte ich als nächstes, daß es zwischen dem Ehepaar pausenlos krachte. Ich rief Tonio an:

Mit Hildegard Knef auf dem Empfang zu ihrer Hochzeit mit dem »geschenkten Paul«, wie über ihren neuen Ehemann Paul von Schell gewitzelt wurde.

»Kannst du nicht in das kleine Häuschen ziehen, das neben eurem großen in Kempfenhausen steht? Dann hätte die Mutter das große für sich allein!«

Und auch das geschah, und die Mutter hatte im Handumdrehen 200 Probeseiten zu Papier gebracht, von Frances sorgfältig abgeschrieben. »Weißt du einen Verleger?« fragte Tonio. »Aber der muß zu uns nach Hause kommen, das Manuskript vor unseren Augen lesen, sonst gibt die Mutter es nicht her!«

Ich fuhr zu Fritz Molden nach Wien, der damals zu einer großen Nummer geworden war, weil er die Memoiren von Svetlana Stalin gegen die Konkurrenz der gesamten Verlagswelt herausgebracht hatte. Molden lachte mich aus: »Warum soll ich einer Knef nachrennen? Ich habe gerade die Memoiren von Charlie Chaplin abgelehnt ...«

Ich sagte ihm, warum: »Wir drucken das Ding in *Jasmin* und zahlen jede Summe dafür!«

Also bequemte sich der Verleger, nach Kempfenhausen am Starnberger See zu fahren und sich mit einem Packen beschriebenen Papiers in einem großen Ohrensessel niederzulassen. Der Karpfen blau, den Hilde gekocht hatte, zerfiel, aber eine Leberwurststulle reichte Molden auch. Und wieder rief Tonio an: »Die Mutter fragt, wieviel Vorschuß sie verlangen kann, wenn es dem Molden gefällt?«

Kühn sagte ich: »Verlange hunderttausend Mark!«

»Du bist verrückt!« antwortete Tonio.

Aber Stunden später kam der dritte Anruf: »Stell dir vor, er hat gar nicht gefragt! Er ist ins Zimmer gekommen, hat das Manuskript auf den Tisch geworfen und: ›Das mach ich!‹ gerufen. Und: ›Genügen zweihundertfünfzigtausend als Vorschuß?‹«

»Er meinte Schilling!« rief ich.

»Nein, Deutsche Mark!« triumphierte Tonio.

Molden war das Schlimmste passiert, was einem Verleger zustoßen kann: Er hatte sich in seine Autorin verliebt.

Verliebt in Hildegard Knef waren wir alle, aber ihn kostete es bares Geld. Er gab ihr neben dem Vorschuß von einer Viertelmillion auch noch 17,5 Prozent vom Ladenverkaufspreis, und als er 800 000 Hardcover vom *Geschenkten Gaul* verkaufte, da kostete ihn das am Ende seinen ganzen Verlag. So ist das mit der Ehre des Männer.

Meine mußte ich ganz in die Waagschale werfen, als Hagen und Prinz eines Tages aus dem Nebenzimmer kamen und erbittert höhnten: »Wir dachten, du bist befreundet mit der Dame, hast sie auf die Idee gebracht?«

»Und –?«

»Und jetzt läßt ihr Agent uns wissen, daß der *Stern* ihr für den Vorabdruck zweihunderttausend bietet!«

Wir mußten auf 300 000 gehen, dann auf 350 000, bis Henri Nannen aufgab und mir die Memoiren der Knef für 380 000 Mark überließ. Wir hatten bei *Jasmin* einen wundervollen Titel gefunden, wie wir glaubten: *Menschenskind* sollte in seinem schönen Doppelsinn der Vorabdruck heißen. Die Knef fand das auch vielversprechend. Aber dann rief Molden an: »Das Buch heißt endgültig *Der geschenkte Gaul*, sie will es so, will einen literarischen Titel!«

Na, wir sind bei *Menschenskind* geblieben und hatten gar keinen spürbaren Erfolg damit. *Der Geschenkte Gaul* allerdings wurde ein echter Welterfolg.

Als Fritz Molden mit dem ersten Exemplar des Buches nach Nizza jettete, befand ich mich gerade bei Hilde und Tonio in Saint-Tropez. Ich fuhr zum Flughafen und holte Molden ab. Auf der Fahrt zur Knef fragte mich der Ehrenmann, wieviel Prozente ich für die Vermittlung haben wollte. »Keine!« sagte ich. »Das war Freundschaft!« Auch ich ein Ehrenmann. Aber wenn, dachte ich bei mir, hätte sie mich schon selber fragen müssen. Doch sie fragte nie.

Drehbeginn im Producers Studio

Endlich war es soweit. Ich verabschiedete mich von meiner Redaktion und flog zu einer letzten Besprechung mit Horst Wendlandt nach Berlin. Das Drehbuch war geschrieben und Tonio Cameron-Palastanga hatte es so brillant übersetzt wie er den *Geschenkten Gaul* ins Englische übertragen hatte. Horst wog es in der Hand: »Ganz schöner Schinken, den du da verbrochen hast! Aber bevor es losgeht, habe ich uns zwei Kinokarten gekauft, wir gehen mal in ein paar neue Sexfilme, um zu sehen, wie weit wir es selber treiben können. Das Wichtigste ist: Wir müssen eine Darstellerin finden, die alles mitmacht, was dir so einfällt ...«

In Hollywood hatte ich, nicht nur wegen der Flutkatastrophe, keine gefunden, die jung genug aussah – sie spielte im Film eine, na, sagen wir, 15jährige. Und Mädchen in diesem Alter fielen unter die strengen Jugendschutzgesetze von Los Angeles, durften nur drei Stunden täglich vor der Kamera arbeiten und mußten auch noch von einem Jugendschutzbeauftragten begleitet werden – auf Kosten der Filmgesellschaft. Überdies hatte ich die schreckliche Erfahrung gemacht, daß 18jährige, kaum in Hollywood eingetroffen, in kürzester Zeit schon verlebt, ja verwüstet aussahen. Wo war eine 18jährige, die wie eine 15jährige wirkte?

Ich hatte eine junge Schwedin nach Berlin kommen lassen, deren Kopf auf dem ersten Titelbild von *Jasmin* Aufsehen erregte. Wir fotografierten und filmten sie an Ort und Stelle auf dem langen, rückwärtigen Balkon der RIALTO-Film Wendlandts. Ich war ein Wochenende lang in Wien auf der Suche gewesen, hatte mit meinem Freund Heinz Lazek mindestens 30 talentierte Österreicherinnen getestet, eine Szene spielen lassen. Doch was dabei herauskam, entsprach letzten Endes nicht den Erfordernissen. Das Schlimmste stand uns aber noch bevor, als wir ins Kino gingen und am Kurfürstendamm hintereinander drei sogenannte Sexfilme, darunter auch Oswalt Kolles *Aufklärer*, anschauten. Nie werde ich vergessen, wie ich mit Horst zuletzt aus dem »Kiki« (Kino im Kindl) kam, wie wir uns entsetzt schüttelten und gemeinsam den Schwurfinger hoben: »Also, bei uns keine nackte Titte!«

Und dann flog ich mit Heinz Lazek nach Los Angeles, und wir begaben uns gleich wieder ins Beverly Hills Hotel, über dem endlich die Sonne schien, und ließen ein Mädchen nach dem anderen zur Begutachtung an

Bei den Probeaufnahmen in Wien hatte ich einen Assistenten, der den Großen Österreichischen Staatspreis für Literatur besaß: Alexander Lernet-Holenia. Hier begutachtet er die Nacktfotos der Darstellerinnen.

den berühmten Swimmingpool kommen. Heinz fing schon an, einen 16mm-Film über die Dreharbeiten unseres *Nice Girl* zu filmen – auf Verdacht. Vielleicht gelingt dem Will wieder etwas Außergewöhnliches? Selten hat sich ein Kameramann so geirrt.

Kilian Rebentrost traf als Vertreter der RIALTO-Film ein und engagierte den amerikanischen Production-Manager, der mir seinerseits täglich neue Mitarbeiter vorstellte. Jack Cash war ein nervöser, doch umgänglicher Typ, der seine Arbeit durchaus ernstnahm und auch keine schlechten Leute mitbrachte. Er verhandelte mit den Unions, wie die Gewerkschaften drüben genannt werden, und erzielte erfreuliche Ergebnisse, jedenfalls auf dem Papier. Wir konnten danach unsere drei amerikanischen Kameraleute an die Ostküste mitnehmen, brauchten zur Fortsetzung der Dreharbeiten in Miami, Philadelphia, Boston und New York nicht jedesmal neue Kameraleute zu engagieren, so hieß es. Doch als es ernst wurde, erlebten wir, was von den einzelnen »Locals«, den lokalen Gewerkschaftsorganisationen, zu halten war: Die in Miami, wie auch in allen anderen Ostküstenstaaten herrschenden Locals, interessierte es gar nicht, was die Kollegen von der kalifornischen Westküste uns versprochen hatten. Sie zwangen uns in jedem Staat von neuem, ihre Kameraleute zu engagieren, so daß wir, als wir endlich in New York ankamen, nicht weniger als acht (!) Kameramänner auf der Payroll hatten, darunter einen vier Zentner schweren Invaliden, den drei Männer in den Wagen heben mußten. Die Gewerkschaften ließen ihre Mitglieder nicht verkommen, eher die arbeitgebenden Filmgesellschaften.

In New York sollten wir noch vier Kameraleute dazubekommen, aber da schlug ich der New York City Local ein Schnippchen und dirigierte meine Truppe nach Hoboken um, auf die New Jersey-Seite; die Skyline von Manhattan mußte genügen. Dann geschah etwas Erstaunliches: Als wir noch bei Probeaufnahmen in Los Angeles, im alten Producers-Studio in der Bronson Street, gegenüber von Paramount, waren, ließ mein Chefkameramann Richard C. Glouner plötzlich die Lichter ausmachen. »Meine Union hat angerufen«, sagte er. »Ich darf nicht mehr weiterdrehen, weil du nicht in der Directors Guild bist, Will! Tut mir leid, aber die einzelnen Locals sind verpflichtet, untereinander Solidarität zu üben!« Mein Regieassistent Mark Sandrich jr. ließ ein tierisches Gebrüll hören: »Dann können wir einpacken! Seit 20 Jahren versuche ich, Mitglied der Directors Guild zu werden! Schade, das hätte ein lustiger Film werden können ...«

Jack Cash rief die Directors Guild an und fluchte: »Ich habe den Schlemihl gefragt, ob er wirklich riskieren will, daß vierzig Stabmitglieder arbeitslos werden. Aber nein, hat er beteuert, euer deutscher Bastard braucht nur einen Scheck über fünfundzwanzighundert Dollar herüberzubringen, dann wird er auf der Stelle Mitglied der Regisseurs-Gilde und ihr könnt weiterdrehen!«

Gesagt, getan. Mein Regieassistent konnte es nicht fassen, als er mich fluchend zum Neubau der Directors Guild am Sunset Boulevard hinüberfuhr: »Mein Vater war einer der berühmtesten Regisseure von Hollywood – aber ich kann nicht Mitglied werden. Doch ein Deutscher, gegen den wir den Krieg gewonnen haben, der darf!«

Was mich auf eine Idee brachte. Als ich dem dicken, häßlichen Typ meinen Scheck über 2500 Dollar überreichte, küßte er ihn und watschelte auf die Tür des Nebenzimmers zu. »Das ist das zweite Mal«, rief ich ihm nach, »daß ich gezwungen werde, einer Organisation beizutreten!« Überrascht blieb er stehen: »Wer war die erste?« Genüßlich antwortete ich: »Die Hitlerjugend!« Da stierte er mich einen Moment lang an, kratzte sich am Kopf und kam zurückgewatschelt, um mir den Scheck wiederzugeben. »Sorry«, sagte er. »You can shoot again, Sir.«

Mark Sandrich jr. konnte es nicht fassen.

Im übrigen erlebte ich, gleich nach meinem Eintreffen in Hollywood, das gleiche Fiasko mit meinem Drehbuch wie Jean-Paul Sartre in München. Jack Cash kam und sagte: »Alle meine Leute beschweren sich, das Buch ist zu lang!« Es war, in der Tat, etwas ausführlich geraten, hatte 426 Seiten. Wieder war ein Scheck fällig, ein professioneller Umschreiber aus dem San Fernando Valley dampfte es auf die in Hollywood übliche Länge von 120 Seiten ein. Ich saß mit diesem Autor noch am Pool des Beverly Hills Hotels und bewunderte – anders als Sartre bei dem *Freud*-Film John Hustons – seine Effizienz, als ein Schatten auf die Drehbuchseiten fiel. Ich schaute hoch – und meiner Frau Celia ins lachende Gesicht.

»Ich bin mit Timmy gerade gelandet«, erklärte sie. »Ich habe mir gedacht, bin ich eigentlich verrückt, den Kerl allein nach Hollywood fliegen und Starlets testen zu lassen?«

Sie hatte unseren Sohn ergriffen und die nächste Air France über Paris genommen, war unterwegs unangenehm aufgefallen, weil der quirlige Dreijährige in dem Jumbo herumrannte, schlafenden Passagieren ihre Schuhe klaute und in der Toilette versenkte. Aber zunächst fiel meine Celia erstmal in Ohnmacht, als sie die Hotelrechnung überprüfte: »Tausend Dollar die Woche? Bist du wahnsinnig!? Muß es wirklich das Beverly Hills Hotel sein?« Und sie tigerte los und fand ein Penthouse im altehrwürdigen Château Marmont auf dem Sunset Strip, in dem zuletzt Roman Polanski mit seiner Frau Sharon Tate gewohnt hatte, bis sie ein Haus in den Hills fanden.

Als wir mit unserem Film in Rom eintrafen, erreichte uns die Nachricht, daß Sharon Tate in diesem Haus ermordet worden war, während Roman Polanski in London weilte. Ach, jammerte Celia, die Polanski kannte, wären sie doch im Château Marmont geblieben, das auch nur 1000 Dollar, aber im ganzen Monat, kostete!

Von unserem Penthouse-Balkon aus konnte ich nun direkt auf das *Playboy*-Building am Strip gucken, konnte dem verschwundenen Drugstore von »Schwabs« auf der anderen Straßenseite nachtrauern und sehen, wann Paul Kohner, der berühmte Agent, links unter uns sein weißes Haus verließ. Kohner hatte ich bereits 1961, vor dem Tod Gary Coopers, kennengelernt, und an einem frühen Morgen, noch vor Drehbeginn, wurde er uns eine große Hilfe, als Judy Garland in London verstarb und Mickey Rooney absagen mußte, weil ihn der jähe Tod der Jugendliebe fix und fertig machte. Ich traf mich mit Mickey im Beverly Wilshire Hotel und erlebte ein Häufchen Elend. Er hätte die Rolle eines texanischen Millionärs spielen sollen, der seinen halbwüchsigen Sohn zu Lynn Keefe nach Miami bringt, damit sie einen Mann aus ihm macht, ihn vor dem Schwulwerden bewahrt. Paul Kohner verschaffte uns einen würdigen Ersatz in Oscar-Preisträger Broderick Crawford (*All the Kings Men*).

Überhaupt lernten wir in der Zeit vor Drehbeginn jede Menge Agenten kennen, die uns ihre Pferdchen zum Angucken ins Château Marmont schickten. Mit Johnny Hyde jr. von der William Morris Agency freundete ich mich richtig an, denn er brachte ein hinreißendes, wenngleich etwas exaltiertes Geschöpf zu uns, das ich unbedingt sofort haben wollte, aber der kleine Johnny hatte etwas Seltenes von seinem legendären Vater geerbt, der nicht nur Marilyn Monroes Agent, sondern auch ihr Liebhaber gewesen war – Stil. Unglücklich winkte er mich in die Küche, während Barbara Hershey sich lebhaft mit meiner Frau unterhielt, und flüsterte mir zu: »Sie ist auf der Nadel ...« Auf Heroin, hieß das, und da ließ man lieber seine Finger von. Eine weitere Schauspielerin, die mir ungemein gefiel, aber bei den Probeaufnahmen schon zu alt wirkte, war Joanna Cassidy.

Was mich maßlos aufregen konnte, war die Tatsache, daß Hollywood oder Beverly Hills als fortschrittlichster Nabel der Welt galt, aber die Kellner im Beverly Hills Hotel mich noch im Sommer 1969 verständnislos anstarrten, wenn ich, statt ihrer heißen Abwaschbrühe, die sie Kaffee nannten, einen Espresso haben wollte. Espresso – was ist das? Als wir später in Rom landeten, klammerte mein amerikanischer Kameramann sich an mich und sagte erschauernd: »Oh, my god, twothousand years is this old! What're you going to do now, Will, Sir?«

»Was ich als erstes tun werde?« ließ ich ihn wissen. »Ich gehe zu der nächsten Espressobude hier in Fiumicino und trinke drei Espressos hintereinander, um den Spülwassergeschmack Amerikas loszuwerden!«

Dick Glouner folgte mir brav und sah zu, wie ich mit Gusto meinen ersten Espresso seit Monaten hinunterschüttete. Mutig tat er es mir nach und spuckte wie der Teufel, der Weihwasser geschluckt hat.

»Oh, my god ...!« Jetzt, sprudelte er spontan hervor, verstehe er, warum alle Italiener immer so aufgeregt seien!

Aber im Studio, wo wir in den gebauten Dekorationen einer Schallplattenfirma um den 1. Juli herum zu drehen begannen, war mein Kameramann auf der Höhe der Zeit, hantierte genial mit ein paar Scheinwerfern herum und verlor niemals eine überflüssige Minute mit Debatten. Nur mein altes Leiden brach sofort durch: selber durch die Linse gucken! Mein alter Schwenker, auch ein Schätzchen, ließ mich lachend gewähren, doch vom zweiten Drehtag an klebte ein Foto auf der großen Mitchell-Kamera, das einen händeringenden Kameramann vor seinem Regisseur zeigte, mit der Aufschrift: »Bitte, bitte, Will – laß mich auch mal ran!«

Wir hatten es tatsächlich fertiggebracht, einen millionenschweren Film am anderen Ende der Welt vorzubereiten, aber am Beginn immer noch nicht die Schauspielerin gefunden zu haben, um die sich alles drehte: Wer spielte jetzt Lynn Keefe, die Unschuld auf der abschüssigen Bahn? Die Astronauten, die auf dem Mond landeten, retteten uns ...

Hugh Hefner rief an und lud uns in sein Büro gegenüber ein, um das ungeheuerliche Menschheitsereignis am Riesenfernseher mitzuverfolgen. Horst und ich warteten bis zur letzten Minute auf unserer Penthouse-Terrasse. Wir konnten es einfach nicht glauben, daß jetzt wirklich Menschen auf dem Mond landen würden. Wir konnten es um so weniger glauben, als der rauschende Verkehrsstrom auf dem Sunset Boulevard während des großen Ereignisses nicht für eine Minute stoppte. Wir starrten zwischen der Straße und dem flackernden Licht unseres auch nicht gerade kleinen Fernsehers hin und her und warteten darauf, daß alle Autos plötzlich anhalten und ihre Insassen zum nächsten Bildschirm stürzen würden. Wir kannten Amerika nicht.

Die Amerikaner waren so an Sensationen jeder Art gewöhnt, daß sie ruhig weiterfuhren, als die Kapsel sich langsam löste und auf den Mond herabschwebte. Viele Amerikaner glaubten wahrscheinlich gar nicht an das, was sie sahen. Hollywood hat das berücksichtigt und sofort ein paar Filme über die Mondlandung gedreht, die zeigten, wie sie auf dem Backlot von Paramount oder Universal für die Fernsehsendung »zurechtgemacht« wurde. Noch heute glauben viele, daß es nie eine Mondlandung gegeben hat. Noch mehr, so erklärte ich mir das Desinteresse der Autofahrer auf dem Strip, verstanden einfach die Bedeutung der Angelegenheit nicht. War nicht Jules Verne längst auf dem Mond gewesen? – So what?

Als wir endlich bei Hefner drüben ankamen, war alles gelaufen. Dutzende von Prominenten drängten sich in seinen Räumen. Ich saß plötzlich neben der Freundin Hefners, einer süßen dunkelhaarigen Barbara Klein aus Sacramento, der Hauptstadt Kaliforniens. Barbaras Vater besaß dort eine Privatklinik, sie selber studierte Veterinärmedizin an der UCLA. »Hast du keine Lust, Schauspielerin zu werden?« fragte ich sie. Ihre Antwort kam etwas zögernd.

Eine Stunde später drückten wir Hugh Hefner mein Drehbuch in die Hand und Barbara einen Vertrag. Sie sah genau richtig aus: ein entzückendes Stupsnäschen aus guter Familie, dem man ein paar wilde Sachen zutrauen konnte. Am nächsten Morgen stand sie vor der Kamera, und wir veröffentlichten im *Hollywood-Reporter*, der Fachzeitschrift, zum ersten Mal ihren neuen Namen: Barbi Benton. Und schon ging es wieder los wie bei Evelyn Renziehausen, die nicht Eva Renzi heißen wollte. Barbara Klein weinte, sie hielt ihren Namen für so schön exotisch. Ich hatte Mühe, ihr klarzumachen, daß an dem Namen Klein nichts Exotisches ist – und Barbi wie auch Benton für den deutschen wie amerikanischen Markt trefflich geeignet.

Barbi-Darling erwies sich als ein Naturtalent, das, ähnlich wie die Renzi, ihrer Rolle hemmungslos gerecht wurde, von einem Bett ins andere springend, aber nie auch nur einen Busen zeigend. Ich Trottel. Als der Film im Januar 1970 in München anlief, hatte Rolf Thiele vorher in diesem »Sonnen-Kino« in der Sonnenstraße gerade seine Sex-Schnulze *Komm nur mein liebstes Vögelein* herausgebracht. In unserem Film aber gab's nicht die Spur von nacktem Fleisch zu sehen. Dafür veröffentlichte Hugh Hefner im *Playboy* zwölf Seiten pudelnackte Barbi Benton. Nun ja.

Horst Wendlandt erwies sich als »good sport« und meint bis heute: »Aber wir haben uns doll amüsiert, Dicker!«

Ach, das Leben macht trotzdem Spass

Erboste Freunde und Bewunderer meiner ersten drei Filme, die den *Sperrbezirk* noch für einen Ausrutscher gehalten und trotzdem Ironisches und Satirisches darin entdeckt hatten, übergossen mich nun mit Hohn und Spott, als sie *Mir hat es immer Spaß gemacht* sahen. Hugh Hefner war zu den letzten Aufnahmen in Berlin mitgekommen und hatte selbst eine kleine Rolle gespielt, und als die amerikanische Version vorführbereit war, hatte er trotz der zu erwartenden schlechten Kritiken darauf bestanden, daß ich mit Wendlandt nach Chicago flog und ihm das Ergebnis vorführte. Er brannte immer noch lichterloh für seine Barbi Benton, die zu den Endarbeiten allein nach Berlin gekommen war, um einen (witzigen?) Kommentar, ein »Voice over«, zu sprechen.

Wir hatten sie im Kempinski einquartiert, und sie gab ihre gesamte 10000-Mark-Gage für den Kauf von Berliner Modeschmuck aus, den es in ganz Amerika damals so wenig gab wie einen Espresso. Wir saßen den Tag über im Tonstudio der CCC und aßen auch abends noch im Kempi-Grillroom zusammen. Ich war von ihrem spontanen, unerschrockenen Talent mindestens so entzückt wie von dem der Eva Renzi, aber sexuell interessierte sie mich nicht. Um so erstaunter war ich, als sie mir auf amerikanische Art eines Abends beim Essen ihren Zimmerschlüssel zuschob, eine eindeutige Einladung, mit ihr in den Fahrstuhl zu steigen. Beim Drehen hatte meine Frau schon bemerkt, daß sie auf Ray Ventura, einen ihrer attraktiven Partner, flog, der sie im Film auf seinem Motorrad während der Fahrt entjungferte. Als »Hef« mehrmals bei der Produktion anrief, weil er sie zu Hause nicht erreichen konnte, wußte die ganze Crew Bescheid. Was ich nicht für möglich hielt, bei dem Renommee, das der *Playboy*-Herausgeber in der Damenwelt genoß. Allerdings war mir auch klar, daß in Hefners luxuriösem Anwesen, das er sich in Beverly Hills zulegte, hinter hohen Zäunen wild durcheinander gevögelt wurde. So etwas wie »Treue« war also von Barbilein nicht zu erwarten. Aber von mir, immerhin. Ich schob ihr also den Zimmerschlüssel nicht minder diskret wieder zurück.

Barbi Benton ist dennoch jahrelang mit Hugh Hefner zusammengeblieben und scheint dann, auf einmal, vernünftig geworden zu sein. Sie heiratete einen Immobilienmakler aus Pasadena, und als ich sie, mindestens zehn Jahre später, auf dem nächtlichen Parkplatz von Spago's auf dem Sunset Boulevard wiedertraf, gab's ein großes Hallo! Und sie erzählte ihrem Mann, ich sei der einzige Regisseur, der es nicht nur nicht versucht, sondern sogar abgelehnt habe, mit ihr ins Bett zu gehen, damals in Berlin. Die offene Ehe, die sie führte, scheint trotzdem funktioniert zu haben, denn sie ist heute noch mit ihrem Immobilienfritzen zusammen. Aus Barbi ist übrigens dann doch keine Veterinärin, sondern eine muntere, sehr erfolgreiche Country-Sängerin geworden, die überall auf der Welt Gastspiele gab, am beliebtesten wurde sie in Finnland.

Aber noch sind wir in Chicago, Hefner hat seinen Playground in Beverly Hills noch gar nicht bezogen, arbeitet aber bereits am Umzug seines Verlages nach Los Angeles. Wendlandt und ich trafen im *Playboy*-Building in Chicago ein und bekamen ein rotes und ein blaues Gästezimmer zugewiesen, jedoch keine Spielgefährtin. Die lernten wir erst abends im großen

In Hefners altem Playboy-Mansion in Chicago, wo Horst Wendlandt und ich ihm und seinen Playmates den Film vorführen mußten. Im Gegensatz zum späteren Kinopublikum gefiel es Hefner und seinen Gästen sehr, was wir da gemacht hatten. Im Hintergrund beugt sich Wendlandt über Barbie und Hef in ihrem Sessel.

Filmvorführsaal alle kennen, als sie sich in die Sessel kuschelten – in Zweiersofas, besser gesagt. Doch die intimeren Aktivitäten begannen erst, als Hef im seidenen Schlafanzug erschien, uns begrüßte und dem Vorführer das Zeichen zum Beginn gab. Es wurde viel gelacht und gekichert während des Films, auch eindeutigere Geräusche waren zu hören, aber am Ende wurde uns klar, daß wir Hollywood nicht erobert hatten. Es war mir ziemlich schnuppe. Mein Interesse am Film schlechthin begann zu erlöschen, wie jedesmal, wenn ich mit einem fertig war. Mein Interesse an Hollywood hingegen wurde, nach den praktischen Erfahrungen in der amerikanischen Filmindustrie, richtig groß, ja riesig. Ich begann langsam zu begreifen, warum der amerikanische Film so erfolgreich war. Und das hatte zuerst und vor allem mit der totalen Freiheit seiner Autoren und Produzenten zu tun, die sich jedes beliebigen Themas annehmen konnten, das sie – und nur sie allein – interessierte, ohne es vorher einem Gremium von mehr oder minder bescheuerten »Experten« zwecks Finanzierung zur Genehmigung vorlegen zu müssen, wie in Deutschland.

Mit dem Beginn der siebziger Jahre also war Schluß mit der Filmerei für mich. Meine Methode, einen Einfall sofort zu realisieren, entsprach hundertprozentig der amerikanischen. Die von meinem Freund Schlöndorff und Konsorten in der sozial-liberalen Koalition entwickelte Filmförderung des Staates, später auch der Bundesländer, hätte mich gezwungen, zuerst ein Drehbuch zu schreiben, es in soundsoviel Kopien zur Prüfung einzureichen und dann ein Dreivierteljahr, mindestens, auf die Entscheidung eines höchst zweifelhaften Gremiums zu warten, um eventuell einen Teilbetrag der Produktionskosten als Darlehen – später erfand man die Formulierung »nicht rückzahlbares Darlehen« – zu bekommen.

Wenn mir das Interesse an dem Stoff längst vergangen wäre.

Zudem hatte ich mit *Jasmin* ein journalistisches Projekt, das mich mehr interessierte als jeder Film. Ich konnte Themen produzieren, selbst schreiben oder schreiben lassen, die in der deutschen Illustriertenpresse bisher noch nie berührt worden waren. Ich konnte einen Dreiteiler über Arndt von Bohlen und Halbach, den Krupp-Erben, schreiben, von dem es nur eine Tüte voller Klatschmeldungen in den Archiven gab, ich konnte über XY-Zimmermann schreiben, der es bislang abgelehnt hatte, einen Journalisten zu empfangen, konnte ihn monatelang observieren lassen, um am Ende den ersten Satz zu formulieren: »XY-Zimmermann hat sich schon für Kriminologie interessiert, als er noch im Zuchthaus saß ...« (in Bautzen). Und ich konnte der geheimnisvollen Schönheit nähertreten, die im *Stern* jede Woche eine hinreißende Kolumne schrieb und sich »Sybille« nannte. Wer, außerhalb Münchens, wußte damals schon, daß sich Anneliese Friedmann, die Herausgeberin der Münchner *Abendzeitung*, hinter diesem Pseudonym verbarg? Sie drohte Henri Nannen, nicht mehr für den Stern zu schreiben, wenn er nicht verhindern würde, daß der Artikel über sie in *Jasmin* erschiene. Als er trotzdem erschien, stellte sie von einer zur anderen Ausgabe ihre Kolumne im *Stern* ein. Und Henri Nannen sagte am Telefon: »Ich kann doch keinem Kollegen verbieten, etwas zu schreiben! Wo sind wir denn?«

Ja, wo sind wir? Dann traf ich Berthold Beitz und verabschiedete mich für ein halbes Jahr von *Jasmin*, um in Moldens Alpen-Refugium das *Tall-Komplott* zu schreiben. Das Leben machte, ach, auch ohne Filmerei eine Menge Spaß.

Personenregister

Abbildungsnachweis

Privatbesitz Will Tremper: Seite 9, 13, 15, 17, 21, 23, 27, 28, 31, 49, 64, 65, 69, 72, 74, 79, 105, 108, 111, 119, 124, 129, 133, 141, 162, 179, 193, 205, 215, 217, 219, 226, 231, 240, 243, 248, 250, 251, 255, 258, 265

Stern Sonderausgabe zum 25. 12. 1978 (S. 138/139): Seite 55

Hipp-Foto, Berlin: Seite 61, 67, 151, 156, 229

Deutsche Kinemathek, Berlin: Seite 83, 90, 199, 225

Eltern Nr. 4, April 1967: Seite 241, 242